工程勘察设计行业
数字化转型重塑新格局

北京构力科技有限公司
上海天强管理咨询有限公司　编著

中国建筑工业出版社

本书编委会

顾　　问：

丁烈云　陈宜明　许杰峰　王子牛　王广斌　马恩成　祝波善

主任委员：

崔　静　楚仲国　姜　立　杨　洁　王　瑶　李丹丹

副主任委员：

张晓龙　李书阳　刘　昊　张　欣　陆中元　张永炜　吴自成　张延斌
潘宇骅　高　寅　张华伟　杜　娟　周晓伟　李金福　周　迎　杨　洋
周　盼　夏利微　陈新桐　左　超　刘丽珍　黄怡萍　王新花

专家委员：

肖从真　王翠坤　郁达飞　何关培　马智亮　戴雅萍　夏绪勇　朱春田
高承勇　杨欣蓓　项明武　孟庆利　宋文涛　何义斌　张　林　杨书平
赵月松　李跃虹　赵雪锋　曹明强　曾晓真　罗振城　胡世强　蔡　洁
郑　文　赵　欣　黄胆剑　涂　谦　刘宇红　何宛余

编委会成员（按姓名首字母排序）：

卞玉华　蔡惠娇　程　强　成佳慧　程　丁　邓宏旭　丁　勇　冯　川
冯川川　顾宏晔　耿　彪　侯国涛　霍浩彬　姜文明　京兰苏都　李　柏
李　晖　李　建　李晓曼　李雨泽　梁汝鸣　梁　悦　林　杉　刘宏琛
刘平平　刘　琪　龙毅湘　欧阳学　裴臻斐　宋　跃　王建斌　王仁礼
王晓倩　王雅倩　王增亮　韦　晓　吴尚高　吴　彦　许彩玲　杨广剑
杨良崧　岳小军　张菲斐　张洪磊　张艳如　张　莹　赵瑞阳　郑国勤
周丽娜　朱峰磊　朱航杰　祝人杰　赵俊丽

指导单位：
中国建筑科学研究院有限公司
国家建筑工程技术研究中心
河北省住房和城乡建设厅
中国勘察设计协会
中国房地产业协会

主编单位：
北京构力科技有限公司
上海天强管理咨询有限公司

副主编单位：
中建研科技股份有限公司
中国勘察设计协会信息化工作委员会
中国土木工程学会工程数字化分会
中国工程建设标准化协会建筑与城市信息模型专业委员会
中国工程建设标准化协会智慧城市与建筑专业委员会
广东省工程勘察设计行业协会
江苏省勘察设计行业协会
浙江省勘察设计行业协会
湖北省勘察设计协会
安徽省工程勘察设计协会
云南省勘察设计协会
贵州省工程勘察设计协会
深圳市勘察设计行业协会
广州市工程勘察设计行业协会
长沙市勘察设计协会

参编单位：
清华大学
华中科技大学
同济大学
北京工业大学
中国石化工程建设有限公司
深圳市建筑设计研究总院有限公司
中冶南方工程技术有限公司
广东省建筑设计研究院有限公司
云南省设计院集团有限公司
机械工业第六设计研究院有限公司
中机国际工程设计研究院有限责任公司
中交第二航务工程勘察设计院有限公司
启迪设计集团股份有限公司
贵州省交通规划勘察设计研究院股份有限公司
贵州省建筑设计研究院有限责任公司
湖南省建筑设计院集团股份有限公司
中信工程设计建设有限公司
广州珠江外资建筑设计院有限公司
友谊国际工程咨询股份有限公司
中科高盛咨询集团有限公司
广州市城市更新规划设计研究院有限公司
临沂市建设工程施工图审查有限公司
中国建筑第五工程局有限公司
中建八局第二建设有限公司
深圳小库科技有限公司

序 一

20世纪90年代,"甩图板"工程带来了我国工程设计乃至整个建筑业的系统性变革。目前,全球的工程勘察设计行业正在走向"弃图纸"阶段,即工程建设的依据不再仅仅是设计图纸,而是用计算机模型定义的"数字项目",再用"数字项目"指导建设"实体项目"。数字化建模软件(如 BIM 模型)是设计"数字项目"的重要工具,可以极大地提高建造效率和效益。

工程勘察设计行业亟须拥抱数字技术,加快"弃图纸"的进程,服务"数字中国""智慧城市"和"数字工程",推动行业转型升级与高质量发展。习近平总书记在全国网络安全和信息化工作会议上指出:"利用互联网新技术、新应用对传统产业进行全方位、全角度、全链条的改造,提高全要素生产率,释放数字对经济发展的放大、叠加、倍增作用"。就企业而言,怎么把握新一轮科技革命的历史机遇,借助数字化加快实现企业的转型升级,是很重要的课题。数字化转型是一个螺旋上升的过程,企业应当充分做好战略决策,选择好商业模式并从升级业务范畴中发展新业态。在此背景下,《工程勘察设计行业数字化转型重塑新格局》为勘察设计企业如何迈好数字化转型的第一步提供了参考。

"产业数字化"为企业提供了前所未有的发展机遇,工程勘察设计行业需要抓住新一轮科技革命的历史机遇,高度重视数字技术对工程建造的变革性影响,制定贴合"数字中国"战略的发展规划,通过补短板、扬长项、强优势成功推动转型升级,重塑企业发展的新格局。

华中科技大学教授
中国工程院院士

序 二

数字技术的快速发展正在深刻影响和改变着人们的生产方式和生活方式，促进着思维方式和理念的改变与更新。

党中央国务院高度重视数字技术在国家经济和社会发展中的应用，党的十八大以来陆续出台了引导和鼓励数字技术健康发展的政策与措施，使得各行业数字化进程呈现出又快又好态势。

数字技术在建设领域的应用与发展，深化了我们对工程建设活动规律的认识，提高了组织管理生产活动的效率，对于确保建筑工程质量发挥了不可替代的重要作用。

同时，我们也认识到建设领域数字技术的应用就其成熟性、系统性和效率而言还处于初始阶段，遇到了体制和观念等障碍，由此出现了技术应用不够规范，信息共享程度低，效率不高等问题，这就需要在技术应用与体制机制两方面共同发力，开发数字技术，健全技术体系，调整管理制度，优化运行机制，使其向深度和广度有序地健康发展。

近几年，众多专家学者，工程技术人员和企业家做了大量非常有意义有价值的工作，积累了很好的经验。他们紧紧抓住绿色建筑、装配式建筑、智能建造和企业行业管理信息化等发展机遇，积极探索，深化数字技术应用，大胆创新，改革调整体制机制，勇于实践，提高了工程管理效率，缩短了建设周期，建设了一大批工程质量优良的工程，为企业发展、行业进步创造了范例。

《工程勘察设计行业数字化转型重塑新格局》在调研和总结的基础上完整论述了数字化发展的必然趋势、路径和模式以及生态建设与实现双碳目标的关系，认真阅读本书，对于开阔眼界、厘清思路、明确目标，促进技术与业务更好融合，为数字技术营造更好的发展环境十分有益。

数字技术的应用与发展是一个过程，而且是一个无止境的过程，推进它的发展，既要有长远目标，也要明确现阶段要达到的目的，在两者之间选择正确合理的发展路径，就能够少走弯路，做到以尽可能少的付出取得更多更好的成果。

　　恩格斯在《自然辩证法》中指出"人类的进步是从无序到有序，从低序到高序的过程。"人类社会发展遵循这个规律，技术进步，生产活动以及经济活动同样遵循这个规律。我们应当努力使数字技术的发展遵循这个规律，这样数字技术就一定会更加健康地快速发展。

中国房地产业协会副会长兼秘书长
住房和城乡建设部原总工程师　陈宜明

序 三

进入 21 世纪以来，新一代信息技术的快速发展和广泛应用，形成了数字世界与物理世界的交错融合和数据驱动发展的新局面，正在引起生产方式、生活方式、思维方式以及治理方式的深刻革命。在近期召开的中国共产党第二十次全国代表大会上，习近平总书记提出"建设现代化产业体系，坚持把发展经济的着力点放在实体经济上，推进新型工业化，加快建设制造强国、质量强国、航天强国、交通强国、网络强国、数字中国"，为建设中国式现代化指明了方向。

当前，建筑行业数字化转型正向着以 BIM 为核心，集成互联网、云计算、大数据、人工智能等新一代信息技术，融合先进制造业技术，助力建筑业向智能建造方向发展，迈向新型建筑工业化道路。工程勘察设计是建筑行业数字化转型的重要环节，勘察设计的转型进程不仅影响建设工程的投资效益和质量安全，其数字化技术水平的高低与现代化思想对整个城乡建设的发展也会产生重大影响。

对工程勘察设计企业而言，数字化转型是利用 BIM 与新一代信息技术和业务系统有效集成，实现从设计到建造的全过程、全参与方、全要素的数字化和智能化的一系列活动，最终实现组织运营模式和商业模式创新，目标是建成"高效益、高质量的现代化设计企业"。今后，数字技术以及业务创新将成为勘察设计企业驱动发展的新要素和新引擎。《工程勘察设计行业数字化转型重塑新格局》一书系统论述了数字化转型的关键因素，为勘察设计企业提供方向和路径参考，即通过掌握数字化能力，提升内部管理效率，降低管理成本；通过数字工具的应用，代替重复性劳动，解放部分生产力，聚焦高价值服务，实现智力密集型；通过数字业务的探索，实现设计快速增值，走出低价竞争的陷阱。以数字技术推动管理创新、技术创新、业务创新、服务创新，实现企业的转型升级和可持续高质量发展。

中国建筑科学研究院有限公司党委副书记、总经理

序 四

工程勘察设计是工程建设的重要和关键环节，勘察设计的质量不仅影响建设工程的投资效益和质量安全，工程勘察设计的技术水平和变革发展对整个建设行业和城市建设的发展也有重大影响。工程勘察设计行业在整个工程建设全产业链中，是产生数据、信息和知识最为丰富也是最重要的阶段，对建筑产品和整个建筑行业创新发展及变革起着至关重要的作用。可以说，工程勘察设计企业在整个建筑产业链条上一直发挥着高端智库和创新引领的作用。

工程勘察设计行业作为技术密集型、智力密集型的生产性服务业，随着新一轮信息通信技术的飞速发展，数字化转型已经逐步成为行业发展趋势，然而，在推动数字化转型实践过程中，工程勘察设计企业还面临诸多挑战。一是勘察设计行业对"设计引领"及"数字化转型"理念的认识不足。在"互联网+"背景下，部分工程勘察设计企业片面重视对企业业务实施信息化升级，未能突破信息化认知的固有瓶颈，难以从组织、管理模式、产业链创新等角度，加深对数字化转型的认知。二是技术创新不足。现阶段，很多工程勘察设计企业未能充分发挥工程勘察阶段各专业技术人员"智慧输出"和"知识管理"的作用，设计行业创新环境和创新能力不足。三是缺乏专业高素质的数字化人才。很多工程勘察设计企业组织机构比较僵化，员工老龄化比较严重，培训提升不足。专业数字化人才储备不足使得工程勘察设计企业在短期内难以形成转型效益。

物联网、人工智能、云计算等新兴技术正在不断向工程建设领域渗透，推动传统行业的数字化转型，需要依托新型产业生态场景，重新设计与市场需求的联系与交互，重构价值链中的客户体验乃至用户体验，以更加智慧、自主、便捷的方式驱动运营优化和产业链发展，建立更加开放、共生、互赢的无边界资源整合平台。面对万物互联技术的飞速发展和行业需要，新兴技术在勘察设计行业的运用和普及上仍然任重道远。

同济大学建筑产业创新发展研究院院长、教授

序 五

当前，随着互联网基础设施的不断完善，经济结构调整与工业化信息化进程不断加快，新一代科学技术（以移动技术、大数据、云计算、IoT、人工智能、区块链等为代表）的创新发展与应用等多股浪潮的叠加影响，正在开启产业互联网时代。互联网等新兴技术与传统产业加速融合，推进转型升级。对于工程建设而言，无论是基于大数据、区块链、人工智能、数字孪生等新一代数字技术融合应用的增量市场，还是作为传统产业转型升级的存量市场，都将迎来数字经济带来的战略机遇期。目前，越来越多的数字化技术运用到工程建设中，贯穿从策划、设计、施工到运维的全生命周期。

对于我国工程勘察设计行业而言，数字时代带来的影响与冲击，绝不仅仅是技术上的创新与突破，更将是一次理念与认知的彻底洗礼。企业需要重新认识与思考赖以成功的传统商业生态、商业模式。工程设计产业不会消失，但落后的企业却可能很难生存。适应数字时代的挑战、积极推进数字化转型，将成为所有企业未来十年所要面对的核心战略命题。

当前，工程设计企业的数字化转型依然处于初级阶段，尽管企业在积极布局数字化发展，但是由于对数字化认知的模糊，带来企业数字化发展定位和目标的不清晰，从而带来行动方向的偏差；在转型推进执行过程中，缺乏相应的人力资源和组织架构来支撑数字化转型的实施推进；从数字化转型成效来看，80%以上的设计企业并没有取得明显成效。当前，工程设计企业在数字技术投入过程中，一定程度上存在重硬件轻软件、重局部轻整体、重应用轻生态等误区，此外，数字化转型本身是一个较为长期的过程，需要企业以全新的价值评判标准去衡量，从而建立足够的耐心与定力。

数字技术正在以前所未有的速度涤荡商业生态的方方面面，撼动传统规则的同时，也在孕育新的机遇。我们唯有在纷繁的发展环境中架构转型的图景、厘清转型要务、勾勒转型路径，才能在产业和技术融合跌宕的潮流中顺势而上。北京构力科技有限公司（以下简称"构力科技"）是我国建筑行业计算机技术开发应用最早的单位之一，肩负着成为中国建筑业软件与信息化发展引领者的使命，这次构力科技联合业内多家单位、多位专家顾问编制的《工程勘察设计行业数字化转型重塑新格局》一书，全面翔实地分析设计企业数字化转型的路径以及推进转型的核心技术，展现了业内数字化转型的丰富案例。对于行业内企业数字化转型探索具备较大的参考价值，能够进一步帮助企业构架数字化战略规划，找准数字化业务场景切入口，厘清数字化相关技术之间的关系，从而建立符合企业自身发展逻辑的数字化转型路径。

面对不确定的未来，工程设计企业要适应新的环境、新的要求，确立新的发展逻辑与发展赛道，抢占"数字红利"，构建数字化框架下业务和服务逻辑。数字化转型路径需要依托新型产业生态、立足需求场景、重构供需逻辑、升级价值体系，以更加智慧、自主、便捷的方式赋能员工、驱动运营优化、促进业务升级，建立更加开放、共生、互赢的无边界资源整合平台，加速构建数字化转型的新模式、新生态。用数字化能力定义并创造未来，从更广阔的空间寻找到蓝海市场，创造出企业发展的第二增长曲线。

上海天强管理咨询有限公司　总经理　

目 录

第一篇 宏观篇 … 1

第一章 建设领域数字化发展背景 … 3
一、数字化转型是产业经济发展新阶段 … 3
二、建筑行业传统企业数字化转型是必经之路 … 4
三、建筑业数字化转型的关键技术体系 … 8
四、全球各国建筑业数字化发展战略 … 12
五、工程勘察设计数字化转型是重中之重 … 14

第二章 数字化相关概念 … 17
一、概念及定义 … 17
二、意义与目标 … 18
三、与其他概念之间的关系 … 20
四、新一代信息技术 … 34

第三章 数字化相关政策 … 40
一、国家勘察设计行业数字化政策发布情况 … 40
二、地方勘察设计行业数字化政策发布情况 … 44

第四章 行业现状调研与分析 … 46
一、学术研究调研 … 46
二、行业现状调研 … 49
三、年度发现 … 55

第二篇 路径篇 … 57

第五章 数字化转型驱动因素及体系构建 … 59
一、数字化转型驱动因素 … 59
二、数字化转型场景 … 61

第六章　数字化转型实施路径 ··· 72
一、数字化转型阶段 ··· 72
二、数字化转型层次 ··· 73
三、数字化转型路线 ··· 75

第七章　数字化转型推动价值重塑 ··· 78
一、数字化转型重塑产品价值 ··· 78
二、数字化转型重塑客户体验价值 ······································· 82
三、数字化转型重塑运营模式价值 ······································· 90
四、数字资产化及发挥数据价值 ··· 98

第三篇　技术篇 ··· 105

第八章　数字化基础平台 ··· 107
一、数字化基础平台 ··· 107
二、数字化基础平台核心技术 ··· 109
三、生态建设案例 ··· 130

第九章　数字化设计和智能设计 ··· 134
一、BIM全专业协同设计应用 ··· 134
二、结构数字化设计 ··· 148
三、"双碳"与绿建设计 ··· 153
四、新型建筑工业化 ··· 174
五、BIM智能审查 ··· 181

第十章　多参与方数字化云协同 ··· 193
一、多参与方数字化云协同业务应用 ····································· 193
二、多参与方数字化云协同技术路径 ····································· 198
三、业务场景 ··· 203

第十一章　数字化标准与共享资源库 ··· 208
　　一、数字化标准体系 ·· 208
　　二、建筑知识平台 ·· 209
　　三、标准部品部件库 ··· 223

第十二章　设计企业数智中台 ·· 229
　　一、数智中台建设的必要性与可行性 ··· 229
　　二、设计企业数智中台解决方案 ··· 230
　　三、业务场景 ·· 233

第十三章　EPC 项目全生命周期管理 ·· 237
　　一、EPC 总承包模式概述 ··· 237
　　二、EPC 项目组织模式 ·· 239
　　三、EPC 能力建设 ·· 240
　　四、EPC 项目全过程管理 ··· 242

第四篇　专家篇 ··· 251

专家视角——肖从真 ·· 253

专家视角——王广斌 ·· 257

专家视角——王翠坤 ·· 262

专家视角——朱春田 ·· 266

专家视角——何关培 ·· 271

专家视角——马智亮 ·· 277

专家视角——夏绪勇 ·· 281

专家视角——赵月松 ·· 284

第五篇　实践篇 ………………………………………………………………… 289

案例1：打造行业领先的智能制造整体解决方案

——中冶南方工程技术有限公司 ………………………………… 291

案例2：聚焦"绿色智能"，全面建设"智慧六院"

——机械工业第六设计研究院有限公司 ………………………… 294

案例3：BIM技术应用协同正向设计，引领水运工程设计企业数字化转型

——中交第二航务工程勘察设计院有限公司 …………………… 302

案例4：以"双中心驱动、三数字赋能"助推企业数字化转型发展

——云南省设计院集团有限公司 ………………………………… 308

案例5：工程建设公司数字化转型重塑新格局

——中国石化工程建设有限公司 ………………………………… 316

案例6：打通短期痛点，创造长效价值

——启迪设计集团股份有限公司 ………………………………… 321

第六篇　总结与展望 …………………………………………………………… 325

附　录 …………………………………………………………………………… 329

附录A　勘察设计行业数字化全国政策文件汇总 ……………………… 331

附录B　勘察设计行业数字化地方政策文件汇总（部分）……………… 340

参考文献 ………………………………………………………………………… 353

后　记 …………………………………………………………………………… 355

第一篇 宏观篇

第一章
建设领域数字化发展背景

一、数字化转型是产业经济发展新阶段

《"十四五"数字经济发展规划》中提出，数字经济是继农业经济、工业经济之后的主要经济形态，是以数据资源为关键要素，以现代信息网络为主要载体，以信息通信技术融合应用、全要素数字化转型为重要推动力，促进公平与效率更加统一的新经济形态。数字经济正推动生产方式、生活方式和治理方式的深刻变革，成为重组全球要素资源、重塑全球经济结构、改变全球竞争格局的关键力量。

数字经济包括数字产业化与产业数字化两大部分。数字产业化即信息产业，其具体业态包括电子信息制造业、信息通信业、软件服务业等；产业数字化是指在新一代数字科技支撑和引领下，以数据为关键要素，以价值释放为核心，以数据赋能为主线，对产业链上下游全要素进行数字化升级、转型和再造的过程，即传统行业因数字技术带来生产数量和生产效率的提升。近年来数字经济增速保持高位运行，数字经济结构持续优化升级，产业数字化深入推进。

从全球范围看，数字经济创新企业无论是在规模还是成长性方面，都处于引领地位，全球市值最高的前10家企业中，数字技术相关企业占7家。各国普遍将数字经济视为促进经济复苏、重塑竞争优势和提升治理能力的关键力量，德国、英国、美国等工业发达国家的数字经济占GDP比重超过60%。《IDC FutureScape：2020年全球数字化转型预测》显示，2020~2023年，全球数字化转型投资支出将达到7.4万亿美元，复合增长率达17.1%。

数字经济正在重塑世界经济版图，也成为中国经济增长的新动能。我国处于数字经济将发挥关键性作用的阶段，2020年，我国数字经济规模达到39.2万亿元，占GDP比重为38.6%。根据国家统计局的数据，2018年以新产业、新业态和新商业模式为代表的数字经济增加值达到14.5万亿元，相当于GDP的比重为16.1%。VUCA时代的来

临为全球经济带来更多的不确定性,人工智能、大数据等新兴技术的快速发展使得行业变革加剧。2015年全球数字化转型业务中心研究表明,传统业务企业受到颠覆的时间大约为36个月。在VUCA时代下,企业要掌握驾驭指数级变革的能力。数字经济的迅猛崛起,对生产、生活、生态产生了全面而深刻的影响,进一步促进了信息在市场主体之间的传递,数据作用日益凸显,意味着经济范式在深层次上发生转变。随着新一轮科技革命和产业变革的持续推进,数字经济已成为我国最具活力、最具创新力、辐射最广泛的经济形态,成为国民经济的核心增长极之一。

二、建筑行业传统企业数字化转型是必经之路

在全球数字化变革的浪潮中,建筑业的数字化水平对比其他产业仍有较大差距,根据麦肯锡国际研究院于2016年发布的《想象建筑业的数字化未来》报告统计,建筑业在资产数字化、业务流程及应用数字化、组织及劳动力数字化方面均处于较低水平,在全球所有行业的数字化水平居倒数第二位。

建筑业目前存在的问题与风险主要体现在以下3个方面:(1)建筑业生产率低下:建筑业是世界上最大的产业,其产业链占全球GDP的13%,但在过去的20年中,建筑业的生产率仅以每年1%的速度缓慢增长,年生产率的增长仅为整个经济平均增长水平的三分之一。尽管建筑行业存在明显的经营风险,工期和造价超支是常态,但息税前利润(EBIT)也仅为5%。(2)数字化进程滞后:建筑业内参与方对于风险的规避、工程项目及工期碎片化等特点使得该行业难以吸引数字化专业人才,减缓了创新的进程;建筑行业的数字化水平几乎低于其他任何行业,如建筑信息模型(Building Information Modeling,BIM)的采用率在35年内仅达到60%~70%。相比之下,许多技术(如云客户关系管理、磁共振成像、腹腔镜手术、锂离子电池和微波炉)在上市后的8~28年内达到90%的采用率。(3)疫情冲击:2020年的新冠肺炎疫情是又一个危机,它给所有周期性行业造成了严重破坏,如经济动荡、需求延迟、施工限制以及安全作业程序,正在逐步推动建筑产业向"下一个新的业态"转型。

经济放缓"倒逼"建筑业不断调整和转型,受劳动力、资源、环境等成本上升影响,全球建筑业依赖低要素成本驱动的发展方式已难以为继,技术创新将是建筑业发展动力。生产方式正在发生变革,新型建筑工业化逐步兴起,建筑业产业结构变化将

加快优化升级。麦肯锡报告指出，传统建筑业变革的时期已经来临，到2030年全球将有57万亿元的基础设施投入，将会大规模地刺激一些公司投入新技术和改进实践方法来提高生产效率并提升项目交付方式。同时，该报告表明BIM、数字化、IoT将引领建筑业发展，并提出了未来建筑业变革需重点关注高清晰度测量和定位、数字化协同、IoT和数据分析、可持续设计和施工等技术。

当前，我国建筑资产规模位居全球第一，但随着工程规模的不断扩大，工程项目日趋复杂，施工难度不断增大，大量依靠人力和平面图纸的传统方式已经难以应对如今的施工要求。2017年麦肯锡《数字时代的中国：打造具有全球竞争力的新经济》指出，中国建筑业数字化水平已落后于所有行业，转型升级迫在眉睫。数字化转型作为新一代信息技术与工程建造深度融合的变革方式，将从产品形态、建造方式、经营理念、市场形态以及行业管理等方面重塑建筑业。

2016年，中共中央办公厅、国务院办公厅联合印发的《国家信息化发展战略纲要》提出，提高城市基础设施的信息化水平，分级分类推进新型智慧城市建设。2016年，《二十国集团数字经济发展与合作倡议》提出利用互联网促进传统行业产品、服务、流程、组织和商业模式的创新。同年，住房和城乡建设部发布了《2016-2020年建筑业信息化发展纲要》，提出加快推动信息技术与建筑业发展的深度融合。2017年，我国首次将"数字经济"写入政府工作报告，鼓励企业积极探索云计算、大数据、IoT、智能制造、智慧城市、网络安全等关键技术和重要领域。2018年，以"信息化驱动现代化、加快建设数字中国"为主题的首届数字中国建设峰会举行。在这些政策的影响下，越来越多的项目需要提供数字化设计和服务，从市场需求上进一步推动建筑行业数字化转型。

建筑业是支撑社会经济发展的重要产业，也是典型的劳动力密集的粗放生产行业。一方面，随着经济全球化和社会快速发展，建造技术与信息技术加速融合，组合创新出一系列颠覆性技术；另一方面，客户的个性化服务需求日益增加，驱动工业经济向服务经济过渡。在这一发展背景下，建筑业作为国民经济体系的重要组成部分，发展理念不断进步，逐步探索"绿色建造""智能建造""工业化建造"等建筑业创新目标和发展路径，衍生出种类繁多的建筑业新业态。

建筑业新业态的表现形式丰富多样，依据建筑业新业态的产生路径，可将现有建筑业新业态划分为3大类别，如表1-1所示。

建筑业新业态形式　　　　　表1-1

类别	类型	表现形式
创新型新业态	AI建筑设计	拿地方案设计、施工图设计
	智能审图	施工图强条审查、规范指标自动审查
	建筑机器人	3D打印建筑机器人、巡检机器人、无人机、破拆机器人
	智慧工地	建筑工人智能管理、智能化施工设备、绿色安全施工
平台型新业态	互联网工程平台	电商交易平台、协同工作平台、工程大数据管理平台
	区块链工程平台	区块链工程监管平台、区块链资金管理平台、区块链招标投标平台
服务型新业态	工程咨询服务	全过程咨询服务、绿色建筑设计咨询
	智慧建筑	智能家居、智能物业服务、智慧养老物业、智能健康住宅

一是以信息技术为代表的高科技向建筑业渗透，衍生出智慧工地、工程大数据应用、人工智能等创新型建筑业新业态。

在新一轮科技革命大背景下，以IoT、大数据、云计算和人工智能为代表的新一代信息技术正在飞速发展，在与建造技术加速融合的过程中，深刻地改变了传统的建造方式，组合创新出新的业务形态。

人工智能技术与建造技术的深度融合，贯穿了从策划设计、建设施工到运营维护整个生命周期。设计阶段的AI审图技术是运用建筑领域BIM技术与自然语言处理技术结合，通过领域知识体系建设及机器学习的方式获取建筑行业知识，并应用于建筑设计成果的审查、方案评价等。施工阶段，建筑机器人通过运行预先编制的程序进行运动，替代或协助建筑人员完成如焊接、砌墙、搬运天花板安装、喷漆等建筑施工工序，有效提高施工效率和施工质量。通过计算机视觉技术还可以进行安全行为的识别，保证工地的安全性。在建筑运维层面，通过深度学习、数据挖掘以及数据分析，全面感知采集建筑群内的人、事、物信息数据，构建全生命周期的时空化、数字化模型，形成数字孪生建筑，并建设具备感知、计算、分析、辅助决策、应用一体化的智慧化建筑平台。

随着5G时代的加速到来，具有关键作用的5G将凭借其高速率、低延时等特性应用于建筑业各个场景，成为促进新兴业态发展的新动能。新一代信息技术将进一步推动整个建筑施工过程智能化、无人化，为建筑业企业打造数字化模式，推动建筑业的安全、创新发展。

二是通过平台整合信息资源，以共享方式提供优质资源，形成了电商交易平台、信息管理平台、协同工作平台等平台型新兴业态。

当前，平台经济已成为世界经济增长的新引擎，平台化是今后企业发展的大趋势。基于数字化、信息化、智能化技术的不断发展，建筑业也在拓展、丰富工程建造价值链，越来越多的工程建造参与主体将通过信息网络连接起来，催生出工程建造平台业务形态。

互联网、区块链技术在建筑业的融合应用，以工程建造服务为基础的互联网平台、区块链平台，具备信息集成、服务交易、协同管理等功能，形成了新的工程建造业务形态。比如，由中国建筑集团有限公司牵头联合相关主体共同打造的"筑材网"，旨在通过互联网方式和网络效应，实现聚集销量、减少渠道、降低价格、整合金融、节约成本的目的，形成合作共赢的新型业务形态；利用区块链技术搭建的工程招标投标平台可以进行工程招标投标辅助验证，利用区块链技术的不可篡改性，使得建筑行业从业人员的从业经历更加透明，更好地反映和输出建筑行业从业人员的真实经验，有效降低交易成本。在这种平台模式下，不同类型的主体可以在交易空间进行设计、施工、材料供应及支持服务的交易，进而实现工程建造所需的各类资源的汇聚；同时平台方通过对服务的交易和实施过程进行管理，为工程建造的全生命周期管理提供支持和价值创造。

三是通过产业链的横向拓宽，不同用户的个性化需求驱动了智能家居、智慧养老等服务型建筑业新业态发展。

在经济服务化转型大背景下，信息技术、知识型服务价值链融合到工程建造过程中，使得真正以客户个性化服务需求为驱动的工程建造成为可能。新兴技术、知识型服务将在工程建造活动中发挥越来越重要的价值，进而形成工程建造服务网络，推动工程建造向服务化方向转型。建筑企业也由提供产品制造向提供产品、服务和整体解决方案转变，业务形态不断演进。

建筑业服务型业态包括建造过程的专业化服务和使用过程的专业化服务：工程咨询公司、承包商和供应商在传统项目交付的基础上，努力为客户提供一些附加服务或综合解决方案，其范围从设计、测试，到安装、维护项目的全生命周期，如搭建开放式设计平台，为施工生产提供设备、技术支持，为质量安全提供保障，以及正在推行的全过程咨询等建造过程的专业化服务；使用过程的服务化面向用户的个性化需求，通过拉长产业链，提供智能节能、智慧养老物业、智能健康住宅等专业化服务。

随着新一代数字化技术的快速发展和普及应用，建筑业服务化创新的范围势必会不断拓展，建筑企业的服务化趋势也会不断加快。通过数字化技术驱动的服务化创新，建筑企业不仅可以掌握基础设施在建造期间的运行情况，还能够更好地了解其整个生命周期中的运行方式，从而进一步建立面向不同项目、不同客户和不同环境的数据库，更好地服务于项目管理和运营维护。

三、建筑业数字化转型的关键技术体系

推动建筑业数字化转型，应当立足我国实际，借鉴工业发达国家制造业发展经验，明确推动智能建造发展的基础关键技术。数字模型技术是建筑业数字化转型中的技术主线，也是关键和基础。数字模型技术包括基于模型的数字化产品定义（Model Based Definition，MBD）和基于模型的数字化企业（Model Based Enterprise，MBE），应用范围涵盖企业全流程和全产业链。MBD 是将产品所有相关设计定义、工艺描述、属性和管理等信息都附着在产品三维模型中的先进数字化定义方法，对产品设计制造过程进行并行协同数字化建模、模拟仿真和产品定义，然后对产品的定义数据从设计上游向零件制造、部件装配、产品总装和测量检验的下游进行传递、拓延和加工处理。实施 MBD 技术需要完善数字化基础环境建设、数字化标准体系建设、数字化业务流程建设、MBD 设计制造辅助工具开发、企业信息技术团队和数字化文化建设。MBE 的目标是建立数字孪生模型，通过产品系统和生产系统的全数字化建模仿真，在工程设计和工艺设计领域应用大数据和预测性工程分析技术，逐步实现智慧工厂以及向智能服务制造转型。数字模型技术是后工业化时代实现大规模个性化制造、产品创新变革的基础。

BIM 技术是建筑业数字模型的技术代表，是建筑业数字化转型的基础关键技术。BIM 技术应用贯穿项目全生命周期，实现了全组织、全流程、全要素的管理。通过应用 BIM 技术可以实现各阶段信息的集成与共享，减少信息传递层次，降低信息失真率，有效实现项目各参与方之间的协同管理。在规划设计阶段，数字化技术应用涵盖协同设计、集成场地信息、数据驱动设计、模拟仿真与优化设计等。各专业工程师、设计师将图纸信息集成到统一的 BIM 模型中，可识别模型碰撞和冲突，保证所有图纸、报告和数据的一致性，增强协同设计。航空测绘技术和三维激光扫描技术将现有的建筑和基础设施转换成虚拟三维模型，有利于翻修和改造项目。大数据

分析有助于优化设计决策，通过数据驱动的设计提高设施运营效率。全息技术模拟仿真以及 3D 打印技术，可加速设计迭代并提高可视化。与 BIM 集成的软件工具通过自动生成和评估设计方案、成本分析、可持续分析等优化设计。在施工阶段，数字化技术应用涵盖参与方间实时信息共享、数据驱动的精益建造、自动化施工、严密的施工监控等。BIM 云平台可以实现各参与方间实时信息共享、整合和协作。BIM 施工模型可以模拟项目施工方案、展现项目施工进度，复核统计施工单位的工程量，并形成竣工模型交给业主辅助进行项目验收，为数据驱动的精益建造提供基础。新型建造技术和自动化施工提高施工现场生产率、精度和安全性。数字化测量和监控设备跟踪施工过程和活动，减少校正工作，无人机和远程相机对建筑工地进行调查，远程信息处理系统传输多台机器参数的数据，实现严密的施工监控。运营阶段数字化主要受益于设计阶段的性能分析和施工阶段移交后运营商接收的建筑信息，实现基于 BIM 的运营维护、虚拟交付和调试、健康检测和运维预警、快速高效地更新和改造。数字设备和技术可以现场收集测试数据，并通过配备条形码扫描仪的移动设备，将数据直接传输到对应的三维模型，在不丢失信息的情况下将数据高效地传递给建筑运营商，简化交付和调试过程。同时，BIM 模型也可以通过专业接口与设备进行连接，对设备的运行进行实时监控并做出科学的管理决策，在 BIM 信息协同系统中，运营商可以及时将建筑物的使用情况、设备维修情况、安全评估情况等信息上传，用户可以根据相关信息对运营情况进行评估并提供反馈意见。全球 BIM 最佳实践也证明，BIM 全生命周期成功应用的组织模式是集成项目交付（Integrated Project Delivery，IPD），在该模式下，施工阶段和运营阶段的参与方提前介入到设计阶段共同工作，各个环节割裂的问题可以得到很好的解决。

建筑业数字化转型的技术体系结构共分为 4 个层级，包括传感器和其他设备层、数据/物理层、软件平台和控制层以及用户界面和应用层。技术体系的底层是嵌入式传感器，可以在建筑施工和运营期间对建筑的任何部分进行实时状态监控，并不断刷新和补充数据库。数据/物理层中的 3D 打印技术可应用于大型建筑构件和混凝土结构，还可通过 3D 扫描仪创建复杂建筑数字模型，促进翻新，保障质量。软件平台和控制层是数字化转型的技术关键，该层级中 BIM 技术作为传统计算机辅助设计（CAD）的继承者，服务于价值链上的所有利益相关者。用户界面和应用层的大数据及分析可以处理建筑项目及其环境产生的大量异质数据，加强建筑设计，促进实时决策，提高预测准确性。项目全生命周期的技术体系结构如图 1-1 所示。

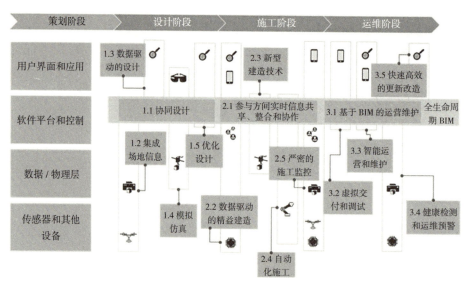

图1-1 项目全生命周期数字技术体系结构

(资料来源：BCG《Digital in Engineering and Construction》)

BIM技术具有与其他数字技术集成应用的优点。在供应链中，BIM技术与地理信息系统（Geographic Information System，GIS）、RFID、物联网（Internet of Things，IoT）等数字化技术结合应用，可以实现工业化建造的高精度设计、高精度构配件工厂生产及现场装配，促进不同参与方之间的协同与合作。比如，BIM能够存储和处理翻新项目中的三维激光扫描数据；提供预制和自动化现场设备所需的输入数据；在施工和运营过程中，易于连接到测量传感器和移动设备。此外，BIM能够整合和应用外部数据，丰富其他软件应用程序和数据系统的数字化建设，为企业资源计划系统（Enterprise Resource Planning，ERP）、PMS系统、TMS系统提供基础数据，完成海量基础数据的计算和分析，解决建筑业企业信息化中基础数据的及时性、对应性、准确性和可追溯性的问题。比如，BIM与ERP系统二者数据整合可使项目信息系统实现四算对比，使项目成本处于可控状态。建筑业数字建造新范式中应当以BIM技术为抓手，构建涵盖BIM和其他数字化技术集成应用的技术体系，图1-2展示了基于BIM的数字建造与工业化紧密结合的新的技术框架。

建筑业数字化发展可分为3个阶段。第一阶段为项目数字化，基本特征是基于BIM的项目生产与管理环节数字化。项目数字化阶段以加强生产指挥能力建设、提升精益化项目管理能力、建设智慧工地等为主。第二阶段为企业数字化，基本特征是基于BIM与ERP系统的项目管理与企业管理数字化。企业数字化阶段以提升战略绩效管

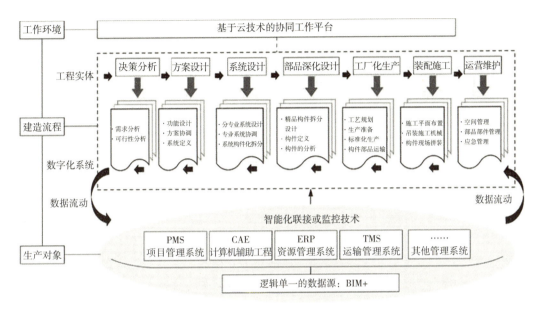

图 1-2 基于 BIM 的数字建造模式技术框架

控能力、建设全面预算管理能力、加强一体化建造能力提升、提供特色业务服务等为主。第三阶段为产业数字化,实现基于 BIM、GIS、ERP、IoT 等数字化技术的产业互联网。在产业数字化阶段,建筑业企业依托数字化平台,对建筑产业链上下游业务流、信息流、数据流进行一体化和智能化管理。建筑业数字化发展的 3 个阶段如图 1-3 所示。随着数字化转型发展阶段的提升,建筑业将逐步走向数字化、在线化和智慧化。

图 1-3 建筑业数字化发展的 3 个阶段

当前建筑业相关体制机制、生产流程、专业化人才、工人素质等呈现割裂的特点,难以从建筑全生命周期打通建设项目各个环节之间的信息交互,信息孤岛依旧存在。解决割裂的问题,除推动数字技术进步外,还应紧密结合现有行业环境、组织流程、管理模式以及人员知识技能,对现有规范、标准、政策做出相应调整。

四、全球各国建筑业数字化发展战略

为了顺应建筑业数字化转型的总体趋势，许多发达国家和地区相继发布了加快建造方式转变、推动建筑业高质量发展的一系列国家战略。其中美国、英国是较早开展的国家，日本、新加坡与我国相邻，具有一定的借鉴意义。在我国较早开展建筑行业数字化的是香港。主要发展情况如下：

1. 美国

2017 年，美国白宫发布《美国基础设施重建战略规划》。按照计划，联邦政府将直接投入至少 2000 亿美元预算，并相应撬动地方政府和私营领域投资者投入数千亿美元，用于公路、铁路、水务和公用事业升级。该规划明确建筑产品和基础设施要实现安全、绿色和耐久，并注重建造过程的经济效益和可持续发展，同时关注人工智能、信息技术和建筑材料等新材料和新技术研发，推广无人机、模块化基础设施等技术。另外，规划提出到 2025 年，其建筑产品全生命周期的成本降低 50%，到 2030 年，其全部工程建设项目要实现碳中性设计。

2. 英国

2013 年，英国推出《英国建造 2025》，提出到 2025 年英国建筑业将转变为高效、技术先进、能驱动整体经济增长、引领全球低碳和绿色建筑输出的现代化产业。通过劳动力水平的提升、有效的研发和创新等一系列变革驱动力，英国将重点关注智能建造和数字设计、低碳和可持续建筑、改进交易表现等战略优先级，提升 BM 在建筑业中的应用程度，增加装配式建筑和建筑构件异地制造的比例，推广 VR 和 3D 打印，促进使用新一代智能技术，最终实现降低成本 33%、加快交付 50%、减排 50% 以及增加出口 50% 的共同目标。

3. 日本

2015 年，日本内阁会议通过了新的《日本再兴战略》，主要目标是推进建筑业"生产力革命"，引入新技术创建高产且有吸引力的建筑增长点，2023 年消除内因造成的工程事故，2025 年使建筑工地的生产率提高 20%，并在 2030 年实现建筑生产过程与三维数据全面结合。特点是明确提出要以 IoT、大数据、人工智能推进以人为本的"生产力革命"。为此，日本国土交通省开始在建设工地实施"信息及通信技术或信息通信科技（Information and Communications Technology，ICT）土木工程"，取名"i-Construction"战略，旨在通过从勘测/设计/构造/维护的所有过程中利用 ICT 提高工地生产率。基于该战略，日本将通过引入 IoT/人工智能等创新技术并利用 3D 数据来创建一个高产且有吸引力的建筑增长点，预计在 2023 年之内因造成的工程事故将为 0，2025 年使建筑工地的生产率提高 20%，并在 2030 年实现建筑生产过程与三维数据全面结合。

4. 新加坡

新加坡国家建设局（BCA）于 2011 年发布了新加坡 BIM 发展路线规划，规划推动整个建筑业在 2015 年前广泛使用 BM 技术。2014 年，新加坡政府公布《智慧国家 2025》的 10 年计划，其基于"以人为本"的连接、收集和理解三大理念，提出要通过覆盖全岛的数据收集、连接和分析基础设施平台，根据所获数据预测公民需求，以提供更好的公共服务。2017 年，BCA 公布新加坡《建筑业产业转型蓝图》，2018 年推出《建造业 2025 战略》。战略旨在提供高质量建筑产品，使用最少资源，最小化对周围环境的影响，提出主要从采用更具效率和生产力的建筑方式、拥抱建筑科技、推广绿色建筑、加强建筑企业能力和劳动队伍技能 5 个方面实现产业转型。战略提出推广装配式建筑技术 DMA 和 PPVC 体系，预计 2020 年将有超过 40% 的项目采用 DMA 技术。同时，大力推广项目全生命周期使用信息化技术数字化集成交付（Integrated Digital Delivery，IDD）和 BIM 等技术，2025 年前将试点 40~60 个 DD 项目，促进建筑云端技术的应用。其特点在于采用更具效率和生产力的建筑方式、拥抱建筑科技、推广绿色建筑、加强建筑企业能力和劳动队伍技能 5 个方面实现产业转型，并大力推广 DfMA 和 PPVC 体系、信息化技术 – 数字化集成交付和 BIM 技术。

5. 中国

香港于 2018 年发布了《建造业 2.0》，强调了促进建筑业创新、专业化及年轻化，聚焦 BIM 和装配式技术、数字化工地管理、机械装备、机器人等新技术。

五、工程勘察设计数字化转型是重中之重

当前,推进深度城镇化和提升城市建设品质已经成为城镇化建设的发展趋势。工程建设投融资模式已经发生深刻变化,大数据、人工智能正在加速改变工程建设和城市运营的方式。建筑生产涉及设计、建材生产及运输、施工建造、建筑运营及维护等环节,需要协同全产业链条推动数字化转型。作为工程建设的前端,工程勘察设计业务是建筑工程从投资到产品"承前启后"的前端环节,可起到统筹引领的关键作用。

工程勘察设计是工程建设的重要环节,勘察设计的质量不仅影响建设工程的投资效益和质量安全,其技术水平和指导思想对城市建设的发展也会产生重大影响。工程勘察设计行业产业规模、企业效益、技术装备以及建造能力都对我国经济的发展产生重要意义。近年来,随着中国基础建设的发展,工程勘察设计行业不断壮大。住房和城乡建设部发布了《2020年全国工程勘察设计统计公报》,从企业总体情况、从业人员情况、业务情况、财务情况、科技活动情况5个方面,对2020年全国具有资质的工程勘察设计企业基本数据进行了统计。2020年,全国共有23741个工程勘察设计企业参加了统计。其中,工程勘察企业2410个,占企业总数的10.15%;工程设计企业21331个,占企业总数的89.85%,其中具有勘察设计资质的企业年末从业人员达到440万人,勘察设计企业营业收入总计72496.7亿元,与上年相比增长4.0%。

工程勘察设计企业日益重视并逐步推进数字化转型。然而,在推动数字化转型的实践过程中,工程勘察设计企业还面临诸多挑战,作为传统行业,勘察设计信息化建设还无法满足数字时代的要求,具体体现在以下几个方面。

1. 工程勘察设计企业数字化转型认识及深度不足

在"互联网+"背景下,工程勘察设计企业加强了对财务管理、CRM、EPR等IT系统的应用,促进企业业务实现了一定程度的信息化发展。但部分工程勘察设计企业片面重视对企业业务实施信息化升级,未能突破信息化认知的固有瓶颈,难以从组织、管理模式、产业链创新等角度,加深对数字化转型的认知。面对业主对勘察设计成果越来越多的数字化要求,勘察设计企业数字化成果的更新速度比较缓慢,运营模式面临巨大挑战。勘察设计企业大多没有数据处理的能力,无法高效地整合工程建设相关数据并将其转化为相应产品。

数字化转型不等于信息化建设。当前，多数企业将信息化的工作等同于数字化转型，但信息化的提升与优化仅指使用数字化的工具来"提高"生产效率与管理效率，改善服务方式，促进当前现有业务服务模式以及服务工具的优化。优化了客户体验，并不等同于信息化建设的目标。数字化转型的内涵首先应当包括数字化业务转型，即利用数字技术推动商业模式的创新，利用数字技术创造新的业务模式；其次是数字化运作模式，在数据技术下重新定义设计企业的运行模式，以适应数字业务的发展；最后是构建企业内部数字化人才与技能，使数字化技术能够有效地整合在业务流程之中。

2. 未能形成完整的产业链，存在数据孤岛

长期以来，工程行业领域在勘察设计、物资采购、工程建造以及运营维护等环节存在分割，相关数据在不同单位中分散分布，产业链上下游存在脱节，形成数据孤岛。在新形势下，工程总承包模式日渐推进，工程总承包企业在勘察设计、物资采购、建造施工、运营维护等各项环节形成完整闭环，促进项目数据在一定程度上实现整合。但数据分散分布在各环节相应的业务系统中，基于各业务主导方的不同需求和视角构建了具有分割式特点的IT系统，未能形成全局视角，缺乏统一规范的标准，导致数据割裂，系统实施业务联动耗费较高的成本，难以促进业务实现创新协作和快速响应。

3. 缺乏专业高素质的数字化人才

在数字化转型的驱动下，人才短缺已成为勘察设计企业的最大难题。勘察设计企业大多为国有企业，组织机构比较僵化、员工老龄化比较严重、培训提升效果不佳。工程勘察设计企业储备的专业数字化人才不足，在短期内难以形成转型效益。另外，越来越多的网络科技企业对基建行业展开跨界布局，加剧了对数字化专业人才的争夺。在这种情况下，工程勘察设计行业领域的传统企业对专业高素质的数字化人才缺乏吸引力，难以为落实数字化转型策略提供强有力的人才支撑。勘察设计企业迫切需要引进互联网科技人才，并调整相应的薪酬机制以留住人才。

在工程建设领域，勘察设计企业一直发挥着高端智库的作用，为政企用户提供顶层设计服务，同时拥有工程建设第一手资料，这些资料数据是布局IoT应用的基础信息。因此，勘察设计企业在工程建设中起着龙头作用，将成为工程领域数字化转型的带头人。当前行业内企业大多数处于数字化初始期和反应期，疫情的影响加速了行业数字化的

进程。随着基础设施领域的持续补短板，勘察设计行业仍然处于发展时期。勘察设计企业的经营规模不断扩张，技术水平也在不断提升。工程勘察设计业将加速向数字化、信息化转型，产业互联网促进商业社会从工业经济向数字经济加速转型，数字化也将成为工程勘察设计企业驱动发展的重要引擎。

近年来，我国密切重视工程勘察设计业的数字化转型，并大力推动BIM技术的推广和应用。2017年，我国发布的《关于促进建筑业持续健康发展的意见》中指出，要加快推进BIM技术在规划、勘察、设计、施工和运营维护全过程的集成应用，实现工程建设项目全生命周期数据共享和信息化管理。2019年，国家发展改革委、住房和城乡建设部发布的《关于推进全过程工程咨询服务发展的指导意见》中提及大力开发和利用BIM、大数据、IoT等现代信息技术和资源，努力提高信息化管理与应用水平，为开展全过程工程咨询业务提供保障。

未来设计企业将加紧部署数字化战略，以数字化扩张产品和服务，以数字化手段实现数据变现，构建数字化业务流程，通过数字化的方式对产品、服务、资产、商业流程进行连接，实现高效运营。

第二章
数字化相关概念

一、概念及定义

对于数字化的理解，通过不同的搜索方式或者在不同行业类别中会得到不同的概念与定义，如表2-1所示。

不同来源的数字化概念与定义　　　　表2-1

来源	数字化的概念与定义
中国知网－概念知识元库	数字化是指新媒体的技术基础，信息技术的发展使得文字、图像、声音等各种传播内容都能转化为数字信号并在网络上传播
百度百科、搜狗百科	数字化，是将信息转换为数字（即计算机可读）格式的过程，是指将任何连续变化的输入如图画的线条转化为一串分离的单元，在计算机中用0和1表示。通常用模数转换器执行这个转换
通信百科	数字化就是将许多复杂多变的信息转变为可以度量的数字、数据，再以这些数字、数据建立起适当的数字化模型，把它们转变为一系列二进制代码，引入计算机内部，进行统一处理，这就是数字化的基本过程
MBA智库・百科	数字化是指使用0和1两位数字编码来表达和传输一切信息的一种综合性技术，即将电话、电报、数据、图像等各种信息都变成数字信号，在同一种综合业务中进行传输，再通过接收器使其复原，可以无限复原，而质量不会受到任何损害
《新华字典》	数字化指在某个领域的各个方面或某种产品的各个环节都采用数字信息处理技术
《石油技术辞典》	用一系列相等时间间隔的瞬时幅度来描述连续变化的模拟信号（如地震波）的过程称为离散化或采样，采出的一个个的脉冲称为子样，相邻子样的时间间隔称为采样周期（采样率），对子样进行测量并将测量结果用二进制数码表示，以上全过程称为数字化
《地学辞典》	实现从图形到数字转换的过程，地图数字化普遍采用跟踪数字化仪，按矢量方式读取地图上诸点的 x、y 坐标值

本书中的工程勘察设计行业数字化，就是勘察设计企业运用数字思维与技术，赋能于核心能力建设，基于数字技术实现业务解决方案、建设核心能力平台，打通上下游产业链条，提升勘察设计相关产品和服务的竞争力，创新工程管理发展模式，实现在数字化时代的自我进化。

工程勘察设计行业是典型的知识型服务行业，其数字化的脚步起源于20世纪80年代，随着"甩图版"和CAD绘图的普及，行业数字化的进程加速。尤其是科技飞速发展的这些年，数字化建设在行业内愈发受到重视。

具体到数字化，其概念分为狭义的数字化和广义的数字化。狭义的数字化主要是利用数字技术，对具体业务、场景的数字化改造，更关注数字技术本身对业务的降本增效作用。广义的数字化，则是利用数字技术，对企业、政府等各类组织的业务模式、运营方式，进行系统化、整体性的变革，更关注数字技术对组织的整体体系的赋能和重塑。

与传统的行业发展模式相比，无论是狭义的数字化，还是广义的数字化，均是在信息技术高速发展的基础上诞生和发展的。而要实现工程勘察设计行业的数字化，首先要梳理并区分出数字化与其他相关概念之间的关系，如图2-1所示。

图2-1 建筑行业信息技术发展关系图

二、意义与目标

1. 工程勘察设计行业数字化意义

勘察设计企业作为国家重要的传统行业——工程建设产业链的上游企业，数字化转型已经成为必须面对的战略命题。但目前勘察设计行业仍然普遍存在企业信息系统的信息孤岛问题，行业信息化在管理理念、标准规范、数据治理、网络安全等方面还未形成有效体系。

为推动工程勘察设计行业信息化建设，促进行业数字化转型发展，2022年4月22日，中国勘察设计协会研究制定了《工程勘察设计行业"十四五"信息化工作指导意见》，完成提出的主要任务可以为工程勘察设计行业数字化转型实现以下意义：

（1）夯实行业数字化基础

工程勘察设计行业数字化转型可初步实现建立行业数字化标准体系框架。面向数字化业务各细分行业的应用场景，具备完善的工程数字化交付技术标准和数据交换标准，推动产业链上下游间的数据共享。编制各类工程勘察数据采集标准、专业软件数据交互标准，以及管理信息系统间互联互通标准，可推进各类专业软件的集成应用。

（2）提升行业数字化业务水平

工程勘察设计行业数字化转型可提升建筑工业化和集成化业务水平。通过推进BIM技术在建造全过程的集成与创新应用，并充分发挥装配式建筑集成综合优势，落实设计选型标准，促进设计和生产、施工有效衔接，实现新型建筑工业化水平提升。并通过推进企业与上下游、合作方以及政府管理部门等第三方系统的互联互通、数据共享，促进全产业链、全生命周期的信息化发展，提高工程项目整体管理效率和水平，加强全过程工程管理系统建设。

（3）推进行业数字化应用发展

工程勘察设计行业数字化转型可推动行业信息化、网络化及智能化应用发展。以信息技术赋能勘察设计企业管理创新，优化管理模式，重塑管理流程。构建资源配置合理、专业分工明确、数据交互共享、成果系统集成的网络化设计环境，积极探索跨组织、跨地域勘察设计协同工作新模式。通过积极推广知识图谱和人工智能技术应用，促进勘察设计智能化，不断提升勘察设计质量和效率。

（4）构建行业绿色化新生态

工程勘察设计行业数字化转型可提升绿色低碳设计水平，构建行业绿色化新生态。按照《绿色建筑评价标准》GB/T 50378—2019等相关标准，全面推广绿色建筑设计，提高建筑节能水平。鼓励绿色低碳关键技术与设备产品研发创新，持续完善绿色低碳技术体系，并进一步完善绿色建筑设计、施工、运行维护标准，完善既有建筑绿色改造技术及评价标准。

2. 工程勘察设计行业数字化目标

2022年5月9日，住房和城乡建设部印发了《"十四五"工程勘察设计行业发展规划》，对工程勘察设计行业数字化转型提出了明确的目标。增强建筑标准化，推动工程勘察设计行业网络化、智能化、信息化应用发展，技术管理创新和综合服务能力不断增强，工业化、集成化水平进一步提升，逐步构建行业绿色化新生态，持续助力建筑业高质量发展。具体有以下目标：

（1）市场环境进一步优化

勘察设计企业资质、专业技术人员执业资格管理进一步完善，行业诚信体系进一步健全，个人守信从业、企业有序竞争、协会自律服务、政府引导监管的共同治理体系框架初步建立，优胜劣汰、优质优价的市场环境逐步形成。

（2）设计质量进一步提升

勘察设计质量监管法治化、智能化、专业化水平进一步提升，质量安全底线得到充分保障。绿色低碳设计理念充分践行，设计系统化、科学化、精细化水平进一步提升，完成一批高品质绿色建造示范工程项目设计。

（3）创新能力进一步增强

勘察设计科技创新投入持续加大，关键核心技术攻关取得突破，产业赋能作用不断显现，科技成果转让收入大幅提升。行业数字化转型进程加快，BIM正向设计、协同设计逐步推广，数字化交付比例稳步提升。

（4）人才结构进一步优化

符合工程勘察设计行业特点的人才培养、评价、流动、激励机制基本完善，从业人员技术能力显著提升，行业复合型人才、高技能人才比例不断提高，青年人才队伍进一步壮大，人才结构明显改善，培养一批行业领军人物。

（5）发展效益进一步提高

工程勘察设计行业营业收入持续增长，年增长率不低于GDP增幅。工程总承包、全过程工程咨询、建筑师负责制等新业务模式得到有效推行。大型勘察设计企业综合化、集成化发展，中小型勘察设计企业专业化、特色化发展，培育一批高端设计咨询服务品牌，境外勘察设计市场份额稳步提高，"中国设计"国际竞争力逐步增强。

三、与其他概念之间的关系

1. 数字化与标准化

（1）标准化背景

标准是经济活动和社会发展的技术支撑，是国家基础性制度的重要方面。标准化在推进国家治理体系和治理能力现代化中发挥着基础性、引领性作用。新时代推动高质量发展、全面建设社会主义现代化国家,迫切需要进一步加强标准化工作。鉴于我国建筑业发展的体量和水平,已经到了充分总结发展经验、形成标准引领、高质量发展并逐渐向世界贡献中国标准的历史节点。在《"十四五"工程勘察设计行业发展规划》中要求:坚持规范约束、标准引领。坚持全文强制性规范的核心底线要求,强化质量安全和性能品质保障措施。以服务和推动高质量发展、满足人民美好生活需要为目标,发挥技术方法类推荐性标准的创新引领作用,为工程勘察设计行业释放创新空间,促进设计大国向设计强国的转变。

(2)标准化概念与内涵

标准化是指在经济、技术、科学和管理等社会实践中,对重复性的事物和概念,通过制定、发布和实施标准达到统一,以获得合适秩序和社会效益。它包括制定、发布及实施标准的过程。在国民经济的各个领域中,凡具有多次重复使用和需要制定标准的具体产品,以及各种定额、规划、要求、方法、概念等,都可称为标准化对象。标准化对象一般可分为两大类:一类是标准化的具体对象,即需要制定标准的具体事物;另一类是标准化总体对象,即各种具体对象的总和所构成的整体,通过它可以研究各种具体对象的共同属性、本质和普遍规律。标准化的主要作用是组织现代化生产的重要手段和必要条件;是合理发展产品品种、组织专业化生产的前提;是公司实现科学管理和现代化管理的基础;是提高产品质量保证安全、卫生的技术保证;是国家资源合理利用、节约能源和节约原材料的有效途径;是推广新材料、新技术、新科研成果的桥梁;是消除贸易障碍、促进国际贸易发展的通行证。标准化的重要意义是改进产品、过程和服务的适用性,防止贸易壁垒,促进技术合作。

(3)标准化在勘察设计中的发展情况

标准化在勘察设计中的发展情况主要分为勘察设计企业的标准化管理体系和勘察设计行业的标准化行业制度。

随着勘察设计行业发展总体趋缓,越来越多的企业已经意识到行业高速增长的"黄金10年"已经一去不复返,取而代之的是追求"质优价廉"的新常态化市场,只有提供更好的产品质量、服务和更具竞争力的价格,才能在日益激烈的市场竞争中存活下来。面对未来残酷的市场竞争,在勘察设计企业业务转型升级的关头,企业需要通过标准化、精细化的管理体系建设来提升效率、控制风险,这已经成为业内共识。

我国的勘察设计行业在诸如电力、高铁、光伏等一大批专业工程领域中,都形成了先进的技术标准,但在勘察设计行业的标准化具体实践中,仍需在现有基础上不断优化我国的标准体系，主要体现在以下几个方面：一是勘察设计相关法规制度应不断完善；二是借助制度营造健康有序的市场环境；三是加强相关领域标准，完善并形成一整套技术规范体系；四是稳步推进市场准入制度改革；五是进一步优化招标投标管理制度；六是深化施工图审查制度改革。此外，还应完善信用管理和协同监管机制，推进将勘察设计质量信息、建设工程消防设计审查技术服务信息纳入信用信息管理并建立相应的惩戒机制。探索建立勘察设计质量保险制度，鼓励开展勘察设计质量保险相关研究，研发满足行业和市场需要的险种等，最终形成一套标准化的行业制度。

（4）标准化与数字化关系

标准化，是实现数字化的基础条件和路径。标准化要求将业务、产品、技术、审批、考核、状态、财务都通过一定的流程和标准规定下来，以方便实现统一标准和统一管理，为勘察设计行业数字化转型奠定基础条件。勘察设计行业进行数字化转型，标准化是路径：首先需要勘察设计行业企业在企业内部实现标准化，以帮助企业全体员工都具有标准化思维；其次需要勘察设计行业企业选择适合自己企业的软件系统管理模式，把标准化的思维植入到软件系统中，每个员工都需要适应这一运行模式，典型的就是实现协同设计上的标准化；再次，勘察设计行业企业在内部实现数字化后，再将客户的需求从互联网上实现订单管理，并实现定制化服务。

勘察设计行业数字化转型是一项系统性、标准化工程，必须从一开始就放弃"零敲碎打""各自为战"的模式，从顶层加强统一规划设计，在业务、数据、技术等各个维度形成一系列统一标准规范，打破各级各类各系统数据壁垒，促进互融互通，这是由数字化转型的内在逻辑决定的，必须"操其要于上"。

2. 数字化与集成化

（1）集成化背景

随着国家《"十四五"工程勘察设计行业发展规划》的发布和实施，我国工程勘察设计行业也迎来重大发展机遇。在工程建设过程中，勘察设计工作的好坏直接影响着建设项目的投资效益。因此，进行工程勘察设计项目集成化管理，实现行业的数字化转型，完善项目管理理论体系，对提升我国工程勘察设计行业竞争力，提高我国工程勘察设计行业项目投资效益，具有重要的理论和现实意义。

（2）集成化概念与内涵

集成，作为实现数字化的一种手段，起着承前启后的作用。集成本身是一些孤立的事物或元素通过某种方式改变原来的分散状态而集中在一起并产生联系，由此构成一个有机的整体。集成可以减小体积，扩展功能，呈现更强大的智能。而在数字时代，以"数字设计+"为引领，整合建设方、施工企业、材料商、运维商等上下游的产业生态，实现设计育成到工程建设育成，改变生产模式、重构生产关系、促进商业模式变革，构建"平台+产业"新生态。集产业链于一身，工程勘察设计行业的数字化时代更多的是管理方式、运营方式、生产模式的集成。

（3）集成化在勘察设计中的发展情况

我们注意到，在当前数字经济迅猛发展的时代，集成化正在重新定义勘察设计行业势必带来的行业效率革命。工程勘察设计行业过去粗放型的发展模式已不适应新时代的要求，旧的建设项目组织实施方式和生产方式落后，造成多头管理、成本高企，责任主体多权责不够明晰，工期拖延、质量堪忧。这就需要加强行业系统整体协同发展，需要一批拥有创新意识、一体化产业链、一站式总承包能力的企业。

（4）集成化与数字化关系

如果说过去的设计只是建筑产业链的一个阶段，设计的引领性作用远远不够。集成化在工程勘察设计行业的运用，可以做到各个阶段在云端协同管理。因此，集成化作为一种实现数字化的业务支撑，具体表现为以下3个方面：

1）集成为数字化提供云端协同工作平台，构建全过程数字咨询生态

基于BIM、云、大数据集成的平台，将业主、设计团队、总承包、分包、监理、设材厂商、生产厂商等各参与方乃至最终建筑使用者连接在一起。以BIM、VR、移动等技术为手段，集成了消费者个性定制信息、不同专业设计信息、深化设计信息、施工建造信息、运维信息的虚拟化模型作为统一载体，实现单个专业内、多个专业间以及多参与方的异地协同设计与互动，并基于全生命周期的数字化设计、建造和运维模拟运行，形成建筑产品物理参数模型、项目管理过程模型、虚拟施工模型、虚拟运维模型等的"全过程数字化样品"模拟，提前预见并解决设计、施工、运维中出现的问题，以很小的代价实现建筑全过程的PDCA的虚拟执行和优化调整，将后期生产、施工、运维产生的风险与问题前置。

2）集成化为数字化打造建筑产业育成平台，形成设计工程总承包生态

从数字设计院"一键导出"数字化图纸、建材信息、虚拟施工模型、工序模型和项目横道图，通过建筑产业育成平台和工程IoT系统建立工程项目全参与方的泛在连接，各方通过可视化的模型协作协同完成建筑工程的采购、施工、运维，以更高效地

实现全产业链的整合。

平台提供生产协同、项目管理、知识管理、人才共享、财务共享、合约法务、供应链金融、技术集成等综合服务，并围绕建筑工程项目的全生命周期，整合中小建筑企业的设计方、施工方、材料供应商、智能家居企业等生态链企业，实现新要素整合、生产线数字化整合、供应链整合，实现数字化转型的系统集成。

通过"项目大脑"，将生产对象、生产要素、管理要素等通过各类终端进行链接和实时在线，并对施工生产、商务、技术等管理过程加以优化。实现"设计造价一体化、设计采购一体化、设计施工一体化"，精准控制建筑项目成本，实现建造的全过程、全参与、全专业的协同建造，大幅度提升行业生产力水平，提高数据资源的利用效率，加速产业的数字化转型步伐。

3）积极探索 PD-EPC-O 模式创新，提升集成化利用效率

探索 PD-EPC-O 模式，即将"PD（Prospective Design）"——勘察设计，"EPC（Engineering Procurement Construction）"——项目设计、采购、施工，"O"（Operate）——运营等系统整合，创造建设领域价值链供应体系，围绕绿色设计、建设工程、市政工程，按照建设工程项目全生命周期理论，提供从策划、咨询、规划、设计、招标代理、勘察、采购、装修、施工、机电安装、监理与项目管理、代建服务、建成运营等全过程或阶段性的服务。以城市发展研究、产业投资运营、规划设计、基础设施建设、工程总承包等全纵向一体化优势，强化技术集成创新，并不断延伸产业链，提升落单能力和经营价值，专精特新，打造专业领域的系统解决方案能力，探索创新模式。

3. 数字化与工业化

（1）工业化背景

建筑工业化是由西方国家提出的，为解决第二次世界大战后欧洲国家在重建时亟须建造大量住房而又缺乏劳动力的问题，通过推行建筑标准化设计、构配件工厂化生产、现场装配式施工的一种新的房屋建造生产方式以提高劳动生产率，为战后住房的快速重建提供了保障。我国的建筑工业化发展始于 20 世纪 50 年代，在我国发展国民经济的第一个五年计划中就提出借鉴苏联和东欧各国的经验，在国内推行标准化、工厂化、机械化的预制构件和装配式建筑。20 世纪 60~80 年代是我国装配式建筑的持续发展期，尤其是从 20 世纪 70 年代后期开始，我国多种装配式建筑体系得到快速发展。从 20 世纪 80 年代末开始，我国装配式建筑的发展却遇到了前所

未有的低潮。近年来，随着社会发展和经济增长，我国的人口红利正在消失，建筑行业面临劳动力短缺、人工成本快速上升的问题，同时目前传统现场施工方式也面临环境污染、水资源浪费、建筑垃圾量大等日益突出的问题。为保持建筑行业可持续发展，我国政府出台并制定了一系列政策措施扶持推行建筑工业化，以实现"四节一环保"的要求。

（2）工业化概念与内涵

工业化通常被定义为工业（特别是其中的制造业）或第二产业产值（或收入）在国民生产总值（或国民收入）中的比重不断上升的过程，以及工业就业人数在总就业人数中的比重不断上升的过程。建筑工业化，指通过现代化的制造、运输、安装和科学管理的生产方式，来代替传统建筑业中分散的、低水平的、低效率的手工业生产方式。它的主要标志是建筑设计标准化、构配件生产工厂化、施工机械化和组织管理科学化。

（3）工业化在勘察设计中的发展情况

顺应新的时代要求，我国开启了工业4.0发展之路，开始向高端制造、智慧制造和绿色制造发起冲击。在历史大势面前，勘察设计作为行业前端，发挥着排头兵、领航员的作用。同时，勘察设计行业的一些发展短板也暴露出来。《"十四五"工程勘察设计行业发展规划》指出，工程勘察设计行业在工程建设中的引领作用尚未充分发挥，设计创新能力不足，高端人才吸引力下降，复合型人才短缺，高端服务供给能力亟待提高，同质化低价竞争问题依然存在，国际竞争力有待提升，勘察设计品质与人民日益增长的美好生活需要还存在差距，推动勘察设计高质量发展责任重大。

勘察设计行业具有智力密集型和人才密集型特点，目前人才队伍建设不足，勘察设计品质有待提高。只有建立一支"能打仗、打胜仗"的人才队伍，才能继续坚定不移地走好我国的深度工业化之路，以勘察设计为起点，引领建筑业的高质量发展。

（4）工业化与数字化关系

工程勘察设计行业"十四五"信息化工作总体目标中指出，以数字化转型整体驱动生产方式变革，推动数据赋能全产业链协同发展，初步实现全生命周期数字化协同工作模式。因此，工业生产方式的发展也支撑着行业数字化的转型。

勘察设计行业的数字化转型可以提高工业的全要素生产率，发挥数字技术对建筑行业经济发展的放大、叠加、倍增作用。而工业化发展对勘察设计的数字化转型而言，是很重要的数据来源和应用场景。通过推进数字化设计体系建设，能够促进建立以设计为核心、以标准部品为基础的更加专业、更具规模的生产体系。通过BIM技术在建造全过程的集成与创新应用，能够促进建立面向建筑全生命周期的协调工作模式，建立一体化工程数据库，促进设计、生产、施工高效协同。通过探索建筑工程数字孪生模型的典型场景应用，从而推广基于同一数据模型的多专业协同设计，结合施工工法设计、运行策略规划等信息，可以有效缩短施工图深化设计周期。

4. 数字化与信息化

（1）信息化背景

当今世界，新一轮科技革命和产业变革带来的激烈竞争前所未有，以信息产业和数字经济为核心的国家创新力和竞争力正在成为世界各国新一轮竞争的焦点，我国信息技术产业链、供应链的安全性、稳定性正经历严峻考验。在此背景下，工程勘察设计行业信息化工作将面临新挑战，迎来新机遇。

"十三五"时期，工程勘察设计行业紧紧抓住以信息化引领全面创新、构筑国家竞争新优势的战略机遇，深入研究和推进以 BIM 和数字化工厂为代表的新技术开发和应用，取得了一系列重要发展成果。但对比发展要求，行业信息化工作仍然存在不足。企业信息系统的信息孤岛普遍存在，工程勘察设计、施工和运维的数据还不能高效共享；BIM 技术没有形成贯穿于工程全生命周期的应用效果，综合优势尚未充分体现；距离数字工程、数字化工厂、智能建筑、智慧城市建设发展目标还存在较大差距；行业信息化在管理理念、标准规范、数据治理、网络安全等方面还未形成有效体系；工程勘察设计软件对外依赖程度较高，自主化率较低，亟待聚力提升。

当前，工程勘察设计行业市场在几十年高速增长之后处于深刻变革期，以创新为引领的转型发展已成必然。以 5G、IoT、工业互联网、大数据中心、特高压、城际高速铁路和轨道交通、新能源等为代表的"新基建"，基于数字化、网络化、智能化的"新城建"，都将为行业带来新的市场机会。智慧城市、智慧交通、智能建造、智慧能源的发展进一步加速万物互联，将为行业带来新的应用场景，势将促进工程建设全生命周期和全产业链的协同发展。

（2）信息化概念与内涵

信息化概念起源于 20 世纪 60 年代的日本，是由日本学者梅棹忠夫首先提出来的。在我国 1997 年召开的全国信息化工作会议上，对信息化定义为：信息化是指培育、发展以智能化工具为代表的新的生产力并使之造福于社会的历史过程。其代表了一种信息技术被高度应用，信息资源被高度共享，从而使得人的智能潜力以及社会物质资源潜力被充分发挥，个人行为、组织决策和社会运行趋于合理化的理想状态。

（3）信息化在勘察设计中的发展情况

勘察设计信息化建设历程总结起来可以分为3个阶段：软件应用阶段、系统应用阶段和产业互联网应用阶段。

1）软件应用阶段

自"甩掉图板"之后，勘察设计行业信息化建设开始进入计算机应用阶段，加快了CAD技术的发展和普及。在"十五"期间，大部分单位已经完全普及CAD二维设计，同时也掌握了三维设计技术。CAD设计软件进入百花齐放阶段，各类面向不同专业和方向的设计软件相继面市。随着设计软件的应用与普及，提升了勘察设计行业设计的效率与质量，提高了设计人员的单兵作战能力，但同时也带来了新的需求——企业管理与设计生产间的数据交互和传递。自此勘察设计行业数字化迈入下一阶段。

2）系统应用阶段

计算机辅助设计系统的应用与普及，使设计人员的工作效率有了质的提升，在计算机硬件快速发展、计算机网络技术普及以及信息化建设新需求的推动下，相关企业逐渐开始关注勘察设计产品全生命周期管理系统以及企业资源管理系统的建设。在2006~2015年的10年间，勘察设计行业的信息化建设步入了飞速发展的时期。在中国勘察设计协会"十一五"发展思路和"十二五"发展目标的指导下，勘察设计企业信息化工作分别在基础设施建设和信息系统建设两个方面取得重大发展。

3）产业互联网应用阶段

勘察设计行业信息化经过软件应用阶段和系统应用阶段的发展，已经形成企业内部人与人之间的互联和数据信息的共享。但整个勘察设计行业仍然是一个线性产业生态圈，产业链不同环节、不同参与主体、不同区域之间存在割裂与边界。"十三五"期间，"互联网+"战略正式纳入国家政策的顶层设计，"云大物智移"（云计算、大数据、IoT、人工智能、移动互联）等新一代信息技术呈现爆炸式增长。中国勘察设计协会发布《"十三五"工程勘察设计行业信息化工作指导意见》，要求着力增强BIM、大数据、智能化、移动通信、云计算、IoT等信息技术集成应用能力，建筑业数字化、网络化、智能化取得突破性进展，初步建成一体化行业监管和服务平台。在这样的大背景下，勘察设计行业积极运用BIM技术和其他新技术，构建开放、共享的"互联网+"平台，各参与方能够通过平台实现信息共享、充分协作和资源整合，打破了企业边界和区域边界的限制，实现合作共赢，打造高效、完整、多方共享共赢的产业生态圈，从而重塑行业创新体系。

（4）信息化与数字化关系

当勘察设计行业信息化发展到一定程度时，"信息孤岛"现象会使信息化系统的局限性、封闭性逐渐凸显。想要破除"信息孤岛"的壁垒，数字化转型是必然趋势。数字化以人为本，发挥人的主观能动性，激发人的创造能力，突出人的力量，是全过程、全产业链、全生态、跨界融合的数字化。数字化促使行业生态发生变革，推进工程勘察设计行业创新，成为行业发展的内生动力。

信息化建设是行业数字化转型的基本发展阶段。基本的信息化手段保证了信息数据的互联互通，从而解决信息化建设中信息系统之间信息孤岛的问题，实现行业数字化转型。《"十四五"工程勘察设计行业发展规划》中指出，在传统信息化建设方面，勘察设计行业需要重点企业信息化系统的建设，加强生产与管理的融合，实现无缝衔接，动态管理，从而数字化企业管理，打破信息孤岛，实现数字信息流通。

同时，数字化转型也是进一步推进行业信息化建设的方式。通过数字化将许多复杂的、难以估计的信息通过一定的方式变成计算机能处理的二进制码。这并不是对已有的信息化推倒重来，而是整合优化以往的信息化系统，并在此基础上提升管理和运营水平，用新的技术手段提升行业新的技术能力，以支撑新时代下的新要求。

业务层面上，通过数字化转型，打通整个业务流程，解决业务单一信息化的局限性问题，实现跨部门的系统互通、数据互联，全线打通数据融合，为业务赋能，为决策提供精准洞察；数据层面上，数字化将整合利用以往信息化建设过程中分布在各个系统的分散数据，提升勘察设计企业的工作效率；联通层面上，数字化转型将连接行业内不同的信息化系统，建立与客户的连接、企业各个单元的连接，改变行业内企业的效率，降低其运行成本。

5. 数字化与网络化

（1）网络化背景

当前勘察设计工作需要建筑、结构、机电等不同专业的密切配合，实时沟通，且随着对建筑设计要求的提高，住房和城乡建设部还对全国所有气候区建筑节能、碳排放和可再生能源利用提出强制要求，这就需要园林绿化、暖通等更多专业的强交互。而多专业交互过程中，容易出现各专业之间设计标准不统一、由于沟通不及时导致设计数据存在错、漏、碰、缺等问题。因此，在计算机网络技术和通信技术发展的趋势下，以 Internet 为主要代表的网络化支撑环境为基础，搭建协同设计平台以实现设计标准的统一、各勘察设计主体的设计工作在动态上同步是当前勘察设计行业数字化转型的一个重要方向。

（2）网络化概念与内涵

网络化是指利用通信技术和计算机技术，把分布在不同地点的计算机及各类电子终端设备互联起来，按照一定的网络协议相互通信，以达到所有用户都可以共享软件、硬件和数据资源的目的。在制造行业，网络化等信息技术是智能制造革命性的共性赋能技术，因此网络化在制造行业也有丰富的内涵：孙延明提出网络化协同模式是一个集成工程、生产制造、供应链和企业管理的先进制造系统。周济提出面向智能制造的人－信息－物理系统（HCPS），其中制造系统发展的第三阶段、第四阶段分别面向数字化网络化制造的 HCPS1.5、面向数字化网络化智能化制造的 HCPS2.0，网络化在其中的内涵是：在数字化的基础上，应用先进的通信技术和网络技术，用网络将人、流程、数据和事物连接起来，联通企业内部和企业间的"信息孤岛"。

（3）网络化在勘察设计中的发展情况

以 Internet 为主要代表的网络化支撑环境为基础，建立协同设计平台的理念已被勘察设计行业广泛接受，国内设计院和工程公司正在以协同设计为目标进行多方面的实践，规避多专业协作期间的数据传递问题，加强设计过程中的版本控制、状态跟踪等管理业务。

（4）网络化与数字化关系

数字化的发展趋势是全面数据化，而网络化为数据的交互共享提供物理载体，其发展趋势是信息物理系统（CPS）的广泛采用。

网络化是勘察设计行业数字化转型的重要发展阶段，处于网络级数字化阶段的勘察设计组织（企业），在全组织（企业）范围内，通过组织（企业）级数字化和产业互联网级网络化，推动组织（企业）内全要素、全过程互联互通和动态优化，实现以数据为驱动的业务模式创新。在新型能力方面，能够完成支持（企业）组织全局优化的网络级能力的建设，实现新型能力的数字化，能够在全组织（企业）范围内进行设计信息按需共享和应用；在系统性解决方案方面，建设数字组织（企业）的系统集成架构，业务基础资源和能力实现平台化部署，支持按需调用，OT 网络与 IT 网络实现协议互通和网络互联，基于组织内全要素、全过程设计数据在线自动采集、交换和集成共享。

最终通过构建资源配置合理、专业分工明确、数据交互共享、成果系统集成的网络化设计环境，实现跨专业、跨组织、跨地域设计协同工作的新模式，实现勘察设计行业网络级的数字化转型。

6. 数字化与智能化

（1）智能化背景

随着新一代人工智能理论和技术的日益成熟，人工智能场景融合能力不断提升。目前，人工智能技术已在金融、医疗、安防、教育、交通、制造、零售等多个领域实现技术落地，应用场景也愈来愈丰富。基于人工智能技术的各种产品在各个领域代替人类从事简单重复的体力或脑力劳动，大大提升了生产效率和生活质量，促进了各个行业智能化的发展和变革。

勘察设计作为基础设施建设的基础，工程勘察设计行业正处于几十年高速增长后的变革期，以创新为引领的转型发展已成必然。自 2016 年以来，"互联网+"战略正式纳入国家政策顶层设计，云计算、大数据、IoT、人工智能、移动互联等新一代信息技术正快速增长并向建筑领域渗透。在《2016–2020 年建筑业信息化发展纲要》和《"十四五"工程勘察设计行业发展规划》的指导下，勘察设计行业积极推广知识图谱和人工智能技术应用，探索智能化技术与大数据、移动通信、云计算、IoT 等信息技术在勘察设计中的集成应用，不断提升勘察设计智能化，促进勘察设计企业设计水平和管理水平的提高。

（2）智能化概念与内涵

顾名思义，理解智能是理解智能化的基础，智能从构成上可以分为"智慧"和"能力"。从感觉到记忆再到思维这一过程称为"智慧"，智慧的结果产生了行为和语言，将行为和语言的表达过程称为"能力"，两者合称"智能"。

智能化是指事物在计算机网络、大数据、IoT 和人工智能等技术的支持下，系统具有状态感知、实时分析、科学决策、精准执行的能力，能满足人的各种需求。比如无人驾驶汽车，就是一种智能化的事物，它将传感器 IoT、移动互联网、大数据分析等技术融为一体，从而能动地满足人的出行需求。

智能化的核心内涵是让机器具有感知、分析、决策和执行的能力。智能化一般具有以下特点：一是具有感知能力，即具有能够感知外部世界、获取外部信息的能力，这是产生智能活动的前提条件和必要条件；二是具有记忆和思维能力，即能够存储感知到的外部信息以及由思维产生的知识，同时能够利用已有的知识对信息进行分析、计算、比较、判断、联想、决策；三是具有学习能力和自适应能力，即通过与环境的相互作用，不断学习积累知识，使自己能够适应环境变化；四是具有行为决策能力，即对外界的刺激作出反应，形成决策并传达相应的信息。具有上述特点的系统则为智能化系统。

（3）智能化在勘察设计中的发展情况

在勘察行业中，智能勘察技术在基于常规人工现场测量和摄影测量的传统方法的基础上有诸多创新，一是技术手段新，改变了传统的测绘技术单一、固定等现状，广泛采用的有智能数字图像技术、智能钻探设备及技术、智能原位测试技术、智能勘测技术、智能视频监控采集技术等。二是组织模式新，由传统依靠现场大量勘测人员的劳动密集型的模式，转变为主要依靠先进勘测技术和设备、少量外业勘测人员的技术密集型、内外业融合勘测的组织模式。三是成果形式新，除了提供传统地形图、断面等二维符号化成果外，增加了正射影像、三维地模、实景模型等能够真实反映现场环境的高精度地理信息数据。四是服务方式新，勘测成果由原来多专业间零散的资料互提模式，转变为勘测成果的数字化、海量勘测数据集中存储和按需应用。

在设计行业中，人工智能的相关技术已经渗入设计领域中的不同方面，主要涉及技术应用，包括 AI 结构设计、建筑设计、场地设计、自动出图与自动审图等。目前，AI 设计在行业中的应用还处于初始阶段。2018 年，基于人工智能、深度学习、大数据、系统优化等技术的 AI 结构师出现，利用该产品可以大幅提高结构设计效率。2022 年 8 月 8 日，由机器人 TransBIM 绘制的建筑施工图获得主管部门颁发的审查合格证，标志着人工智能进入到建筑施工图设计领域。2022 年 7 月，《住房和城乡建设部办公厅关于同意北京市开展建设工程人工智能审图试点的函》同意北京市开展建设工程人工智能审图试点工作，这标志着传统建筑设计行业迈上智能化道路的一个里程碑。

（4）智能化与数字化关系

数字化与智能化既有联系又有区别，其联系在内容上互补，其区别在决策主体上互斥。智能化技术离不开数字化，数字化是对现有海量数据价值的实现，海量数据价值的实现又为数字机器自主学习提供了丰富的信息资源，加速了智能化的进程。数字化与智能化的本质区别决策主体的人机差异，人类难以处理数字化产生的大数据，而人工智能刚好适合处理的流水化、程式化和数据化工作。因此在推进勘察设计行业数字化建设过程中，必须积极采用智能化技术，以机器代替或辅助人进行决策，让人从大量、重复的工作中解放，从而加快决策速度、减少成本、提高效率、推动了产品与服务的创新。

综上所述,智能化的技术基础是数字化,智能化是数字化发展的必然趋势。因此,在数字化与智能化的变革时期,勘察设计行业需要以更开放的态度多元融合、与时俱进、开拓创新,要大力提高智能化程度,努力推进数字化向更高层次发展。

7. 数字化与绿色化

(1)绿色化背景

进入21世纪以来,我国长时间高能耗、低能效、高污染、低环保的生产方式,决定着整个消费、交换、分配等链条的走向,迫切需要扭转;构建科技含量高、资源消耗低、环境污染少的产业结构和生产方式,大幅提高国民经济"绿色化"程度、形成经济社会发展新的增长点,已成"绿色化"的要务。"绿色化"的实现同样深深得益于社会的环保启蒙和民众环保意识的觉醒,与集体性的低碳生活、绿色消费、循环利用习惯密不可分,因此人自身的生活方式和消费模式也有待向"绿色化"调整。社会主义核心价值观也需要融入生态文明意识。生态文明主流价值观要扩大影响,成为整个社会的文化底色,必须依靠制度约束和法律保障以及系统完善的生态文明制度体系。

在实现可持续发展的今天,我们要始终坚持"不以牺牲后代人的利益为代价",为子孙后代创造一个良好的生态系统,必须推进绿色化与"新四化"紧密融合,促进"五化"协同发展,才能实现社会生产力、经济生产力、文化生产力和生态生产力的整体持续发展。新常态下的中国治理转型,必须牢固树立"绿水青山就是金山银山"的理念,必须大力实施绿色创新驱动发展战略,必须系统地构建中国的绿色治理体系和治理能力,促进国家治理绿色化,推进国家治理体系和治理能力现代化。

(2)绿色化概念与内涵

绿色化,就是生态文明建设与经济社会发展相互融入和协同提升的过程,也是经济社会发展的生态友好程度不断提升,逐步实现经济社会发展与生态系统和谐的过程。"绿色",形容环保、低碳、高效、和谐;"绿色化",意味着从改变自然观和发展观开始,驱动生产方式与生活方式的转变,释放改革和创新驱动能力,助推生态文明重大制度确立,培育生态文化,最终浸染社会的价值底色,融入社会主义核心价值体系,形成一个以观念转变助推制度建设、再由制度建设凝练价值共识的良性发展路径。

"绿色化"包括以下三个方面的涵义:第一,在经济领域,它是一种生产方式——"科技含量高、资源消耗低、环境污染少的产业结构和生产方式",有着"经济绿色化"

的内涵，而且希望带动"绿色产业"，"形成经济社会发展新的增长点"；第二，它也是一种生活方式——"生活方式和消费模式向勤俭节约、绿色低碳、文明健康的方向转变，力戒奢侈浪费和不合理消费"；第三，它还是一种价值取向——"把生态文明纳入社会主义核心价值体系，形成人人、事事、时时崇尚生态文明的社会新风"。

（3）绿色化在工程勘察设计中的发展情况

我国旗帜鲜明地提出"双碳"目标，并长期坚持绿色发展道路。建筑业作为碳排放大户，绿色建筑业的发展是实现绿色发展的题眼。2003年，美国LEED绿色建筑评价体系进入中国建筑市场，旨在规范一个完整、准确的绿色建筑概念，防止建筑的滥绿色化。2019年3月1日，住房和城乡建设部批准新版《绿色建筑评价标准》GB/T 50378—2019为国家标准，该标准在一定程度上指明了现阶段绿色建筑的发展方向。2021年3月6日，住房和城乡建设部发布的《绿色建造技术导则（试行）》明确了绿色建造的总体要求、主要目标和技术措施，为落实国家碳达峰、碳中和战略提供支撑。

在当前发展背景下，贯彻落实绿色低碳理念也是工程勘察设计行业发展的必然趋势，勘察设计行业需要适应角色转变，不断提升绿色低碳规划设计能力，推动勘察设计行业实现高质量发展。在《工程勘察设计行业"十四五"信息化工作指导意见》中，指出工程勘察设计行业"十四五"信息化工作总体目标中强调要有效提高生产能效和绿色环保水平。在《"十四五"工程勘察设计行业发展规划》中，指出未来发展目标之一为实现绿色低碳设计理念充分践行，设计系统化、科学化、精细化水平进一步提升，完成一批高品质绿色建造示范工程项目设计；对未来勘察设计行业的绿色化发展道路提出以下5点要求：全面落实绿色发展理念；提升建筑绿色低碳设计水平；发挥绿色勘察基础作用；加强低碳关键技术研发和应用；完善建筑工程质量标准。

（4）绿色化与数字化关系

2021年12月28日，中央网络安全和信息化委员会印发《"十四五"国家信息化规划》，明确提出"深入推进绿色智慧生态文明建设，推动数字化绿色化协同发展""以数字化引领绿色化，以绿色化带动数字化"。在全球经济竞争日趋激烈的背景下，数字化与绿色化成为全球经济社会转型的两大趋势与目标。

1）数字化赋能绿色化

数字化赋能绿色化的本质是充分利用各种数据资源，通过数字化优化企业各流程效率，提高能效，降低排放。同时数字化也为提高绿色发展中的设备连通性、生产高效性、施策精准性提供全链条支撑,以推动企业的绿色转型发展。

2)数字化助力绿色化

数字化发展本身也是能源消耗大户。数据显示,2021年我国数据中心用电量占到全国用电量的1.13%。降低数据中心碳排放势在必行。2021年5月,我国启动实施"东数西算"工程,明确提出"以数据中心集群布局等为抓手,加强绿色数据中心建设,强化节能降耗要求"。2021年7月,数据中心绿色低碳发展面临更高要求:到2022年,"数据中心平均能耗基本达到国际先进水平,新建大型、超大型数据中心的PUE达到1.4以下"。

3)数字化与绿色化协同发展

数字化与绿色化协同发展是经济社会高质量发展的内在需求。数字化与绿色化之间具有高度耦合性,可在全生命周期中进行高度适配和协同,数字化贯穿于绿色化发展的设计、制造、管理和服务各个周期,数字化从流程层面也与绿色发展高度一致。绿色化必然需要数字化支撑,数字化也必然需要服务于绿色化,"两化"协同非常重要。数字化与绿色化唯有深度融合才能构筑起"数字与绿色共舞,经济与社会并进"的发展新格局,以推动在数字经济发展中落实绿色发展理念,构建和谐有序、公平公正的数字化创新生态,利用数字技术打造绿水青山的美丽环境。

四、新一代信息技术

随着科技的进步,越来越多的新技术、新方法在持续地推动工程勘察设计行业数字化转型。其中人工智能、云计算、大数据、IoT、区块链、元宇宙对行业产生了重要的推动作用。

1. 人工智能

人工智能研究的目标是通过人类大量的实践结果,帮助人类固化实践中的知识,进而拓展人类智能——促使机器能听(智能语音识别)、会看(计算机视觉)、能理解(自然语言处理、机器翻译)、会思考(知识图谱、强化学习)。以下从识别、模拟、生成3个方面做简要介绍。

(1)识别

对二、三维几何信息、多源异构数据进行语义识别以更好地对数据进行分类、索引、转译,提升前期数据处理效率,甚至辅助信息升维。

当前建筑设计创作过程中依然会涉及二维制图软件,然而其输出的文件格式仅具有图形几何信息,此类非结构化信息(注:任何数据自身固然具有内在结构,这里的"非结构化"意指格式及标准多样,无法用固定结构来逻辑表达现实的数据),对语义描述缺失。另外,当前行业并无统一标准的制图标准,若仅基于制图规则,如图层识别的技术方案将无法在大范围内推广。

利用人工智能技术,通过学习二维几何数据特征、要素间的拓扑关系,从而赋予其对应的语义。卷积神经网络与图神经网络的成熟发展,不仅可以基于图形将二维制图中的具体建筑元素进行识别,还可以通过矢量图自身特性建立拓扑结构网络,从而使用图神经网络对其语义更精准地学习与推理。针对不同的制图标准对应采用不同的数据训练模型加以适配,可提高识别准确率及扩展性。

进一步,得益于把图纸中的非结构化数据进行特征提取,可通过特征矩阵描述其中图形数据。在应用方面,结合上述技术方案可根据给定图形数据识别其图形含义,进而实现实时审查、推荐或生成部分设计(图 2-2)。若结合预测用户下一步行为的能力,可让设计人员在创作过程中获得近似输入法的设计体验。

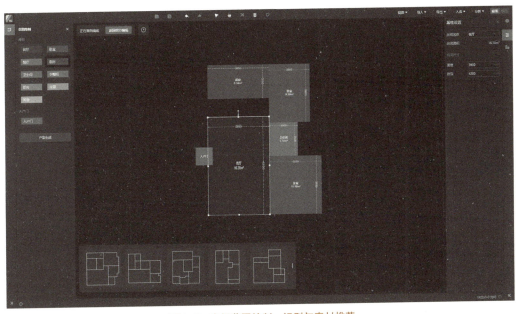

图 2-2 空间草图绘制、识别与素材推荐

（2）模拟

采用人工神经网络和环境评估算法相结合，高效地实现针对大规模空间环境的物理性能模拟，获取建筑空间在光、热、风、声方面的性能表现。基于此方案实现对区域充电桩的安装方案、社区供热问题等能源解决方案的预测，达到对大规模区域智能运营场景进行准确的空间性能仿真模拟，如图2-3所示。

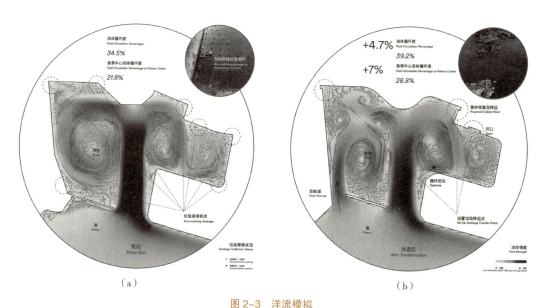

图2-3　洋流模拟
（a）场地现状洋流模拟；（b）场地设计后洋流模拟，预测未来垃圾集中分布

（3）生成

在设计项目前期，设计人员需选择多个设计策略并高效进行可行性研究。现有设计方法挖掘设计策略可行性却需要耗费一定的时间。采用生成对抗模型技术，基于线条与文字作为输入，快速生成建筑示意图，协助拓展设计思路。机器通过对城市与建筑的设计方案数据进行学习，分析与拆解设计机理，从而在给定输入条件时，机器可根据学习到的设计逻辑输出若干设计策略方案，为设计人员提供参考（图2-4）。

2. 云计算

云计算是与信息技术、软件、互联网相关的一种服务。云计算与传统的网络应用模式相比，其可扩展性、便捷性、可靠性、安全性、灵活性、性价比高及具有超强高效运算能力等优势特点更为显著。

图 2-4 生成的建筑示意图集

通过将传统家装设计工具与云计算结合，形成的家装设计平台可以让设计师与用户直接进行线上方案选择，协同进行方案的修改工作。完成设计后，可以一键出效果图、施工图，甚至基于施工图纸直接完成装修采购清单的制作。

通过与审查计算软件结合所形成的线上审查工具，不需要依赖客户端软件，帮助审图者随时随地进行设计审查工作，大大提高了审查的效率与便利性。

3. 大数据

大数据指高速（Velocity）涌现的大量（Volume）多样化（Variety）的具有价值（Value）和真实性（Veracity）的数据，其特性可简单概括为 5V。

随着国家智慧城市建设步伐的加快，各地大数据局、政数局等机构通过收集城市 BIM、GIS、人文、管理等综合信息形成城市的大数据底层，为上层的智能应用提供坚实的数据基础。

4. 物联网

物联网的英文名称是 Internet of Things，简称为 IoT，其核心和基础仍然是互联网，是在互联网基础上延伸和扩展的网络。IoT 是通过传感设备，按约定的协议把任何物品与互联网相连接，进行信息交换和通信，以实现对物品的智能化识别、定位、跟踪、监控和管理的一种网络。在 IoT 中，传感设备可以实时采集任何需要监控、连接、互动的物体的信息，然后通过有线或无线网络接入，最终实现物与物、物与人的连接，实现对物品和过程的智能化感知、识别和管理。

在智能家居领域，随着宽带业务的普及，即使家中无人，也可利用手机等产品客户端远程操作智能空调，调节室温，甚至还可以学习用户的使用习惯，从而实现全自动的温控操作；通过客户端实现智能灯泡的开关、调控灯泡的亮度和颜色等；插座内置 Wi-Fi，可实现遥控插座定时通断电流，甚至可以监测设备用电情况，生成用电图表，安排资源使用及开支预算等。另外，智能摄像头、窗户传感器、智能门铃、烟雾探测器、智能报警器等都是家庭可安装的 IoT 监控设备。

在智慧楼宇领域，通过分析楼宇的使用人数、室外温度、环境风量等，可以智能开启通风设备，调整楼宇各空间温度，使得楼宇的工作人员享受舒适的工作环境，并达到高效的节能减排。

5. 区块链

区块链是源于比特币的一种技术体系，被广泛应用于金融、医疗、建筑等实体经济的通用性信息技术上。区块链是将数据存放在叫作区块的地方，再按照时间顺序、以链条方式将这些区块组合成特定的数据结构，并由多方参与维护，运用大量的密码学知识来确保系统的安全性，防止数据被篡改、信息被造假。区块链技术是一种不依赖第三方，通过自身分布节点进行网络数据的存储、验证传递和交流的一种技术方案。因此，区块链具有去中心化、去信任化；不可篡改、可追溯性；透明性、开放性；安全性、可靠性、匿名性等特点。

建筑工业化是建筑的未来发展方向，而建筑工业化转型的目标是标准化+工厂化+装配式。在工业化过程中，BIM 技术可以解决数据集成及可视化问题，而区块链技术能很好地解决信任、协作、效率、复杂体系下的碎片化管理，与 BIM 技术形成互补。另外在设计审批阶段，区块链也因为其去中心化以及优秀的安全性，可有效降低协作成本，提高协作效率，并保证数据的隐私和安全。

6. 数字孪生

数字孪生的核心在于实现虚拟世界与物理现实世界的融合，通过双向映射的方式将物理世界和数字孪生模型联动。建设美好城市是工程勘察设计领域发展的最终目标之一，为了实现这个目标，数字孪生城市借助数字网络空间，构造了一个与实际物理城市匹配相对应的数字城市模型。通过此项技术，最终实现虚拟模拟现实、数据可视化辅助决策、仿真城市运作管理，结合算法优化，使城市具备机器学习、提升自身工作能力。

7. 元宇宙

元宇宙成为近年来工程勘察设计行业高度关注的话题，从信息互联网到消费互联网、产业互联网，再到元宇宙，人们在不同层次上实现了数字化转型。元宇宙是一个完全数字化的世界，要建立和实现元宇宙，必须实现更高程度甚至是完全的数字化。元宇宙是数字世界与现实物理世界的统一体。

通过建立虚拟现实平台，导入城市 BIM 信息、CIM 信息，实现城市建筑体的数字孪生系统。对建筑设计进行推演和完善，并让市民可以参与城市的设计和规划。这种基于虚拟世界使用户参与的建筑设计与社群搭建方式已在图书馆、校园、居民活动中心、地下工程等一些现实案例中使用，且其被证实是建筑全生命周期良好运营的有效保障。

第三章
数字化相关政策

在国家政策指引及各部委推动下，勘察设计行业数字化相关转型工作逐渐驶入高速发展的快车道。对于行业同仁而言，学习勘察设计行业数字化相关政策，是理解并践行国家战略必不可少的基本功。为行业研究者、从业者和创业者提供勘察设计行业数字化相关政策的汇总信息，有助于政策的宣导和贯彻，也便于查询。

一、国家勘察设计行业数字化政策发布情况

本节汇总分析了 2015~2022 年在中央人民政府官网以及住房和城乡建设部官网公开发布的与工程勘察设计行业数字化相关的文件。

1. 国家勘察设计行业数字化政策汇总

依据当前统计结果，与工程勘察设计行业数字化相关的政策文件共计 49 个。在中央人民政府官网发布的是 28 个，在住房和城乡建设部官网发布的是 21 个，详见附录 A。

2. 国家勘察设计行业数字化政策分析

国家勘察设计行业数字化相关政策的发布，首先，对于勘察设计行业发展有较强的指引作用。政策发布清晰了勘察设计行业发展的历史背景，展现未来行业发展的美好蓝图，规划行业发展的大致路径。其次，对于产业的塑造也有积极的促进作用。勘察设计行业数字化发展催生新型技术和新兴产业，强有力的政策推进匹配市场化需求，在相关产业聚集和产业重组方面获得较为理性的促进效果。再次，对于地域经济发展有较为明显的提振作用。"新城建"尤其是勘察设计行业数字化相关政策的发布，为各个城市如何立足新发展阶段，完整、准确、全面贯彻新发展理念，构建新发展格局送去新思路、新方法，有助于工程勘察设计行业绿色化、工业化、数字化转型全面提速，

技术管理创新和综合服务能力不断增强，标准化、集成化水平进一步提升，持续助力建筑业高质量发展。

（1）政策内容分析

为指导和促进"十四五"时期工程勘察设计行业高质量发展，根据《中华人民共和国国民经济和社会发展第十四个五年规划和2035年远景目标纲要》，2022年5月住房和城乡建设部组织编制了《"十四五"工程勘察设计行业发展规划》。该政策明确，"十四五"时期，工程勘察设计行业稳步发展，规模持续扩大，效益显著提高，勘察设计在工程建设中的引领作用进一步凸显。勘察设计相关法规制度不断完善，市场环境进一步优化，诚信体系初步建立，勘察设计质量得到充分保障。工程勘察设计行业绿色化、工业化、数字化转型全面提速，技术管理创新和综合服务能力不断增强，标准化、集成化水平进一步提升，持续助力建筑业高质量发展。

（2）政策导向分析

《"十四五"工程勘察设计行业发展规划》提出："工程勘察设计行业在促进新型城镇化建设、人居环境持续改善、建筑业高质量发展等方面发挥了重要作用。同时，也要认识到，工程勘察设计行业在工程建设中的引领作用尚未充分发挥，设计创新能力不足，高端人才吸引力下降，复合型人才短缺，高端服务供给能力亟待提高，同质化低价竞争问题依然存在，国际竞争力有待提升，勘察设计品质与人民日益增长的美好生活需要还存在差距，推动勘察设计高质量发展责任重大"。为推进"十四五"工程勘察设计行业信息化建设，促进行业数字化转型发展，2022年5月中国勘察设计协会研究制定了《工程勘察设计行业"十四五"信息化工作指导意见》，也指出了工程勘察设计行业存在的问题："工程勘察设计、施工和运维的数据还不能高效共享；BIM技术没有形成贯穿于工程全生命周期的应用效果，综合优势尚未充分体现；距离数字工程、数字化工厂、智能建筑、智慧城市建设发展目标还存在较大差距；行业信息化在管理理念、标准规范、数据治理、网络安全等方面还未形成有效体系；工程勘察设计软件对外依赖程度较高，自主化率较低，亟待聚力提升。深入推进大型工程设计软件在科研攻关项目中的应用与升级，攻克一批工程核心技术，助推重大工程技术的自主实现、重大工程装备的自主可控，突破技术瓶颈，实施人才战略，培养复合型领军人才"。

勘察设计行业要从战略发展高度，将专业人才作为主体专业配备和培养，营造健康发展环境，造就一支满足行业发展需求的人才队伍，夯实勘察设计行业数字化转型发展基础，大力培养既懂信息化又懂业务，还懂管理的复合型人才和跨专业领军人才，发挥"头雁效应",激发行业创新活力,引领行业数字化转型和行业信息化建设。因此,人才发展、支持空间及留住人才政策亟待发布。

（3）政策发布情况

如图3-1所示,据不完全统计,从相关发布数量来看,2015年以来国家勘察设计行业数字化相关政策呈现逐年上升趋势,2015~2022年,国家勘察设计行业数字化相关政策发布数量整体呈现上升趋势,国家"十三五"期间（2016~2020年）提出推进大数据和IoT发展,建设智慧城市,其中2019年发布最多,达到9项。"十四五"规划期间（2021~2026年）主要发展目标为结合IoT技术,推进建筑的IoT应用和智能化改造。2021~2022年上半年发布19项之多。

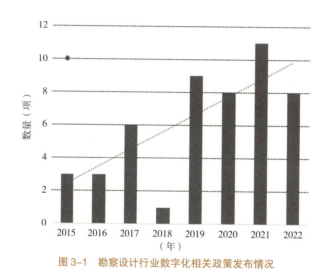

图3-1 勘察设计行业数字化相关政策发布情况

（4）政策发布单位分析

国家勘察设计行业数字化相关政策是在中央人民政府官网和住房和城乡建设部官网里进行收集、整理、汇总,均为公开发布的文件,发文单位众多,包括但不限于国务院、全国人大常委会、国务院办公厅、国务院国资委办公厅、中共中央办公厅、住房和城乡建设部（办公厅、城市建设司、工程质量安全监管司）、国家发展改革委、科技部、民政部、中央政法委、中央网信办、工业和信息化部、公安部、财政部、农业农村部、中央网络安全和信息化委员会、教育部、人民银行、国管局、银保监会、自然资源部办公厅、国家互联网信息办公室等机构单位。其中住房和城乡建设部、国务院、国家发展改革委是发布国家勘察设计行业数字化相关政策数量位居前列的单位,尤其是住房和城乡建设部，发布勘察设计行业数字化相关政策达到 20 项以上，是发布最多的单位。

（5）政策关联词汇分析

在《"十四五"建筑节能和绿色建筑发展规划》《"十四五"建筑业发展规划》《"十四五"工程勘察设计行业发展规划》《中华人民共和国国民经济和社会发展第十四个五年规划和二〇三五年远景目标纲要》等政策中，其中关联热词繁多，有技术性的关联词，比如 BIM、大数据、云计算、5G、城市信息模型（City Information Modeling，CIM）、人工智能、互联网+、IoT、区块链、GIS、IT、ERP、协同设计、协同管理、碳达峰、碳中和、"双碳"、网络安全等；有一些是政策规划性的关联词，比如"十四五"规划、"十三五"规划、数字化转型、转型升级、"放管服""新基建""新城建"等；有一些是场景相关联的，比如智慧城市、数字孪生城市、城市更新、数字中国、数字城市、数字经济、绿色建造、绿色建筑、筑材网等；还有一些是新业态的关联词，比如 AI 建筑设计、智能审图、建筑机器人、智慧工地、互联网工程平台、区块链工程平台、工程咨询服务、智慧建筑等。据不完全统计，关键热词出现频次大小如图 3-2 所示。

图 3-2　工程勘察设计行业数字化关键热词云图

通过图 3-2 可以看出，工程勘察设计行业数字化是一个多专业交叉的领域，与众多技术、场景和新业态相关。

二、地方勘察设计行业数字化政策发布情况

本节收集分析了2017年至今，在各省、自治区、直辖市政府办公厅、建设厅、兵团住房城乡建设局等官网公开发布的与工程勘察设计行业数字化相关的文件。

1. 地方勘察设计行业数字化政策汇总

本节汇总了4个直辖市（北京市、天津市、重庆市、上海市）、22个普通行政省（河北省、山西省、辽宁省、吉林省、黑龙江省、江苏省、浙江省、安徽省、福建省、江西省、山东省、河南省、湖北省、湖南省、广东省、海南省、四川省、贵州省、云南省、陕西省、甘肃省、青海省）、5个民族自治区（内蒙古自治区、广西壮族自治区、宁夏回族自治区、新疆维吾尔自治区、西藏自治区）；新疆生产建设兵团、南京市、深圳市、厦门市、广州市等36地在人民政府及建设厅等官网公开发布的与工程勘察设计行业相关的文件，依据当前统计结果，共计74个，每一地区按平均2个政策文件进行整理，详见附录B。

2. 地方勘察设计行业数字化政策分析

从各省、自治区、直辖市等政府办公厅、建设厅官网公开发布的文件看，每个省、自治区、直辖市等均发布了众多关于工程勘察设计行业数字化相关的政策文件，为区域勘察设计行业数字化的发展提供引导与扶持。

为全面统筹指导"十四五"期间，各省、自治区、直辖市等工程勘察设计行业数字化转型新举措，根据《"十四五"工程勘察设计行业发展规划》《"十四五"建筑业发展规划》《"十四五"建筑节能和绿色建筑发展规划》及《中华人民共和国国民经济和社会发展第十四个五年规划和二〇三五年远景目标纲要》等文件精神，各地在全面总结分析"十三五"期间工程勘察设计行业发展现状和面临形势的基础上，明确了指导思想、基本原则和发展目标，做出适合当地建筑节能、绿色建筑与科技标准工作的纲领性文件，为区域工程勘察设计行业数字化发展指明方向。

（1）政策发布单位分析

地方勘察设计行业数字化相关政策是在各省、自治区、直辖市政府办公厅、建设厅、兵团住房城乡建设局等官网里进行收集、整理、汇总，均为公开发布的文件，发文单位众多，包括但不限于各省、自治区、直辖市政府办公厅、建设厅、兵团住房城乡建

设局、北京市人民政府、北京市大数据工作推进小组、北京市住房和城乡建设委员会、天津市人民政府、天津市住房和城乡建设委员会、上海市人民政府办公厅、上海市住房和城乡建设管理委员会、重庆市住房和城乡建设委员会、兵团住房城乡建设局、厦门市"多规合一"工作领导小组办公室等机构单位。

（2）政策执行部门分析

各市住房城乡建设局，厅机关各处室、各事业单位，省工程勘察设计协会，省内各勘察设计企业，各盟行政公署、市人民政府，自治区各委、办、厅、局，各大企业等部门。

第四章
行业现状调研与分析

一、学术研究调研

1. 数据与方法

本章节以中国知网为基础数据库，检索关键词为"设计数字化转型"，限制研究范围为"建筑科学"领域。检索后，对新闻报道、评论以及与BIM无关的文献进行剔除，最终锁定400篇文章作为分析样本。本章节研究借助于代表科学计量学的信息可视化软件CiteSpace对以上400篇文献进行分析，绘制科学图谱。

2. 研究力量分析

如图4-1所示，2012~2018年国内"勘察设计数字化转型"研究文献共计91篇，平均13篇/年，该阶段年发表量最高为18篇，最低为11篇，2019~2022年6月共计发表309篇，平均88篇/年，该阶段年发表量最高为132篇，最低为36篇。由此可见，国内勘察设计数字化转型研究总体呈上升趋势。究其原因，这与国家在此期间相继颁布实施《2016~2020年建筑业信息化发展纲要》《"十四五"建筑业发展规划》《"十四五"住房和城乡建设科技发展规划》等相关政策有着密切的关系。

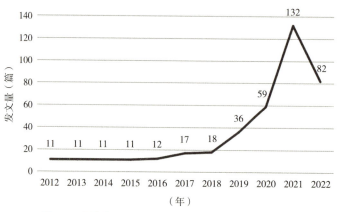

图4-1 国内发文趋势图（2022发文量为上半年数据）

3. 勘察数字化转型趋势分析

（1）研究热点的识别

文献的关键词是文章内容的重要提示，表征着研究者对该问题的高度关注，因此对关键词进行分析，频次高的关键词常常用来确定一个领域的热点。本文利用 CiteSpace 软件对文献的关键词进行分析，生成国内"勘察设计数字化转型"研究文献关键词共现图谱。如图 4-2 所示，节点的大小代表关键词出现的频次高，其中高频次关键词在一定程度上显示了国内"勘察设计数字化转型"研究的热点。与"数字化转型"相关的"BIM"节点最大，出现的频次最高，随后依次主要为"全生命周期""人工智能"等。

（2）研究前沿识别

图 4-3 中带有色块外圈的节点代表突显度高，高突显度关键词在一定程度上显示了国内"勘察设计数字化转型"研究的前沿。可以看出，"信息化""工程勘察设计""上下游企业""产业化""数字化理念""智慧工地""信息化发展""设计技术""IoT"

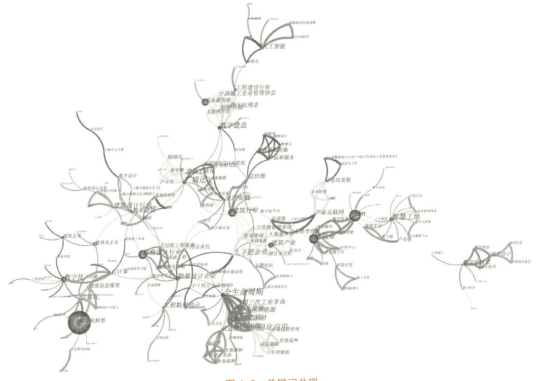

图 4-2 关键词共现

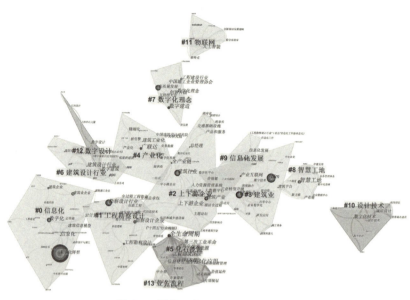

图 4-3 国内研究文献关键词共现图谱

“数字设计”“业务流程”等关键词带有色块外圈，说明对于“勘察设计数字化转型”几个较大的研究组团是目前国内研究的前沿热点。

从图 4-4、图 4-5 可以看出，研究的主要关键词在 2012~2019 年主要集中在“信息化”方面；从 2019~2020 年开始出现“智慧工地”“大数据平台”“工业互联网”等方面；从 2020~2021 年期间开始出现“施工设备”“建筑机器人”等方面。此现象说明“勘察设计数字化转型”正在从“信息化”向“数字化服务管理”和“智能化”“新一代信息技术”等方向发展。

Top 25 Keywords with the Strongest Citation Bursts

Keywords	Year	Strength	Begin	End	2012 - 2022
虚拟设计与施工	2012	4.21	**2012**	2018	
建筑信息模型	2012	4.06	**2012**	2019	
信息化	2012	3.31	**2012**	2017	
华建集团	2012	2.68	**2017**	2017	
勘察设计企业	2012	1.4	**2018**	2019	
信息化应用	2012	1.14	**2018**	2020	
城市设计	2012	1.09	**2018**	2019	
智慧工地	2012	2.13	**2019**	2019	
工程建设行业	2012	1.68	**2020**	2020	
数字孪生	2012	1.14	**2020**	2020	
产业化	2012	1.06	**2020**	2020	
数字化管理	2012	1.06	**2020**	2020	
创新升级	2012	1.06	**2020**	2020	
大数据平台	2012	1.06	**2020**	2020	
中国施工企业管理协会	2012	1.06	**2020**	2020	
新引擎	2012	1.06	**2020**	2020	
项目全过程	2012	1.06	**2020**	2020	
工业互联网	2012	1.06	**2020**	2020	
数字化理念	2012	1.06	**2020**	2020	
精细化	2012	1.06	**2020**	2020	
数字化平台	2012	1.06	**2020**	2020	
转型	2012	1.52	**2021**	2022	
施工设备	2012	1.21	**2021**	2022	
建筑设计企业	2012	1.21	**2021**	2022	
建筑机器人	2012	1.21	**2021**	2022	

图 4-4 国内研究文献关键词突现

第四章 行业现状调研与分析

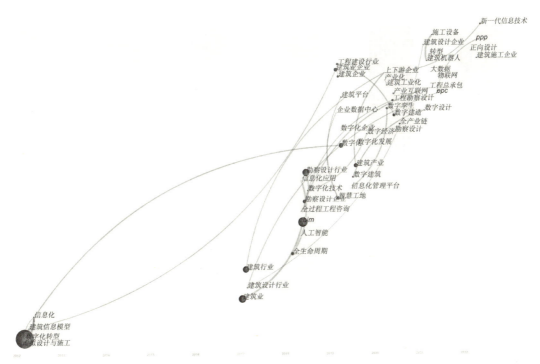

图 4-5 国内研究关键词时区

二、行业现状调研

1. 调研背景

2022 年，面向工程勘察设计企业开展数字化转型调研，共收到 1016 家样本企业的调研问卷（图 4-6），其中国有企事业单位占比 70% 左右，民营及其他性质企业占比 30% 左右；从细分领域角度，基本涵盖了综合甲级类设计企业、建筑类设计企业、土木类设计企业（市政、交通等）、工业类设计企业、勘察测绘企业和规划咨询企业六大类型。从企业人员规模来看，人员规模在 300 人以下的企业占比 33% 左右，人员规模在 300~1000 人的企业占比 37%，人员规模在 1000 人以上的企业占比 30% 左右；从调研人员所在部门来看，分九大类分布，主要占比集中在以下部门：24.6% 为设计业务部门，20.5% 为信息管理部门，19.2% 为公司管理层，16.5% 为科技质量部，其余分布在财务经济部门、市场经营部门和人力资源部门等，几乎涵盖了全部信息化转型的相关部门。与此同时，本次调研数据从工作年限分布也考虑到各个年龄段的同仁，其

49

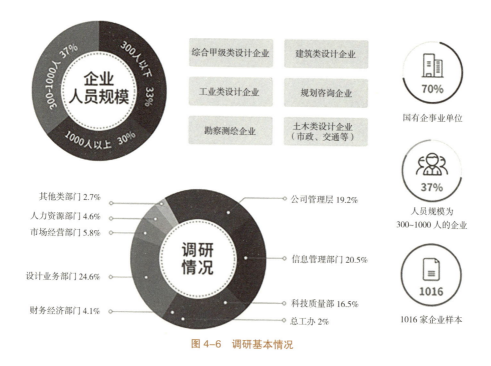

图 4-6 调研基本情况

中工作 4~5 年受访人群占比最高，为 38.2%，其次为工作 10 年以上受访人群位居第二，占比 21.8%，工作年限 1~3 年受访人群占比 21.8%，工作年限 6~10 年受访人群占比 17%。其中从样本量的整体结构来看，具有一定的全面代表性，基本能够反映行业整体特征。

2. 整体数字化转型情况

（1）对数字化转型的理解情况

从企业性质的差异来看（图 4-7），大部分受访者认为设计院数字化转型内容主要包含数字化的管理系统、数字化的服务方式和数字化的业务模式。

从行业维度来看（图 4-8），工程设计类、建筑设计类、市政交通类企业对数字化的技术平台、数字化的业务模式与商业模式、数字化的服务方式（BIM、GIS 等）和数字化的管理系统理解得更为深刻。规划咨询类企业、工程勘察类企业对设计院数字化转型包含的内容理解得更为全面。

（2）数字化建设现状

从人员规模的差异来看（图 4-9），300 人以下的人员规模的单位暂未开展数字化

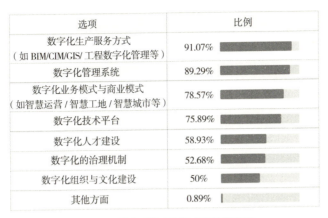

图 4-7　勘察设计企业数字化转型内容

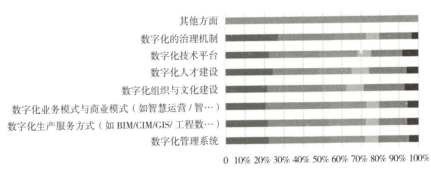

图 4-8　细分行业数字化转型内容

体系建设占比 87%，2000 人以上人员规模的单位占比 13%；在数字化体系建设处于比较初级的管理信息系统阶段中，300 人以下人员规模的单位占比 30%；300~500 人规模的单位占比 20%。数字化体系投入力度较大，在数字化管理、服务、业务方面都有所进展方面，1000 人以上人员规模的单位占比 50%。

从数字化生产来看（图 4-10），勘察设计企业的数字化生产基本以二维设计为主，BIM 整体仍处于初级示范应用阶段，主要发挥可视化、虚拟建造、碰撞检查等功能，真正实现 BIM 正向设计的企业相对较少。其中建筑设计类、市政交通类企业处于以三维模型为主、二维设计图纸为辅阶段的占比相对较高。在开展 BIM 建模和应用的群体方面，大部分勘察设计企业采取由各专业技术人员或者成立 BIM 中心为主，负责 BIM 项目模型创建与应用的方式开展。

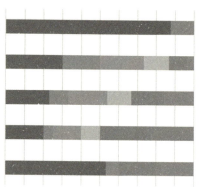

图4-9 人员规模维度数字化建设现状

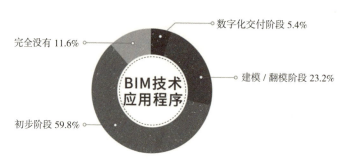

图4-10 数字化软件应用群体及应用程度

（3）数字化转型BIM应用情况总结

行业企业数字化转型BIM整体应用进程水平不一。从企业人员规模来看（图4-11），不同规模的单位对BIM应用过程中最大阻力的认知各不相同。300人以下规模的公司认为BIM应用过程中的最大阻力来自于业主需求不明显；300~500人规模的公司认为BIM应用过程中的最大阻力来自于不同项目要求差异大；500~800人和800~1000人规模

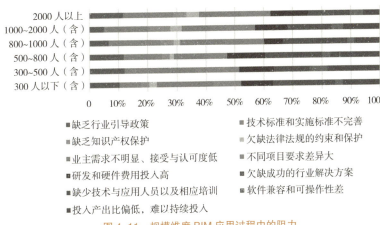

图 4-11 规模维度 BIM 应用过程中的阻力

的公司分别认为投入产出比偏低以及技术和实施标准不完善是 BIM 技术应用的首要难点；1000 人以上规模的公司对 BIM 应用过程中的最大阻力在于技术标准和实施标准的不完善。

从行业维度来看（图 4-12），综合甲级类企业认为 BIM 技术应用的重大难点在于技术标准和实施基准不完善、业务需求不明显；建筑设计类企业认为 BIM 技术应用的重点难点主要包括缺乏行业引导政策、投入产出比偏低和业主需求不明显；工程勘察类企业 BIM 应用过程中的最大阻力是缺少技术与应用人员以及相应培训；规划咨询类公司认为 BIM 应用过程中的最大阻力是欠缺成功的行业解决方案和不同项目要求差异大。

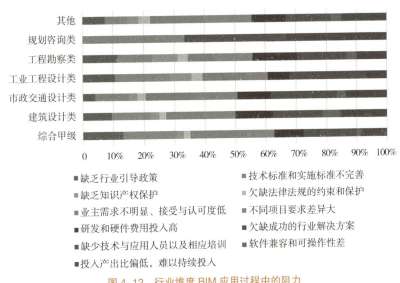

图 4-12 行业维度 BIM 应用过程中的阻力

3. 调研技术分析

从技术角度来说（图4-13），调研数据显示在数字化业务建设中客户驱动及政策驱动占比较高，分别为37.5%和36.2%。其他主要驱动形式还有竞争驱动、管理驱动等。

客户驱动	37.5%
政策驱动	36.2%
竞争驱动	35.7%
管理驱动	15.9%
员工驱动	8.1%

图4-13　数字化转型驱动力

设计成果数字化交付在整体业务中占据主导地位，占比34.7%。其他主要业务还有三维协同设计、BIM三维正向设计等，如图4-14所示。

设计成果数字化交付	34.7%
三维协同设计	33.2%
BIM三维正向设计	33.2%
数字化设计标准制定	24.6%
基于BIM的施工图二三维联审	17.2%
BIM平台插件的二次开发	12.2%
设计算量施工一体化	9.4%
其他	7.3%

图4-14　数字化转型技术需求

BIM技术的应用是实现企业数字化转型的基础。在此次调研结果中可以看出（图4-15），对BIM技术的重视程度高达37.5%。其他还有云计算、AI技术和大数据。

BIM	37.5%
云计算	31.1%
AI技术	29.1%
大数据	28.6%
物联网	18.2%
其他	21.0%

图4-15　各项技术的重要性

三、年度发现

通过对调研问题的深度研究和剖析，2022年度有六个方面的新发现，希望能够对勘察设计行业数字化转型有所启示和借鉴。

第一，勘察设计行业数字化转型研究热度攀升、企业认知度明显提升。近两年国内"勘察设计数字化转型"研究的规模呈上升趋势，成为行业发展热点。相较往年，行业内大多数企业对数字化转型的核心目标、主要内容与关键问题等认知和理解程度不断加深，但内部尤其是中高层对数字化转型的认知水平依然是制约企业数字化转型推进的重要因素，直接造成企业对数字化转型的整体规划和部署很难有效推动实施。

第二，BIM技术是工程建设行业"数字化"的关键核心技术。部分企业的BIM应用仍处于初级阶段，主要应用可视化、虚拟建造、碰撞检查等功能，大多数企业清晰地认识到BIM技术是勘察设计企业实现数字化转型的核心手段，探索建设以BIM为核心的的全生命周期数字化系统，应用我国独立自主可控的BIM平台，实现从设计到工程的全过程、全周期、全要素、全参与方的数字化和智能化的一系列活动，最终实现组织运营模式和商业模式的创新。

第三，数字化转型主要驱动力归结为外部因素。数字化转型驱动力主要来自客户需求的不断升级、社会经济环境的巨大变化、竞争对手的持续压力以及解决自身经营管理困境等方面。大多数勘察设计企业表示客户需求与社会环境是数字化转型的主要驱动因素，内部诉求的紧迫感并不明显，相比而言，建筑类和综甲类企业受客户需求驱动占比明显较高。

第四，行业内先行企业的数字化转型逐步进入良性循环。行业内部头部企业的数字化转型已经从最初的探索尝试阶段发展到数字化驱动运营阶段，数字化转型效果显著。部分先行企业借助数字化转型，挖掘企业的数据资产价值，发现新的业务价值点，助力产品和服务创新，衍生出全新的数字化业务和商业模式，使得数字化持续为企业业绩做出贡献，实现良性循环。

第五，数字化创新业务的商业模式整体处于探索阶段。勘察设计企业数字化转型整体方向与核心建设领域较为分散，尚未形成统一的场景认知，各企业主要依靠自身视野与力量探索数字化创新服务的价值实现路径，我们认为未来需要进一步通过联盟合作等形式共同构建行业数字化转型的生态系统。勘察设计企业应该发挥自身优势，在生态合作中努力发挥顶层规划设计作用，以价值为导向，以数字技术为手段，探索数字化创新业务的可持续性商业模式。

第六，数字化转型呈现两极分化，数字鸿沟逐步显现。中小型勘察设计企业数字化转型工作推进进度分化明显，一批中小型勘察设计企业借助"船小好调头"的优势，已经在数字化管理、服务与业务建设方面取得较为明显的效果，但大部分中小型勘察设计企业尚未开展任何形式的数字化体系建设；大中型勘察设计企业数字化转型工作推进重点与速度不一，整体呈现出多样化特征。基于态势预测"十四五"过后行业会出现数字鸿沟。

第二篇　路径篇

第五章
数字化转型驱动因素及体系构建

一、数字化转型驱动因素

数字化转型的驱动力主要来自于政策环境的巨大变化、客户需求的不断升级、竞争对手的持续压力，技术能力的不断创新优化，以及解决自身经营管理困境和人员成长诉求等方面（图5-1）。总体而言，外部驱动的效果优于内部驱动的效果。

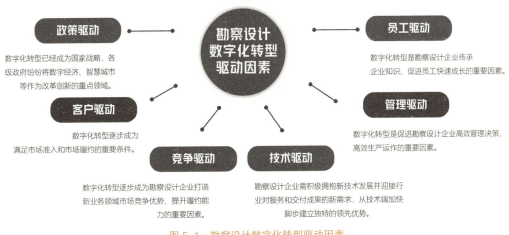

图 5-1 勘察设计数字化转型驱动因素

1. 政策驱动

数字化转型已经成为国家战略，各级政府纷纷将数字经济、智慧城市等作为改革创新的重点领域，相继发布众多规划文件和政策机制引导城市、产业、企业的数字化转型。作为具有明显政策主导型特征的工程勘察设计行业，数字化转型既有主动引领和应对趋势的因素，也存在适应政策的因素。

2. 客户驱动

数字化转型逐步成为满足市场准入和市场履约的重要条件。近年来越来越多的业主在设计准入招标条件、项目履约，政府主管部门对项目监管等方面，均对工程三维设计和 BIM 应用提出了明确要求。2020 年底，住房和城乡建设部、国家市场监督管理总局制定的《建设项目工程总承包合同（示范文本）》GF—2020—0216，已将 BIM 技术的应用纳入了通用合同条件并于 2021 年实施。大多数勘察设计企业都在加快三维设计和 BIM 技术的应用推广。

3. 竞争驱动

数字化转型逐步成为勘察设计企业打造新业务领域市场竞争优势、提升履约能力的重要因素。勘察设计企业的传统业务领域，技术门槛逐步降低、市场竞争日趋激烈。同时，阿里云、百度云等科技型企业以新的商业逻辑以及数据资源在基础设施领域甚至整个城市建设与管理领域的布局，将逐步改变工程建设领域传统的竞争格局。勘察设计企业需要在发挥传统业务优势的同时，充分利用三维协同设计等创新技术手段升级传统技术，进行高效率、高质量的生产，提升履约能力，才能加快形成差异化的新型竞争优势。

4. 技术驱动

数字化转型逐步成为勘察设计企业提高行业竞争力、降本增效的有效手段。BIM、装配式等技术持续发展，以 IoT、大数据、云计算、人工智能、移动应用、区块链为代表的数字技术加速渗透到建筑业的各个环节，成为建筑业转型升级的关键助推力。部分设计企业为大力发展以 BIM 技术为主的各类新兴技术，纷纷成立了 BIM 中心、数创中心、数字研究院等部门，进行数字技术研究与生产，或自主研发各类生产管理工具。勘察设计企业需积极拥抱新技术发展并迎接行业对服务和交付成果的新需求，从技术端加快建立独特的领先优势。

5. 管理驱动

数字化转型是促进勘察设计企业高效管理决策、高效生产运作的重要因素。通过管理数字建设，进一步对管理信息系统中的数据进行提取、清洗、统计、分析、加工、可视化，从而支持企业管理决策。通过推进三维设计标准化、参数化、模板化、设计分析出图一体化，提升设计能力、设计质量、设计效率。通过一体化管理应用平台实现设计、施工、采购和项目全要素管理的一体化，数据资源实现一次录入、多次共享。在提升项目策划、履约能力的同时，开展三维协同的精细化设计，减少"错、漏、碰、缺"，有效控制项目工程量偏差，提升项目成本控制能力。

6. 员工驱动

数字化转型是勘察设计企业传承企业知识、促进员工快速成长的重要因素。一方面，经过数十年的发展，大部分勘察设计企业都积累了丰富的项目经验和技术知识，培养了大批技术专家，需要通过数字化技术与平台将这些经验和知识予以发掘、沉淀，从而实现核心技术的高效传承。另一方面，行业知识迭代速度日趋频繁，通过传统师徒制方式已经难以满足个体成长的诉求，员工需要通过数字化技术与平台快速学习和掌握新型业务技术。

二、数字化转型场景

数字化转型不是企业的终极目标，而是企业实现战略的重要途径。勘察设计企业数字化转型的主线是以场景为核心，融合新一代数字技术和相关产品的能力，构建以解决场景问题为中心的能力建设，产生新的商业模式。数字化转型的主体内容包含4个方面：一是数字化业务，面向城市/交通/建筑/工厂领域的数智化集成解决方案，形成不同于设计咨询服务的新盈利模式；二是业务数字化（设计数字化与工程数字化），借助数字化技术推动正向设计，以及基于数字化的工程全过程管理等；三是管理数字化，数字化为企业管理赋能，实现智慧决策与管理升级；四是数字化生态，开放式地整合数字化方面的合作伙伴，构建或进入数字化生态圈。

1. 数字化业务建立

勘察设计企业的数字化业务，主要基于城市建设运营以及业主的具体需求场景，借助人工智能、云计算、大数据等技术，通过数据采集/处理/分析、智慧服务、数智应用提供集成解决方案，数据成为核心生产要素，实现了商业模式的创新。与传统设计和工程业务相比较，主要体现在服务方式、核心技术、盈利模式3个方面的创新，重点是找准数字化的需求场景、选好创新路径、落实推进策略，如表5-1所示。

数字化业务建立方式及特点　　　　表 5-1

序号	方式	特点
1	服务方式的创新	设计咨询或总包业务是以设计成果或工程管理为主要的服务方式,数字化业务是以系统为载体,以信息数据集成、软硬件结合的服务方式
2	服务技术的创新	设计咨询或总包业务是以工程技术为主,数字化业务是在工程技术基础上大量应用 BIM、云计算、大数据、人工智能等新技术,数据成为核心生产要素
3	盈利模式的创新	设计咨询或总包业务是以交付图纸或工程量为主要盈利来源,数字化业务实现以系统集成、系统付费、租赁、用户付费等为盈利来源

(1) 洞察数字化业务场景

勘察设计企业可以通过积极学习与借鉴典型或先行企业的相关场景化成功经验与示范,从自身业务场景及其价值需求出发,从单个场景的转型切入,寻求局部最优数字化解决方案,再通过逐个突破业务重要节点,打通需求价值链,进而推动数字化业务的创新转型。将勘察设计企业数字化业务的场景按照细分领域、产业环节(前端场景、中端场景、后端场景)和需求层次(微场景、小场景、中场景、大场景)进行构建,形成勘察设计企业数字化业务的三维场景矩阵,如图 5-2 所示。

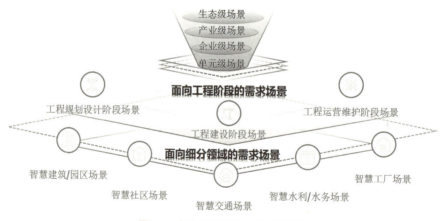

图 5-2　数字化业务的三维场景矩阵

1) 面向细分领域的需求场景

目前勘察设计企业数字化业务场景主要集中在以下领域:

智慧楼宇:利用系统集成方法,将智能型计算机技术、通信技术、控制技术、多媒体技术和现代建筑艺术有机结合,通过对设备的自动监控,对信息资源的管理,对使用者的信息服务及其建筑环境的优化组合，适应信息技术需要并且实现建筑物的安全、高效、舒适、便利和灵活。

智慧园区：是指融合新一代信息与通信技术，具备迅捷信息采集、高速信息传输、高度集中计算、智能事务处理和无所不在的服务提供能力，实现园区内及时、互动、整合的信息感知、传递和处理，以提高园区产业集聚能力、企业经济竞争力、实现园区可持续发展的目标。

智慧社区：利用 IoT、大数据、云计算等新一代信息技术，创造将社区中各业务系统整合在一个综合信息平台进行数字化管理的全新社区管理模式。即提供面向业主端的社区服务，提高业主满意度，让企业获得好口碑，反哺开发业务。也面向物业团队提供智慧化应用，帮助物业团队提高人均管理面积，降本增效。

智慧交通：在交通领域中运用 IoT、云计算、人工智能、自动控制、移动互联网等现代电子信息技术，面向公路交通运输和城市交通运输的智慧化服务系统。

智慧水务/水利：在水务和水利领域综合利用云计算、大数据、IoT、传感器等数字化技术，面向水务、水利、水环境工程的智慧化运营管理服务系统。

智慧工厂：深度融合自动化技术、信息通信技术和智能科学技术，结合数据、信息和知识建立的制造业企业及其生态系统。

2）面向工程阶段的需求场景

主要指面向工程规划设计阶段、工程建设阶段、工程运营维护阶段 3 个主要阶段的数字化需求。

工程规划设计阶段的需求场景：规划设计是建筑产业的起始环节，是建筑工程信息数据最重要的集成阶段，主要场景包括基于 BIM 技术、CIM 技术以及数字孪生技术在不同细分领域的数字化。

工程建设阶段的需求场景：数字建造作为新一代信息技术与工程建造融合形成的工程建造创新模式，在实现工程要素资源数字化的基础上，通过规范化建模、网络化交互、可视化认知、高性能计算以及智能化决策支持，实现数字链驱动下的立项策划、规划设计、施（加）工生产、运维服务一体化集成与高效协同，交付以人为本、智能化的绿色可持续工程产品与服务。

工程运营维护阶段的需求场景：是建筑生命周期中最长、项目回收投资和取得收益的重要阶段，运维阶段的数字化场景主要通过 BIM+IoT、云计算、人工智能、大数据，提供高效、透明、面向用户的服务。

3）面向细分层次的需求场景

单元级需求场景：涉及单体建筑、单体工厂及园区、某一类产品或某些生产环节的数字化场景。

企业级需求场景：基本覆盖全企业或业务板块的核心业务与重要应用数字化场景。

产业级需求场景：涉及供应链、产业链上下游等企业间协同的数字化应用场景。

生态级需求场景：覆盖跨企业、跨领域、跨地域的生态协同应用的数字化应用与示范场景。

（2）数字化业务的创新发展路径

勘察设计企业数字化业务的场景创新是一个持续进化的过程，需要通过原生场景输入用户特定场合的痛点问题，经过场景创新系列步骤，逐步形成满足用户价值、高体验和竞争力的数字化创新产品，如图 5-3 所示。

步骤一：发现及筛选场景。通过工程设计业务的服务，探索发现业务的数字化需求场景现状与问题，并将相关场景下的业务需求进行需求分析，描绘出清晰的需求场景，并筛选出最有可能具备竞争力的场景。

步骤二：场景建模。将筛选场景涉及的业务流程融合新型数字化技术的创新设计，将对应的场景进行数字化技术改造和业务升级形成创新场景。

步骤三：场景落地。通过场景生态构建以场景为核心的多维度、供需能力结合的场景生态供给侧与需求侧的拉通，形成特色的生态解决能力提供场景服务。

步骤四：场景优化。将场景设计建设成效及其未来的运营机制进行相关设计，通过场景运营建立场景的长效培育机制，解决场景相关能力上线后的目标效果评估、目标场景的迭代等相关问题，形成场景能力的长效运营。

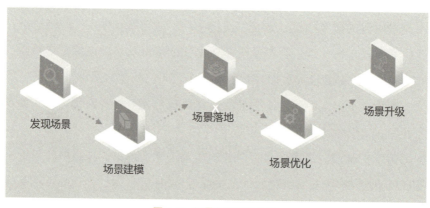

图 5-3　场景创新系列步骤

步骤五：场景升级。将场景涉及的角色、组织、平台、技术等一系列相关方进行组织变革，形成场景能力建设完成后的组织文化保障，更好地提高组织能力长效服务及建设相关场景能力。

（3）数字化业务的实施推进策略

垂直切入，小步快跑。数字化业务的创新发展既与客户需求场景有密切关系，同时受企业自身实力影响，建议大多数勘察设计企业发展数字化业务要量力而行，切忌面面俱到，可以采取垂直切入方式，深挖客户最急迫且最能体现数字化价值的需求场景进行业务创新，加快敏捷性开发，与客户深度互动，小步快跑，快速布局在某一细分领域的数字化竞争优势。

双向赋能，协同经营。勘察设计企业的数字化业务与设计咨询、工程业务是密不可分的，设计咨询业务可以策划数字化业务的需求，同时数字化业务又可以引流传统设计咨询和工程业务，建议勘察设计企业在市场经营环节要综合考虑传统设计咨询及工程业务经营与数字化业务经营之间的协同机制，实现协同经营。

创新机制，持续投入。数字化业务本身的发展模式、服务模式、盈利模式与设计咨询业务有较大差异，随着业务的逐步发展，需要为数字化业务创造适宜的组织环境与管理机制。通过调研总结，目前大部分数字化业务领先企业都是采取公司化运作，并借鉴互联网、ICT类公司的组织运营模式，建立适应数字化业务发展和人才发展的管理机制，同时母公司通过资金投入、政策扶持等多种手段持续对数字化子公司进行孵化培育。

2. 业务数字化建设

业务数字化主要是将设计全过程、工程全过程进行数字化改造，通过数字技术实现设计、建造、设备装备、现场管理的智能化，提升工程参建各方及客户的体验感，提高劳动生产率，实现建造价值链中各利益相关者的价值增值，赋能现有主营业务转型升级，打造全过程、全要素的数字化设计交付和工程交付能力。

（1）业务数字化的发展路径

勘察设计企业业务数字化是指以数字化交付赋能传统设计咨询或工程总包业务，提升质量和效益，本质上没有改变业务模式。业务数字化的发展不可能一蹴而就，需要历经从以二维图纸信息为主要载体的交付体系，逐渐过渡到以 BIM 模型为主，并逐步关联生成其他相关设计交付物的交付体系和方式，最终实现工程全过程、全产业链数字化移交的逐步发展过程。

1）数字化文件交付阶段

数字化文件交付主要停留在BIM翻模阶段，通过软件将二维图纸转化成三维形态，主要解决向业主进行方案展示的需求，更进一步解决设计文件的"错、漏、碰、缺"问题，复核施工图的设计错误和不足，提高图纸准确率，实际上无法准确有效地指导工程建设。目前70%以上的勘察设计企业尚未达到或处于此阶段，再加上BIM翻模工作量和专业协同难度加大，成本投入与成效不匹配，从长远视角来看难以维系。

2）数字化产品交付阶段

数字化产品交付阶段，BIM模型所承载的设计信息是统一和相互关联的，交付物不仅是模型文件，能够对多源异构数据与模型进行集成，能够交付包括由模型所产生的模拟仿真结果、分析结果和量价计算结果等一系列成果，同时直接生成与模型关联的二维图纸，基本形成了BIM正向设计新模式以及基于"数字孪生"的精细化设计产品，可以直接应用于工程建设阶段。目前行业内约有30%的勘察设计企业在部分项目或者部分客户中基本实现了BIM正向设计，全面实现BIM正向设计的企业不足5%。

3）数字化工程交付阶段

数字化工程交付阶段，核心是以BIM赋能工程全过程管理，主要体现为BIM+EPC工程总承包业务、BIM+工程全过程咨询业务，通过应用BIM技术，将建造工程进行数字化改造，实现设计阶段与施工阶段有效衔接与信息共享，提升工程参建各方的体验感，助力发挥设计咨询的龙头作用。第一步是搭建企业级BIM平台，打通设计、采购、施工环节，支撑全产业链数据共享；第二步是建立基于BIM平台的全专业协同设计系统；第三步是建立基于BIM平台的分阶段管理系统，包括设计管理、采购管理、施工管理等；第四步是实现全产业链数字化集成应用，建立企业级EPC总承包管理系统。

4）数字化资产交付阶段

数字化资产交付阶段，是将施工阶段的数字化价值延伸到运营阶段，核心是依托BIM为核心的信息技术搭建工程运维大数据平台，推动建筑工程从物理资产到数字资产的转变，围绕工程环境数据、工程产品数据、工程过程数据、工程要素数据进行数据的采集、存储、集成、共享、分析，借助大数据平台规模化效应将低价值密度的数据整合为高价值密度的信息资产，使工程建造及运营由"经验驱动"到"数据驱动"转变。

（2）业务数字化实施推进策略

1）统一设计标准，完善质控体系。

标准化是数字化转型的基础，勘察设计企业在实施数字化转型发展过程中要提升标准化设计水平，形成标准化数据库，制定和实施各项管理标准化工作，包含底层数据格式统一标准、企业层面的业务体系标准、软件系统层面的数据交换接口标准、相关管理层面的标准以及管理体系标准等建设，要建立符合三维设计的生产管控体系和校审机制。

2）注重技术应用，布局核心平台。

平台建设是勘察设计企业实现数字化转型的"底座"，需要加快建立数字化高效软件体系和加强包括三维平台硬件在内的硬件实施建设，实现以平台为中心，集成企业基础架构资源、人力资源、数据资源、社会资源等，实现统一技术平台，支撑生产决策、数字工程、智能服务全业务链的云应用服务。可以依托重点项目对 BIM 图形引擎、三维模型轻量化等数字化设计的核心关键技术进行研究和应用，有条件的勘察设计企业可以建设具有自主产权的数字化核心平台。

3）强化激励约束，促进协同作业。

数字化设计提倡全业务、全过程同步协作，要求每一个专业都要数字化，所以勘察设计企业一方面需要加强正向投入，通过加大 BIM 培训、BIM 资源配置、提高数字化设计项目产值系数等方式，正向激励业务部门和勘察设计企业加大投入；另一方面要强化约束机制，通过建立 BIM 考核机制甚至一票否决制等方式，促进部门间和专业间的协同作业，倒逼业务部门加快业务数字化转型的步伐。

3. 管理数字化建立

勘察设计企业管理数字化的核心是通过"数字技术＋管理创新"双轮驱动，构建企业智慧大脑，实现企业智慧管理能力的持续提升，从而帮助企业能够随着内外环境变化和目标调整而自主寻优，动态调整业务、组织和资源配置，实现企业智慧成长。管理数字化的本质是赋能型管理体系，所以管理数字化建设要以管理流程重构和管理机制升级为主线，以数据协同集成为抓手，自主建设与采购服务相结合，并配套相应的激励约束机制。

（1）数字化管理的价值体现

1）赋能精益管理

围绕人财物等核心资源，提高标准化、精细化管理水平，实现资源配置的高效集约化和共享化，提升管理效率，降低管理成本，增强对公司运营管理的全面感知力、实时监管力和风险防控力，要逐步从传统的面向流程、记录结果、相对静态的管理手段转变为面向数据、基于场景、动态更新的具备智能化管控能力的数字化平台转变。

2）赋能智慧决策

以生产数据为源头、以财务数据为基础、以运营数据为载体，实现经营管理各环节的可视可控和精益高效，实现信息穿透和基于监控指标的各类预警能力，为各级管理层（公司、部门、项目）等提供日常管理决策的数据依据，通过数据分析推动量化决策支撑。

3）赋能服务创新

将所有项目集成于同一平台，以支撑多复杂度、多建设类型、多承包模式项目的交付为核心，实现设计施工协同、前后场管理联动和现场智慧化管控，打通产品交付价值链。

（2）管理数字化的主要内容

1）综合办公平台OA

是勘察设计企业办公门户平台，包括办公管理子系统、公文流转等。

2）经营与项目管理系统

涵盖项目管理和经营管理，基本实现了项目管理全过程信息化（包括设计项目、总承包项目、其他类型项目等），围绕项目报批、商务管理、合同管理、项目生产管理、成果与过程记录、项目收付款、项目成果管理等方面实现相关流程与服务的接口集成与打通，实现了利用底层项目运作数据，通过数据联动分析实时了解整体项目运作状态，促进项目经营信息的共享、交流、处理效率，最终达到增强企业营运效益的目的。

3）协同生产系统

包括二维协同设计和三维协同设计平台，整合设计及流程管理，搭建的项目设计与管理一体化的集成平台。涵盖从设计、提交、传阅、校对、审核、批注、会签、互提、变更、发布到最后的出版、归档等，提升项目团队的整体工作效率，为实现设计作品向设计产品的转化提供可能。

4）智慧决策系统

以生产数据为源头、以财务数据为基础、以运营数据为载体，实现经营管理各环节的实时感知、可视可控和精益高效，实现信息穿透和基于监控指标的预警能力，包括宣传展示、运营监控、生产调度、应急指挥、视频会议、安全监控等，为日常管理决策提供数据依据，通过数据分析推动量化决策支撑。

5）其他管理系统

包括知识管理系统、人力资源系统、财务管理系统等，以及要素数字化进行定义和标准化建设。

(3) 管理数字化的实施推进策略

1）以管理逻辑重构为主线

复杂而标准化不足的系统和流程亟须在各类管理体系和工程项目的推进实施过程中进行有效的精简化和标准化，这是数字化推进过程中的难点之一。管理信息系统和工具只是管理数字化外在实现形式，从内在逻辑看，其背后涉及管理理念和逻辑的变革突破，在管理信息化系统建设之前一定需要梳理优化，甚至重新构建管理体系和框架，进而通过信息化系统承载新的管理体系，要避免将管理现状简单地进行在线化处理。

2）以数据协同集成为抓手

在信息化水平建设到一定程度，各系统基本健全的状态下，逐步以3个数据一体化（业财一体化、业人一体化、人财一体化）为抓手推动系统间的数据集成，通过数据中台建设、数据治理等多种技术手段因地制宜解决问题，真正发挥数据赋能管理与决策。

3）自主建设与采购服务相结合

完全依靠外部专业信息化服务商的优势是经验丰富、建设速度相对较快，劣势是后续维护响应相对慢，难以适应业务与管理要求持续优化升级；完全自主开发的优势是贴合自身需求、后续维护和升级相对容易，劣势是视野窄、容易变成补丁式建设。所以建议自主建设与采购服务相结合。

4）配套相应的激励约束机制

系统实施运行后需要制定相应的约束机制、激励机制以保障业务单元、员工能够主动适应和使用系统，逐步形成工作惯性。

4. 数字化生态建设

数字转型不是一家企业单打独斗，而是工程勘察设计行业乃至工程建设行业的整体转型。如何打造健康可持续的数字化生态，是勘察设计企业在数字化转型过程中需要面对和解决的新课题。数字化生态建设是以价值共创为导向，以数字化平台、技术为纽带，与互联网、大数据、人工智能等企业跨界合作，推动产业链上下游企业间数据贯通、资源共享和业务协同，建立开放、合作、共享、共赢的数字化生态系统，将"产业价值链"转变为"产业价值网"，共同建设"工程建设命运共同体"。

（1）数字化生态合作伙伴

1）技术赋能型伙伴

技术赋能型伙伴主要指在 ICT 技术领域能够提供算法、算力、终端设备以及整体解决方案等方面的企业。行业中常见的技术赋能型伙伴包括华为 Huawei、思爱普 SAP、IBM、腾讯、阿里巴巴、构力科技等企业以及部分实现数字化产品商业化的行业标杆企业。

2）智力激发类伙伴

智力激发类伙伴作为勘察设计企业数字化转型的重要外脑，从外部发展环境、顶层规划、架构设计、转型重点突破抓手选择等方面为企业提供智力咨询服务。行业中常见的规划咨询类伙伴包括上海天强管理咨询有限公司 Tacter、埃森哲 Accenture、德勤 Deloitte 等。

3）业务合作型伙伴

业务合作型伙伴主要指围绕工程勘察设计产业链上下游能够形成较强互补与合作的相关企业，以城投平台、产业研究单位、规划设计单位、材料研究单位、工程建设单位以及运维管理单位为主。常见的业务合作型伙伴包括城投公司、科研院所、规划院所、总承包建设公司、物业公司等企业。

4）产品研发型伙伴

产品研发型伙伴主要指围绕 BIM 应用、创新技术与科研课题合作的企业，包括构力科技等相关企业。

（2）数字化生态发展策略

生态的基础必然是若干产品功能和约束规则的有机组合，但并不是满足这两个条件就可以演化出产品生态，或者是我们所熟知的、常见的、规模化的形式；还有一个充要条件是：生态必须要不同类型的用户共同参与使用。单一类型的参与用户注定无法形成生态，越多不同角色的用户参与，对生态的繁荣越有促进。

1）外部服务采购方式

在勘察设计企业向数字化转型过程中，对于企业缺少数字化转型的辅助机构，需要的是擅长信息技术的合作方，可以通过合作的形式寻找能够帮助勘察设计企业实现数字化转型的助手，这些需求是可以被开放出来的。所以需要对数字化平台进行策划，哪些必须自建、哪些需要他建、哪些可以共建，进而通过外部采购提供相应的数字化解决方案和IT配置，使得勘察设计企业数字化转型和数字化业务的开展能够得到保障。

2）业务深度合作方式

探索开展以工程设计咨询为龙头的数字化业务合作与协同工作。可以以企业传统优势技术与专业作为合作基础和业务切入口，整合产业链上下游相关企业与资源，共同面向城市更新、城市改造、智慧建筑、智慧园区等多种业务范围提供完整的全过程落地服务。

3）多元合作模式方式

可以探索开展包括股权合作（资金入股、技术入股）、技术研发合作、人才交流合作、区域市场合作等多种形式。针对相关业务、市场与伙伴发展需求，因地制宜地选择合作方式，通过资源整合快速弥补自身资源能力短板，形成发展合力。

4）生态化平台方式

行业头部勘察设计企业可以通过构建产业数字化平台，整合数据、算法，借助数字化平台把客户、供应商、员工、行业内从业企业连接起来，汇聚价值链资源，实现资源优化配置，塑造数据驱动的生态运营能力，通过平台+生态的模式，重构产业全要素、全过程和全参与方，推动产业链上下游企业间数据贯通、资源共享和业务协同。

第六章
数字化转型实施路径

勘察设计企业数字化转型不可能一蹴而就，需要逐步进阶。根据数字化发展演进规律和数据要素作用发挥的层级，将勘察设计企业数字化转型由低到高分为单点应用阶段、局部优化阶段、系统重构阶段、生态融合阶段，不同发展阶段的转型模式和路径也将不断演进。

一、数字化转型阶段

1. 单点应用阶段

这个阶段的勘察设计企业以工具数字化为主，开始推进 BIM 等数字化技术的试点使用，数字化业务开始初步尝试涉及，数字化技术主要支持和优化工程设计业务范围内的生产经营管理活动，但尚未有效建成支持工程设计业务实现数字化、柔性化运行的新型能力，尚未实现基于数字化的业务创新。

这个阶段的勘察设计企业部分完成管理信息化覆盖，逐步通过数字化技术获取、开发和利用业务数据，提升企业管理运营的规范性。有少量的数字化人才和组织支撑，企业整体数字化处于起步阶段，但数据仅应用于个人或者部门。

80% 以上的勘察设计企业尚处于数字化转型的单点应用阶段。

2. 局部优化阶段

这个阶段的勘察设计企业以项目数字化为主，核心的设计业务已经基本完成信息化覆盖，系统间的集成互通也达到一定基础，在数字化工具使用上已经开始进行标准化推广，开始探索场景级的数字化业务，并逐渐开始推进产业链生态体系完善。

这个阶段的勘察设计企业将数字场景建设作为重点战略任务，主要的业务部门开始加速数字化转型进程，设立数字化专责部门、专职数字化岗位，数字化技术部门支持业务部门开展数据创新应用，并取得一定的数字化实践经验。

3. 系统重构阶段

这个阶段的勘察设计企业以企业级数字化为主，逐步完成跨部门、跨层级业务流程优化设计，能够自动采集主营业务领域内的主要业务流程数据辅助管理决策；BIM技术与其他数字化技术（人工智能、IoT等）开始融合发展，数字化业务成为核心业务，围绕建筑产业的生态链已经建立。

这个阶段的勘察设计企业在战略层面开始统筹推进全面数字化和数字企业建设，建立以专责部门为核心的跨部门组织协调机制，设立数字化岗位和职位序列，组织上完成向敏捷型转变，内部呈现良好的数字化创新氛围，能够清晰地认识到数字化的益处及其带来的竞争力，数字化已应用于企业级别的业务，但仍有一些领域需要提升数字化成熟度。

处于此阶段的典型勘察设计企业数量极少，只有极个别单位发展至此阶段。

4. 生态融合阶段

这个阶段的勘察设计企业以平台级或生态级数字化为主，企业能够依靠数字化平台深度实现在线跟踪、过程管控和动态优化，全面实现数字化正向设计与交付，数字化业务成为业务整体发展的核心引擎，并且能够基于云平台实现内外部资源、知识、能力的平台化、社会化协同和按需动态配置。

这个阶段的勘察设计企业将数字化转型作为核心战略推进，逐步具备了支持网络化协同和社会化协作的平台级能力，建立了数据驱动的平台组织结构，设置覆盖企业全员、全过程的数字化转型职能职责及沟通协调机制，通过数字化技术和商业模式创新成为市场领导者。

目前行业内发展到此阶段的勘察设计企业尚不存在。

二、数字化转型层次

对于企业而言，数字化转型不是某一类群体或某一个领域的转型，而是全业务、全系统、全员的数字化演进，需要建立点（岗位作业层）、线（项目管理层）、面（企业运营层数字化）、体（集团生态层数字化）四位一体的转型体系。

1. 点——岗位作业层数字化

赋能岗位层高效作业，提升效率。岗位层数字化是工程项目数字化的基础支撑，在项目施工过程中，围绕项目"人、机、料、法、环"等主要生产要素的管理，平台推动人员管理、机械管理、物资管理、方案和工法模拟等岗位作业的数字化，提升各岗位层的效率和质量，保障工程项目建设高效实施。

2. 线——项目管理层数字化

驱动项目层精益管理，提高效益。工程项目是建筑产业的业务原点，工程项目的成功是产业可持续健康发展的根本。数字建筑平台将实现对生产要素和作业过程的实时、全面、智能的监控和管理，业务数据汇聚形成项目管理数据中心，助力作业层对项目进度、成本、质量、安全等业务实现精细化管理，基于现场实时数据和管理活动数据以及历史数据，利用数据驱动的人工智能，有效支撑项目管理层实现智能化决策。

勘察设计企业数字化转型中生产维度即项目层的数字化是最基础、最核心的内容。工程项目的信息占整个施工企业数字化的80%。项目数字化，一是利用BIM技术，实现建筑实体和措施的数字化；二是应用智慧工地等技术手段，实现生产要素数字化；三是管理过程数字化，最终建成数字项目。BIM和智慧工地分别代表项目数字化的两个方面，数字项目是对BIM、智慧工地和项目管理概念的整合升级。

3. 面——企业运营层数字化

推动企业集约经营，提升竞争力。企业是产业发展的核心主体，通过数字化使企业管理的广度、深度、精度、效率不断得到提升，重塑企业组织，打破企业边界和区域边界的限制，提升企业资源配置能力，加大管理跨度，缩短管理半径。利用数字管理平台，促进企业价值链融合和改造，催生商业模式的创新，充分实现需求方与供给方的端到端连接。企业管理必须是公司层、项目层齐抓共管，项企一体化可以对企业数字化进行升级，实现数据驱动的实时管理和协作，将管理纵向与横向割裂的壁垒打通，使信息系统实现横向业务协同、纵向支撑决策管控。

4. 体——集团生态层数字化

对于大型或集团化勘察设计企业而言，基于数字建筑平台汇聚的海量业务数据，助力集团层面以数据创新应用为驱动，以数据整合和挖掘为手段，服务于整个体系，大幅提升服务水平，最终实现"宏观态势清晰可见，政策服务精准有效"的集团数字化生态格局。

三、数字化转型路线

勘察设计企业数字化转型需要勾勒清晰的路线图，基本可以围绕总体设计——形成架构蓝图、宣贯动员——提升数字素养、试点示范——打造样板工程、价值传播——形成品牌效应、规模复制——完善机制体制5个环节逐步递进深化。

1. 总体设计——形成架构蓝图

数字化转型是覆盖企业全局的系统性创新过程，战略决策时间相对较长且调整成本高，需要加强战略引领，通过采用"数字化战略蓝图＋总体方法论"的方式，有序开展数字化战略蓝图顶层设计、数字场景架构设计、数字能力架构设计，并在整体框架下迭代创新。

建议勘察设计企业从亟须打造自身可持续竞争优势出发，围绕价值体系创新与重构，对数字化转型进行系统谋划，从总体规划目标出发进行层层拆解，明确数字化蓝图落地、数字场景建设、数字能力培育的主要方法途径；明确数字化转型推进对数据、技术、流程、组织、管理、文化等支撑保障要素的要求，以及有关主体间的协同运作机制。

数字化总体设计中尽量厘清5个重点关键目标：一个总体战略规划、一批数字场景清单、一套数字能力体系、一批管理提升计划、一批重大数字化示范项目。

2. 宣贯动员——提升数字素养

勘察设计企业的数字化转型需要全员参与，通过宣贯动员，旨在引导数字化思维观念和发展重点，形成全企业主动转型、乐于转型的氛围，激发各级人员数字化转型动力。

对于领导层的宣贯动员，重点是数字思维提升，建议通过"专家授课＋专题研讨＋案例剖析"等方式，剖析研判趋势政策，提高思想认识，探讨数字化赛道布局，提升决策层系统性统筹和规划数字化转型工作的思维和能力。

对于中层干部的宣贯动员，重点是数字创造力提升，建议通过"理论教学＋标杆打造与对标研讨＋参访调研＋专题训练营"等方式，导入系统方法，全面提升中层干部构建和应用企业数字能力的创造力和执行力。

对于一线员工的宣贯动员，重点是包括 BIM 设计在内的数字技能提升，建议通过"线上线下相结合＋内部外部导师相结合＋学习实训相结合＋共性特性相结合"等方式，鼓励数字化创新，提升数字化技能，激发员工参与推动数字化转型的积极性、主动性、创造性。

3. 试点示范——打造样板工程

数字化转型是一项投入高、有风险、收益大的战略行动，应在总体规划指引下小步快跑，选取价值显现度高且可快速实现的场景切入进行重点突破，并对相关实践经验进行总结和复制推广，持续推进试点示范，进而带动整体水平持续提升。通过数字化样板工程，打造一批可学习、可复制的数字化样板项目，培育一种或多种可推广的系统解决方案，探索一种可复制的典型转型路径，总结形成若干可执行的数字化转型标准规范。

一是设计示范建设方案：在总体发展规划指引下，明确示范建设目标、重点方向及示范认定标准等。

二是设计详细需求方案：按照示范建设方案，进行技术实现、数据治理等相关转型需求方案详设。

三是开展资源选型配置：依据需求方案，确定对应合作资源的选型标准及服务界面划分，进行资源配置。

四是实施建设成效管控：对实施方案进行全方位评审，开展实施全过程监测并持续改进，保障建设成效。

五是总结提炼示范经验：对示范经验总结提炼，形成典型模式、转型标准规范等。

4. 价值传播——形成品牌效应

基于示范样板工程的探索，进一步将数字化转型的实践进行知识化和标准化，借助各种渠道进行传播推广，在客户端和产业端逐步树立专业的数字化品牌服务形象，进而带动数字化转型的螺旋上升。

强化实践经验沉淀共享：对企业数字化转型过程中的典型知识、实践经验、示范项目成果等及时进行总结提炼，并沉淀形成可视化的宣传推广成果。

推动模式方法对外赋能：整合内外部资源，推动将企业数字化转型的典型模式和方法路径转化成相关产品或服务，对外赋能输出，策略形式包括但不限于：参与编制相关数字化服务标准、承办或参与数字化论坛活动、自身数字化实践的专题演讲、重大数字化项目实践传播、数字化成果的第三方机构认可等。

塑造数字化转型领先品牌：加强对各项转型成果的传播推广，进一步强化数字化转型领域的品牌形象。

5. 规模复制——完善机制体制

试点示范解决了数字化转型 0→1 的问题，而 1→100 的问题需要从推进体系、治理体系、标准体系、人才体系等方面完善数字化转型的体制机制。

（1）推进体系建设：包括建立数字化转型相关的领导与决策机制，建立数字化部门与业务部门、不同类型数字化部门的分工与协作机制，以及集团-子公司-业务部门的纵向一体数字化推进机制。

（2）标准体系建设：包括形成数字化转型标准体系框架和关键标准研制清单，完善试点示范项目中形成的标准，上升为企业整体执行的标准，并组织开展数字化标准的宣贯、培训、贯标等系列工作。

（3）人才体系建设：包括梳理数字化转型关键岗位和能力需求、开展关键岗位数字人才能力测评、构建数字人才交流互动、知识创新等赋能机制、形成数字人才能力提升及激励计划等。

（4）治理体系建设：包括构建以数字能力为核心的管理机制、约束激励机制等，形成闭环的过程管控机制。

第七章
数字化转型推动价值重塑

一、数字化转型重塑产品价值

1. 产品数字化与数字化产业

从传统的"产品和服务"思维转换为"数字化产品和服务"思维是企业数字化成功的关键。为有效推动数字化转型进程，聚焦价值创造，通过系统建构实现可持续的增长，必须将传统产品和服务转变为数字化产品和服务，打造系统化组织能力，着力于能动性发挥，激发变革动力。

数字化转型产品经理的工作思维应对标互联网行业，充分思考什么产品才可以满足用户需求，能够设计出符合用户需求的产品并且变现。用产品思维研究用户群体的需求，为用户提供个性化的产品和服务。只有互联网模式下的互联互通，才能实现数字化，否则只会停留在信息化层面。

勘察设计行业产品数字化实际上就是产品创新数字化。产品创新数字化过程中把数据作为关键要素融入设计产品，让已有的资源数字化，通过计算机识别并加工应用，交付如 BIM 数字模型等数字化的设计产品，再造产业链生产模式。产品数字化以提升产品价值为核心，以数字化产品赋能为主线，通过转型、提升、再造实现数字化产品升级。

（1）传统勘察设计板块的数字交付与数字孪生。通过数字化将设计变得可计算、可分析、可优化以及可自动化，以数据驱动一体化设计，打造全数字化样品，真正实现设计的全过程价值，从信息化走向智能化，从工具化思维走向数据思维，从数据孤岛走向数字孪生。在建造之前，创建数字化虚拟模型，模拟包括：规划、勘察、设计、施工运营的全生命周期工程实施，并针对模拟实施中出现的问题及时纠偏、调整提升业务价值，赋能行业高质量发展。

（2）智能建造。有数字化设计，才有智能建造的可能。数字化模型+MES 系统（Manufacturing Execution System，制造企业生产过程执行系统）实现了装配式构件"数字化"生产。通过数字化模型，直接调取预制构件的几何尺寸信息及物料清单，制定相应的构件生产计划，在预制构件生产的同时，MES 系统向施工单位传递构件生产的进度信息。提高生产效率的同时，减少构件质量问题及不必要的返工与返厂，有效降低预制构件生产成本，缩短工期。

（3）智慧运营。智慧化的建造和设计，给智慧运营提供了实现的可能，也为实现从 BIM 到 CIM 的发展提供基础。基于 IoT、AI 技术的数字化应用或服务，管理平台建设在虚拟数字孪生模型的基础上，将大数据、AI 等先进技术融入数字模型中，使之具有"能感知、会思考、可执行、可进化"的智能体或数字化应用管理平台。如数字城市与智能运维平台，通过"大脑（人工智能）"可以思考，通过"眼（物联感知）、手（自动化控制）、脉（基于功能需求的逻辑脉络）感知、通过心脏（平台运行状态自评估）评估决策"建立一体化智能协同体系。通过开展数字化应用，让建筑更符合城市建设的要求和城市发展的需要。达到驱动治理数字化、经济数字化和生活数字化，实现治理更智慧、经济更智能、人民生活更美好。

（4）数字化产业。通过信息化与实体经济深度融合孕育而生，BIM+GIS+无人机倾斜摄影或三维激光点云扫描，做原有建筑物的快速建模，对接 CIM 平台、数字城市。数字交通、航道、地下管网的建模，可借由物探测量得到的城市测绘数据进行数字化建模，建筑工业化等新型数字化业务，基于大数据价值衍生的数据库服务，数据处理与数据价值挖掘等新兴数字化产业。

勘察设计企业作为国家最重要的传统行业——工程建设产业链的上游，数字化转型已经成为必须面对的战略命题。勘察设计工作位于项目建设的初始阶段，处于数字化的源头，是数字化转型的关键时期，产品数字化意义重大。数字化产品发展方向，宜根植于原有业务领域，通过数字化技术手段，融合数字化应用方法，从而实现建筑产品数字化。对于勘察设计行业来说，数字化转型的根本目的在于打通上下游产业链条，提升自身产品和服务的竞争力，创新发展模式，实现在数字化时代的自我进化。

2. 重构价值体系

数字赋能的要求。世界正在进入以信息产业为主导的经济发展时期，建筑业是数字化智慧化转型的前沿阵地。工程勘察设计行业加快数字化转型升级重构价值体系，不是一道"选择题"，而是一道"必答题"。要重构价值体系工程勘察设计企业需要思考如何提升产业价值链和服务产品附加值，实现向价值链顶端的转型，改变传统的生产模式、业务模式、开展数字化企业管理、大力开展技术创新，重构价值体系。

目前建设行业快速兴起了各式各样的合作联盟和组织形式，在行业内合作态势升级的状态下。积极参与数字化行业联盟活动，可提高对资源选择的精细化程度，朝精益化、集约化增长方向发展。

为克服采购时间周期长、操作不透明等顽疾，大型总承包企业采购平台已逐步向行业电子商务平台转型，通过数字化手段实现与供应链上下游企业间的互联互通，提高供应链协同水平，提升资源配置能力和工作效率，发展数字供应链。

以探索新技术为目的，尤其是聚焦数字化领域和人工智能领域，整合跨界、跨领域资源。扩大企业数字化转型的影响力，围绕核心主业整合资源，剥离不良资产。凭借行业联盟、体系认证等资源，与国内各大勘察设计院、平台、软件公司建立良好的合作关系。

通过设计企业与互联网企业、软件公司、平台公司等非工程建设产业链的企业更加紧密的交流合作，可以极大地丰富数字化业务的内涵。促进建筑业数字化、智能化升级。通过"建筑基因"与"数字基因"双基因融合，"建筑生态"与"数字生态"双螺旋发展，构建起资源共享、共生发展、多方共赢的建筑产业互联网新生态。提升资源的利用价值，结合信息化新技术，实现业务价值延伸与价值创新，努力跑出数字化转型"加速度"，赋能行业高质量发展。

3. 绿色设计产品

建筑业作为能耗大户，其绿色化程度指标是我国能否实现"双碳"目标的关键环节之一。绿色建筑及相关技术产品的推广应用是推动我国建筑业绿色低碳循环发展的重要抓手。由于起步晚，我国绿色建筑市场还存在重设计、轻运行等诸多问题，建筑业低碳转型任重道远。

为实现绿色低碳设计，建筑绿色化、数字化、低碳化设计指标将作为我国勘察设计分析与评价的主要指标。因此在勘察设计前需要进行科学的选址、考察和勘探，通过了解当地的气候条件以及地质环境，结合多种要素来进行绿色建筑的设计和规划，充分地运用地理环境以及周边资源，确保建筑设计更加安全、科学、合理。建筑设计过程中，需要秉承生态环保的理念，倡导绿色勘察理念，充分发挥绿色勘察基础作用，避免在进行建筑设计时破坏周边生态环境，在进行建筑布局的过程当中能够结合能源和成本的消耗，进行科学合理的判断，尤其是对当地的风向、温度以及经纬度等，都要有明确的了解，这样才能够使得建筑布局更加符合能源的利用条件，做好建筑节地设计。另外，通过对建筑施工现场进行规划，可以利用一些已长成的树木和周边的各种建筑物，实现绿色建筑设计。在项目实施中加大先进节能环保技术、工艺和装备的研发力度，实行创新工程工艺、工法，贯彻节约资源、保护环境的宗旨，开展工程建设项目全生命周期内的绿色建造，以绿色低碳技术与产业新动能塑造为载体，通过智能建造与建筑工业化协同发展，提高资源利用效率，减少建筑垃圾的产生，大幅降低能耗、物耗和水耗水平，大力推广节能技术、提高室内外环境质量。

通过"隐含碳"的分析方法，大力推动绿色建筑从低能耗建筑向超低能耗建筑、近零能耗建筑发展。将低碳绿色技术逐步融入设计、施工、拆除全过程，大大提高了建筑的实用性能和集成度。数字技术与绿色建筑深度融合，促进建筑产业快速向低碳、绿色方向转型，探索平台化、定制化、网络化、规模化、全球化的新型运营模式，在建筑业为"双碳"目标做出积极贡献。

绿色发展和低碳转型，不仅将从产品形态、商业模式、生产方式、管理模式和监管方式等方面重塑建筑业，还可以催生新产业、新业态、新模式，为跨领域、全方位、多层次的产业深度融合提供应用场景，培育壮大新动能。现阶段建材行业节能减污降碳的重大关键技术正在开展攻关。高强度高性能混凝土、高强度钢筋、等高耐久性材料不断推广应用，很好地减少了原料对生产加工、交通运输以及电力的基本要求。以低碳节能为首要目标的绿色环保建筑材料，如绿色高性能混凝土（GHPC）、再生骨料混凝土（RAC）、绿色墙体材料等应用加大。轻质材料的研发推广过程中，轻质材料能够有效延长建筑的使用寿命，同时节约部分施工材料，提高运输和吊装的工作效率。

工程勘察设计企业应该按照"绿色低碳、数字赋能、平台生态"的理念围绕建筑的绿色设计、绿色建材、绿色建造、绿色运维的全生命周期打造绿色建筑、绿色低碳社区、零碳园区和绿色低碳城市，以适应我国的绿色发展体系。同时建立建筑业绿色供应链，按照循环生产方式，提高建筑垃圾的综合利用水平。加大先进节能环保技术、工艺和装备的研发力度，提高能效水平，加快淘汰落后装备设备和技术，促进建筑业绿色改造升级。以适应未来城市全要素区域能源低碳发展体系。对标城市能源供给系统、能耗需求管理系统和城市绿色生态系统设置要求。

4. 开放拓展应用场景

推动建立智能建造基地，在装配式建筑工厂打造"机器代人"应用场景。将个性化定制与标准化装配广泛应用起来，突出优质高效为特征。加大智能化施工装备研发力度。伴随着人类社会迈入智能动力时代，越来越多的智能装备应用于建筑工地，替代人去完成许多重复性和复杂性工作，极大提升了作业现场的效率和安全性。为即将到来的建造革命、材料革命、低碳革命、数字革命做好充足准备。

以 BIM、CIM 技术提升设计能力，打造多方位数字化产品。拓展应用场景落实到企业中，一些大型的工业设计院可以利用该项优势拓展市政水环境、水处理等业务。如冶金设计院较早开展综合管廊类的业务尝试。

从当前勘察设计行业产品及客户满意度痛点出发，打造自有软件、数据支撑平台，结合不同数字化应用场景，通过以"技术 + 数字化"的模式强化运营管理服务，提供专业技术解决方案，正确构建数据应用场景，顺利完成数字化转型。

利用城市信息模型（CIM）基础平台，通过融合遥感信息、城市多维地理信息、建筑及地上地下设施的 BIM、城市感知信息等多源信息，探索建立表达和管理城市三维空间全要素，用以作为城市规划、建设、管理、运行的技术支撑。

二、数字化转型重塑客户体验价值

当前，世界正处于百年未有之大变局，加上瞬息万变的疫情，工程勘察设计行业面临发展格局之变、竞争模式之变、产业生态之变等诸多不确定性。数字化浪潮下，重塑企业掌控力与拓展力，全方位、系统性推进数字化转型至关重要。在此背景下，勘察设计企业就要提升设计服务质量、提高设计产品价值、深挖客户满意度，重塑客户体验价值。

1. 以客户为中心实施数字化转型

（1）生态化发展需求

"以客户需求和价值为中心"是时代发展的必然产物，是生态化发展需求。数字化转型可以为勘察设计单位提供面对需求变化的关键能力。行业环境的带来了数字化变化趋势，勘察设计企业更要关注客户端的数字化转型动向，调整企业数字化战略，制定科学的数字化转型规划方案，重新梳理业务及服务流程，加大数字技术创新，引入新数字化新技术，从业务流的视角识别客户在其业务链各环节的转型需求，从而映射到对企业基石业务的需求，积极推动现代数字技术与业务的深度融合，不断优化数字化转型实施举措，采用数字化手段帮助客户解决问题，采取措施保持与客户同步前进。

（2）数字化战略制定

数字化技术为勘察设计单位高效面对"以客户为中心"的变与不变需求创造了条件。项目设计中"不变的"需求，在一定时期内将保持动态稳定，如建筑物的基本功能、设计标准规范，构成设计图纸的线条、图层、图元、符号、文字说明等，以及绘图工具、计算建模工具等。这些"不变的"需求必须要借助数字化技术，尽可能做到标准化、模块化、智能化，从而实现设计过程的高效协同管理、规模化生产、经济化效益。项目设计中"变的"需求就是客户需求，存在较大的个性化差异，我们需要通过数字化技术让非专业出身的客户参与到设计过程中，如采用BIM、数字孪生技术，让设计方案能更加直观、清晰地向客户表达，客户也能高效表达设计方案中的缺陷和不足。通过数字化技术可以不断对客户需求进行分析提炼，进而持续补充完善标准化、模块化工作。

（3）客户价值挖掘

勘察设计行业，数字化转型的重点就是提高设计服务质量、提高的客户满意度、挖掘客户价值。客户价值挖掘应针对自身特点，进行业务梳理，重新定位业务价值、创新技术方法，延展业务链。根据勘察设计企业开展业务的不同板块，拓展出业务层面：基础层面的业务核心就是技术，围绕工程相关的技术领域进行业务梳理，更加深入地介入到建设领域当中去。面向工程和城市的多领域、多专业、多技术集成类的服务，极力打造好这方面的产品。可整合研究机构共同推进未来城市的技术研究和发展。可基于现有BIM模式成立相关的数字化部门，从软硬件环境支持以及整个生产架构层面，着力推动全生命周期的管理平台建设。不断地建设三维协同设计平台、积极培养数字化应用人才、大力推动勘察云系统、建设打造全生命周期平台等。

2. 推进建筑师负责制

建筑师负责制是以担任建筑工程项目设计主持人或设计总负责人的注册建筑师为主导的管理团队，开展全过程管理工作，使工程建设符合建设单位使用要求和社会公共利益的一种工作模式。

一直以来，内地的建筑师基本只参与工程前期工作，如整体构思和设计图纸。政府则成为技术"把关人"，承担了大量本该市场承担的职责。而建筑师的全程管理监督对工程质量和效果影响很大，可以更好发挥建筑师对建筑品质管控作用。建筑师为主导的设计团队，不仅要承担建筑的设计工作，同时还要拓展设计咨询服务链条，对工程招标、施工技术、建筑质量、建筑成本，甚至是后期运营负责。建筑师团队的服务范围为建筑工程全过程（规划设计、策划咨询、工程设计、招标采购、合同管理、运营维护），或部分阶段（至少包含工程设计、招标采购、合同管理三个阶段）。建筑师设计团队提供的工程设计咨询服务需要向专业化和价值链高端延伸。探索建立建筑前策划、后评估制度，优化项目前期技术策划，对已使用建筑的功能、效益、环境影响等进行综合评估，强化设计引领作用。

通过推行建筑师负责制，可以从源头把控，做好质量控制，设计与施工一体化，整合开展限额设计管理，将问题控制在源头。通过限额设计、优化设计以及深化设计，提前锁定成本，提高工程总体成功的可能性，增加可施工性。同时可以优化审批程序，在规划许可、施工图审查和规划核验等环节，提升了审批效率，节省大量时间，降低企业资金压力；通过建筑师探索提供建筑全生命期的管理与服务，提升服务效率和品质，促进建筑设计精细化、设计施工一体化，充分调动和发挥建筑师在建设项目全过程中的技术主导作用，使之成为保障城市建设品质的重要抓手。

3. 全新数字化服务

（1）传统业务价值升级

从主营业务出发。提升主营业务的核心竞争力，提高数字化水平，推进BIM正向设计，让集团管控、经营决策更智慧，通过运营在线、数据运营，支撑经营管理更科学、高效，让项目管理、设计协同更高效，实现设计过程的标准化服务流程，通过流程一体化、知识赋能化，不断提效设计业务协同。达到边际效益持续递增；诊断现状，开展信息化规划咨询；规划可落地的信息化建设蓝图，最终实现业务、管理一体化的目标。

在传统业务利用BIM建模（含装配式建模）、管线综合（含净高分析、管综出图、开洞支架等）、各专业设计人员协同配合的基础上，通过BIM软件进行各专业模型间碰撞检测，提高管线综合的协调能力和工作效率，优化工程设计，减少设计阶段图纸误差，提高BIM的应用价值。加大VR+AR漫游等传统BIM应用点，可根据项目实际要求，按照合同要求或得分点进行增减。通过数字化技术提升设计质量，优化改进产品/服务设计、工艺（过程）设计等，提高产品和服务质量，稳定提供满足客户需求的设计产品和服务，以设计带动工程建筑全生命周期的质量提升；根据数字化、智能化审图要求，推进 BIM 施工图审查，扩大人工智能审图范围。促进全要素、全过程质量提高。

同时 BIM 等数字化技术可以实现设计方案比选，促进各专业的协同设计，提高设计沟通效率，积极推动新一代数字化技术创新应用，为设计交底、施工深化设计提供准确依据，全面实现 BIM 正向设计。通过 BIM+ 施工管理平台建设、BIM+ 数字化运维管理平台建设、"BIM+" 咨询服务平台建设、BIM+ 施工图审核平台的建设；"BIM+GIS" 数字资产管理，及 IoT 的既有房屋安全监测系统和大数据的城乡建筑群安全评估与决策系统建设，达到对传统业务的升级改造。

（2）新业务价值创造

赋能传统存量的设计业务以及管理优化，主要集中在企业内部的价值链，通过利用 BIM、AI 等技术，在智慧工地、智慧建筑、智慧园区等方面充分发挥数据要素驱动作用，获取效率提高、成本降低、质量提高等方面的价值效益；在智慧城市、智慧交通、智慧建筑等领域，体现出更好的设计服务质量、更快的服务响应速度、更高的客户满意度，最终实现生产运营的优化。推动设计院内部的数据流通、减少信息不对称、提升资源优化配置效率、促进以数据为核心的经营生产与技术服务创新。通过数字化技术、数字化管理手段，开展 BIM、GIS、大数据和人工智能等集成应用，进行建筑性能分析、工程算量分析等，减少设计返工、降低人工损耗，在保证使用功能的前提下，减少工程量，可以最大限度地对成本进行控制；通过数字化管理手段、数字化信息化平台等方式提高资源配置效率，减少由于人、财、物等资源浪费和无效占用所带来的管理成本。实现数字技术和质量管理深度融合，将质量管理由事后检验转变为按需、动态、实时全面质量管理，全面提升设计服务的质量管控和优化水平。实现工程建设全生命周期的数字化服务。

升级原有业务的商业价值。同时，利用数字技术，形成新的产品服务，重构新的商业模式和服务场景，推动新价值的创造。如 BIM+GIS+ 无人机倾斜摄影或三维激光点云扫描，快速建立 BIM 模型导入 ArcGIS 或 SuperMap 等 GIS 平台，做原有建筑物的快速建模，国内多省 BIM 政策对此需求量很大，尤其是已采购 CIM 平台的地区。对交通、航道、地下管网的建模，可借由物探测量得到的城市测绘数据进行数字化建模，将隐蔽的地下管线信息"搬"出来直观呈现,赋能城市管网建设管理。为综合管线建设、管理提供真正的三维可视化平台，维护城市生命线稳定运行。

（3）商业生态重构

当前，受疫情及行业变革影响，不稳定性、不确定性正在持续加速企业发展生态的系统性变化，过去的经验探索正在呈现边际效用递减的趋势，亟待通过一场"大重构"，朝着更具韧性和可持续性的未来加速迈进。

业主对勘察设计成果的数字化要求日益增长，勘察设计企业组织模式和商业模式面临巨大挑战。现阶段勘察设计企业缺乏互联网思维，现有组织模式和商业模式已无法满足数字时代的要求。

商业生态系统视角下商业重构的策略是拓展长板，在勘察设计商业生态系统中占据生态位优势，并利用长板与其他企业进行合作。通过拓展覆盖规划、设计、建造、运维等各个环节的业务体系，链接一批数字化研发、产品、标准、技术服务供应商，集成整合服务商，有效聚合"智慧+"等产业资源，形成广泛的数字化生态基础。最终达到生态链接、协同共生的状态。

当下，行业企业的大重构逻辑将着眼于以下3个方面：一是战略。聚焦于价值创造，在战场中找到自我改进的入口；二是组织。着眼于协同价值和敏捷创新，打造系统化组织能力，打造面向客户价值的去中心型、网络化协同组织，更好地实现共生与链接；三是人才。打造企业文化的引领力和扩张力。着力于能动性发挥，激发变革动力。

企业应建构起面向全生命周期的战略管理体系，战略实施中的评估与调整更加聚焦于战术层面，可通过"计划—实施—检查反馈—纠偏改进"的PDCA循环，实现"柔性规划与刚性计划"的紧密衔接。组织方面应打破部门组织和岗位边界，创造任务化工作，驱动集成型业务产品探索，是聚焦效率痛点，通过知识管理等抓手，创新工作逻辑，推进中台建设工作开展等。需要树立运营逻辑，建立标准体系。不断推进创新探索的沉淀和积累，通过方法总结、体系持续优化，将探索转化为可复用能力，并以此赋能员工和生态伙伴，不断推进创新探索的持续迭代，进而才能够丰富企业自身的立体化综合竞争力。

（4）用户新体验

VR（Virtual Reality 虚拟现实）和AR（Augmented Reality 增强现实）及MR（Mixed Reality 混合现实）技术可以增强设计师在设计和体验空间时的沉浸感，数字空间和现实空间的融合将对建筑师进行概念设计、参与设计讨论并作出决定，以及人与公共空间的互动带来革命性的改变。VR和AR作为三维交互界面，为技术人员提供了一个开放的设计空间，使得各种工具和应用软件能够帮助到建筑师的设计过程，使得用户能在游戏环境中感受设计过程。这是一种让用户理解建筑设计的有效方式，同时，也推动了设计的民主化。虚拟现实已经越来越多地应用在建设行业。

通过 VR 可在建筑设计中的增强建筑及室内设计的设计成果的展示效果，让体验者在虚拟环境中获得视觉、听觉、触觉、动觉等多种感知，相比于传统的效果图和三维动画制作，可节约 90% 建筑表现成本。与甲方同步进入设计场景，降低沟通过程中信息衰减，减少汇报次数。还能以沉浸式的方式进行施工模拟演练，帮助施工方了解施工过程，将建筑运营情况展现在使用者面前。室内设计师可以利用 VR 完成沉浸式的家装设计，建筑师完成 VR 建筑设计。通过 VR 建筑设计，可将环境因素、区域因素、人文因素，作为参数综合到建筑空间设计中，可以为项目的设计建造起到参考作用，使得建筑设计更加人性化。将 BIM 技术在建筑行业的数据表达中发挥出关键作用。

VR 工地安全体验可以基于虚拟现实技术开发的 VR 安全体验系统，体验者通过 VR 头显设备，置身于施工现场，各种视角分别体验不同安全事故伤害的严重后果，并通过对事故原因、防范措施的简要交互问题，在震撼体验同时，进一步增加安全意识，随着建筑安全科技的发展，VR 科技也开始应用建筑安全领域，戴上 VR 设备，即可进行安全体验、质量样板展示、场布及绿色施工设施虚拟场景展示，不但可以清晰明了地查看工程的整体概况和内部结构的每一个部件，还能进一步优化建设方案、提高工程质量，施工人员可以通过虚拟场景模拟，有效避免施工时的安全事故，将手机放入 VR 眼镜中，可对虚拟场景进行全视野观看，配合技术交底，工人可更直观地感受其中的内容。

VR 技术在文物保护方面也是应用相当广泛的，埃及金字塔就做过网上的体验中心，运用了全景虚拟技术和三维虚拟技术，而且 IBM 已经成功运用 VR 虚拟现实技术对北京故宫进行整体的数字虚拟。现在大家可以在网上直接看到数字三维化的故宫及 VR 交通。无论是在空中、陆地还是海洋河流的交通规划模拟方面，VR 虚拟技术都有其得天独厚的优势，不仅仅能用三维 GIS 技术将各种交通路线表现得十分到位，更能动态模拟各种自然灾害情况。VR 地理技术在地理应用上，主要是运用三维 GIS 地理信息系统来表现直观的三维地形地貌，对于地理工作者提供便利，对于相关工程建设提供可靠的参考数据。

4. 创新社会化服务

（1）数字化产品和服务思维

随着人工智能技术的发展，今后可以利用云端 SaaS 系统（Software-as-a-Service，软件即服务）+ 机器智能快速地帮助设计师完成拿地方案、概念设计等环节的方案设计，提升整个设计前期的效率。设计师只需要输入基地条件和容积率等参数，即可以利用机器算力枚举出海量可能的设计方案，供设计师选择。原本一个设计方案普遍需要耗费几天的时间，但通过智能设计助手系统，可以压缩到几秒钟，且错误率更低，将设计的成本由十万级降低至千百元级别，节约大量成本。这将大幅减少设计人员。以数据驱动的一体化设计，将设计变得可计算、可分析、可优化、可自动。

数字化的服务对勘察设计企业而言需要积极构建集成化、一体化服务能力，来满足新服务的需求。集成化、一体化服务更注重以全新的思维方式构建工程建设全价值链服务模式，需从成本控制、业务模式、项目管理、风险管控等统筹策划，具备工程全局视野和统筹协调能力。企业应瞄准工程建设应用场景，如综合交通、地下管网、水生态治理等，通过应用场景引导客户需求，以此为导向，确定专业环节，最终形成产品解决方案。集成化、一体化服务的核心在于客户需求识别和深度挖掘，通过具象的工程建设应用场景链接与整合资源提供集成性服务，最终以客户价值的超预期实现作为服务的落脚点。

数字化的管理和服务是建立在数字化管理基础上的，通过人工智能技术可以实现企业决策智能化和企业业务自动化。统筹管理人、机、料、法、环、财等各个关键环节数据，详见图 7-1。把企业生产、技术、人力等资源，乃至市场、销售、前端设计

图 7-1 企业数字化管理场景图

等都连通起来，智能调度企业资源、数据化的分析和决策、智能化生产、网络化协同、个性化定制、服务化延伸形成数字化的产业模式，满足各个不同产业模式的场景需求。

（2）推动全过程咨询

为适应建筑勘察设计市场需求，进一步推进建筑师负责制，支持勘察设计企业业务拓展延伸，发展涵盖项目决策、工程建设、设备材料采购、运营维护等环节的全过程工程咨询服务模式。确立全过程工程咨询服务职责权限划分及交付标准、数字化工作流程、合同体系和管理体系，完善服务酬金计取方式。根据业主的需求，提供数字解决方案及相关服务，相比于EPC工程总承包等业务，全过程BIM咨询是一项投入少回报高的业务形式，且市场需求巨大。

全过程工程咨询模式中，不同专业的咨询工程师组建团队，由总咨询工程师统筹安排，分工协作，弥补了多个单一服务，团队组合下可能出现的管理疏漏和缺陷，极大提高了服务质量和目标。同时，有利于激发专业咨询师的主动性、积极性和创造性。

开展全过程咨询服务、包括建设项目决策、项目建议书和可行性研究报告的编制或评估、项目立项、项目审批等手续的完成；项目实施全过程工程监督管理；运营期的招商引资、产业运营、物业管理等服务内容。全场景服务及智慧建筑、智慧交通、智慧水务、智慧社区、智慧运维等内容等智慧产品增值服务，通过城市系统咨询服务，完成包括顶层设计、系统规划、项目开发建设、产业运营服务、物业服务等业务服务，沿着产品、服务的全生命周期和产业链提升产品市场竞争力和价值空间。对勘察、设计、公司而言积极发展全过程咨询，一体化服务转型升级、是融合发展的必由之路。对建设单位而言，在投资方面可以减少开支，在时间方面可以提高效率，在产品方面可以提升项目质量，在合同方面可以达到责任清、关系明的目的。

（3）构建"平台+产业"新生态

数字化建设离不开平台建设，应开发部分具有自主知识产权的数字化产品和互联网平台，从全产业供应链角度，有效整合建筑产品、标识、安全、工程等要素，覆盖数字设计、智能生产、智能施工和智慧运维等环节，改变生产模式、重构生产关系、促进商业模式变革，加快推进智能建造与新型建筑工业化协同发展，构建"平台+产业"新生态。

以BIM为核心的基础数字技术平台，设计师可以将设计过程中产生的各类知识资源以及业务经营，沉淀为完整的知识资产库，"内嵌"的各种标准化管理体系、构件、模型、标准、项目管理等知识库。通过平台为项目和企业提供知识输入，不断夯实设计企业数字化基础。数字化平台，可以实现多专业异地协同设计与互动，实现产业链利益相关方在云平台实时协同、数字设计跨地域设计交互、实时精准的构件级协同以及立体完整的 BIM 数据传递，全生命周期的数字化设计、建造和运维模拟。

大数据平台支撑服务工程"建、管、运"等环节。提前预见并解决设计、施工、运维中出现的问题，将后期生产、施工、运维产生的风险与问题前置，实现建筑全过程 PDCA [计划（plan）、执行（do）、检查（check）、处理（act）] 循环过程。从而实现应用场景化、能力服务化、数据融合化、技术组件化和资源共享化。整合产业链生态合作资源，满足产业链上下游的需要。最后是持续更新迭代，以满足业务需求的快速变化。

建设平台可以循序渐进，依据开发成本及企业业务需求情况，完成数字化集成平台建设。根据自身和市场需求阶段性迭代提升版本。例如开发信息化管理平台、族库管理平台等性价比较高，但是设计、施工等数字化平台的开发难度巨大，可以与现有成熟平台合作实现功能。将战略与执行统筹、业务与技术双轮驱动、自主与合作并重。

三、数字化转型重塑运营模式价值

1. 勘察设计行业数字化转型关键要素

（1）管理数字化

企业在推进数字化管理过程中，首先应明确转型的责任主体，成立专门的数字化转型组织，制定合理的组织业务目标，配套考核和激励机制，优化组织间协助流程，打造形成的新型能力体系。依托智能化生产、通过网络化协同管理、个性化定制服务、延伸企业服务内容、依托产业链金融形成数字化资产，为企业数字化寻找突破口。通过设计企业管理，提升专项规划，覆盖管理全领域，探索包括企业管控模式、业务共享运营模式等管理转型方案，引入先进管理理念与体系，实现高效、集约的企业运营目标。包括大力探索和建设二/三维设计协同平台搭建、工程管理平台搭建、全过程工程咨询业务平台建设，完善数字化生产相关单位的生产运作，提升生产效率。

数字化转型归根结底就是要解决企业成本和效率的问题，在制定信息化转型的目标时不应过多强调技术的动因，更应该强调业务价值的实现，利用数字技术和信息化手段整合企业资源，提高管理决策的及时性和灵活性，提高企业全局掌控能力。精准控制和协调各部门的工作，消减时间和空间对管理要素的限制，创新管理和生产模式，融入产业链全过程。只有这样，才能继续保持自己传统的技术优势，又能提供快速精准的服务满足客户需要，管理"中枢神经"系统的作用得以凸显，在竞争越来越激烈的市场中立于不败之地。

同时推进数字化管理可以有效提升企业面对疫情等突发事件的应对能力。勘察设计企业都可以利用互联网和信息技术帮助企业做到战略目标拆解，实现自上而下目标对齐；任务落地执行，实现自下而上结果汇总；内外团队协作，实现信息高效流转；任务风险管理，实现风险快速传递；通过任务的沉淀复盘和任务转模板，让能力复用；助力全员绩效落地，提升企业的组织能力。

管理数字化实现核心业务系统的数字化管理：

传统的项目管理存在流程割裂、专业间业务割裂以及业务环节间的数据割裂问题。数字化管理应注意以下几点：

第一，通过整体规划咨询为企业信息化"把脉"，学习和对标头部企业实践经验，制定一条切实有效，符合自身发展和文化的知识管理实施模式。搭建数字化转型的领导团队，提升人员杠杆率。解决企业管理"痛点"，企业内部项目生产、组织、资源呈现碎片化问题。

第二，建立数字文化，重视企业文化与数字化的融合，做到真正的转型。增强员工文化认同度，客户的黏性和外部网络联系的密切性。注重能力建设，在数字化团队建设方面加大投入。转变传统的思维方式，加大全体员工对数字化转型的认识，通过内部、外部两套文化体系的建设，实现企业能够适应快速变化的环境。培养数字化人才内外交融。

第三，企业各业务与数字化的融合包括内部的生产运营与外部的对接协同，形成完整价值链的关联。利用数字化促进对客户需求的深度洞察，让研发投入更可靠，推动柔性生产落地、让运营更可控，实现精准营销，让各核心业务环节形成闭环。

（2）业务数字化

以 BIM 作为业务数字化转型的载体，从业务数字化到数字化业务。首先，基于"数字建筑"理念，立足全专业、全过程、全参与方一体化数字设计，打造全数字化样品，构建设计互联网平台和设计市场生态，数据可以从设计端延伸到施工端，再延伸到运维端，应用数字孪生技术，预设计、预施工、预生产，形成系统的数字化业务体系。

企业制定面向自身业务的数字化集成解决方案，打造数字化产品，形成不同于设计咨询服务的新商业模式与盈利模式。包括积极推动、BIM、CIM、GIS、大数据、人工智能等的集成应用，深化数字化技术与工程建设全周期、全链条的融合，通过互利共赢的合作生态大力拓展数字化业务。

数字化业务的核心是创新，勘察设计单位的数字化业务要坚持"从场景中来到场景中去"的导向。聚焦客户需求，创新产品价值。场景可以从不同层级（单元级场景、企业级场景、产业级场景、生态级场景），供需类型（需求类场景、供给类场景）等多个角度进行解构。以智慧水务为例，数字化场景就有多个层次：基于单体水厂的数字化产品、基于水务集团的数字化产品、基于城市供水（排水网络）的数字化产品、基于区域（流域）的水务数字化产品等。

勘察设计企业可以考虑从以下几个方面梳理和推动数字化业务的创新探索。

首先是数字化基础技术服务业务，主要包括基于 BIM 咨询服务（BIM 应用实施标准制定、BIM 数据管理规则制定）和 BIM 专项应用（BIM+ 规划审查解决方案等）以及基于 CIM 技术的数据、平台、标准、应用的咨询及实施服务等。本质上这个层次的数字化业务依然是工程技术咨询的范畴，但同时也是第二、第三层次数字化业务发展重要的先决条件。

通过涵盖"BIM+ 全过程咨询""BIM+ 工程总承包""BIM+ 智慧运营"和"BIM+ 智慧审图"等"BIM+"增值综合业务服务。高度结合 BIM 技术与相关传统业务及其运作模式，运用 BIM 技术在不改变传统业务与服务核心商业模式的前提下，为传统业务与服务最大化赋能。

开展面向政府的城市治理、空间规划、产业发展等宏观场景解决方案服务，开展多场景应用。围绕工程相关的技术领域进行业务梳理，面向工程和城市的多领域、多专业、多技术集成类的服务，极力打造优质的建筑产品。共同推进未来城市的技术研究和发展，推动全生命周期的管理平台建设。

2. 企业数字化转型的内涵

数字化转型的内涵主要包括：利用数字技术推动商业模式的创新，利用数字技术创造新的业务模式，为企业带来新的收入和价值形成数字化业务转型。在数据技术下，重新定义设计企业的运行模式，以适应数字业务的发展。加大对数字化技能人才的培养，使数字化技术能够有效地整合在业务流程之中，形成数字化运作模式。

数字化转型其本质核心是客户需求驱动的战略性业务转型，是一种思维方式的转型与颠覆。数字化转型的过程是企业全方位转型与创新的过程，具体包含企业信息资源的创新与转型、企业内部运营管理模式的转型与创新、企业领导力的转型以及决策模式的创新、企业商业模式创新与转型带来的产品以及服务模式创新。勘察设计企业的数字化转型路径需要依托新型产业生态场景，以数字化平台、技术为纽带，与互联网、大数据、人工智能等企业跨界合作，重新设计与市场需求的联系与交互，推动产业链上下游企业间数据贯通、资源共享和业务协同，重构价值链中的客户体验乃至用户体验，以更加智慧、自主、便捷的方式驱动运营优化，建立更加开放、共生、互赢的无边界资源整合平台。

（1）企业数字化建设的目标

建立企业数字化建设目标需要把握好长期目标、中期目标和短期目标的关系，既要着眼长期目标，也要推动中期目标，更要抓紧短期目标。企业数字化转型的目标包括：充分发挥信息技术赋能作用，通过数字化手段改善运营业绩，有助于提升企业的收入和盈利能力，带来显著的财务价值；支持业务按需调用资源以快速响应市场需求变化，通过数字化产品提升客户获取和留存；改进企业决策，实现管理数字化。具体目标主要包括：

1）构建服务数据化网络：降低成本、提升运营绩效、改进勘察设计服务质量、安全生产与服务、客户数字化服务需求。

2）数字优先的客户互动模式：客户互动模式（支持、数据共享、服务链信息传递）将需要在线上/数字化/自助扩展。

3）技术使能的运营模式：运营模式需要数字化，以考虑更多的自动化解决方案、更大的信任以及自助服务。

4）数据驱动型商业模式：数据的使用/分析、云计算、BIM、IoT、大数据等将是企业更好地适应未来产业模式变化的核心建设因素。

5）数据与智能愈发重要：通过数据获得洞察、业务运营的弹性，提升客户体验、打造数字化信任、驱动服务创新的软件开发能力、数字化基础架构的弹性、新生态链的评估、内外业务运营的连接能力、工作模式升级发展。

6）数据要素的应用：打通数据要素供给壁垒，保障高质量数据要素供给。发展要素市场，积极开展数据要素流通交易，挖掘数据要素应用场景，创新数据要素开发利用机制。充分发挥数据要素作用，从而促进我国数字经济向深化应用、规范发展、红利释放的方向发展。

7）推动基于数据的价值在线交换，提升数字企业价值创造能力。

8）推动基于数据模型的知识共享和技能赋能，提升生态组织开放合作与协同创新的能力。

9）打造持续赋能的协同工作体系：建立紧密合作关系网络，探寻数字化发展的基本规律和方法论，不断研发方法库和工具集，做好国家宏观和企业微观之间的桥梁。建设诊断、贯标、示范、服务、平台、政策六位一体协同工作体系。

（2）企业数字化企业架构设想

数字化企业架构一般包括：数据层、资源层、服务层、应用层，如图7-2。企业数字化顶层规划设想为：通过收集信息数据，梳理各类既有资源，建立数据仓库，结合企业各业务板块形成数据集（勘察设计、全过程咨询、工程总承包、投融资、智能制造、运维），通过数据驱动与知识驱动实现数据与资源科学、有序流动（借助大数据、5G技术、人工智能等技术），搭建各类应用场景与服务管理平台，逐步实现管理数字化、手段数字化与产品数字化，培育数字化产业。企业团队培养少数优秀的项目负责人，可通过与相关院校等合作的形式进行，择优迭代，形成良性循环，建立长效的数字化人才培养机制。

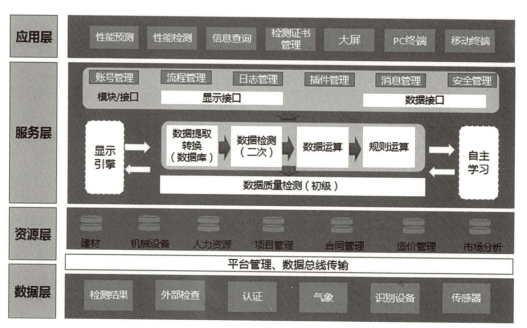

图7-2 数字化企业架构

3. 勘察设计行业发展之路 – 强本创新

未来勘察设计企业将可能会走向业务集成服务商，还有一部分走向特色化高端品牌服务商，更多地会走向平台型服务企业。在这样的新形势下，对于整个行业而言，可能面临在管理、资源、业务三个维度都要重新进行思考和定义。在新时代下，对原有的产品服务、客户乃至价值创造的形式，都需要进行重新考虑。对于原来很多习惯的问题，尤其是发展模式和到底需要集聚什么样的资源，都需要重新思考和定位。对勘察设计企业而言，在发展模式方面有以下三个倾向：专精特新、业务一体化、多元化。设计单位应不断深化改革，用数字化技术提高自身生产力，持续加大科技创新投入与激励，大力推进工程设计集成创新，通过标准化积累，提供更多集成化设计服务，在此基础上智能化辅助设计，甚至智能化设计，将逐步取代更多的劳动力，这将不再是难以想象的，而是在未来一段时间内就能实现的。建立具有行业特色的技术合作机制，加强技术积累，提高标准化水平，打造标准化产品，大力推进共性技术研发和应用，继而提高市场竞争力。

（1）深度工业化发展

建筑业作为第二产业的重要门类，为我国的工业化发展发挥了至关重要的作用，也积累了丰富的发展经验，形成了一整套发展规范和技术资料，其中尤以勘察设计的相关技术积累最为丰富。

顺应新的时代要求，我国开启了工业4.0发展之路，开始向高端制造、智慧制造和绿色制造发起冲击。实施以信息化带动工业化战略，是改造和提升传统建筑行业的一个突破口，是中国建筑从"建造大国"走向"建造强国"的必经之路。建筑工业化以建筑为产品，形成标准设计、工厂生产、装配化施工、一体化装修和信息化管理的新型工业化建造方式。优化产业结构配置，使专业化分工和社会化协作机制得到有序发展，形成大型建筑产业集团引领、专业化中小企业协同配合的产业发展新格局。通过建筑工业化最终实现建筑产业现代化。

（2）商业模式创新

不断更新和优化自身商业模式，实时关注业界数字化时代的新商业模式并识别其关键要素变动趋势，结合自身现状与趋势的间隔，引导构建适合自身的商业模式，形成企业新的高维商业模式。围绕自身主业，以其商业模式成立的底层逻辑为主线拓展直接关联的业务，基于自身能力以及数字化发展趋势，从数据流动和应用的路线图，布局产业上下游。关注未来可能组合形成更大市场且投资回报率相对高的业务，时刻紧跟行业变化，跟随新业务、新模式的发展，保持企业的活力和敏锐度。在战略、业务以及文化层面与数字化时代发展需求进行融合。

企业通过数字化建设，完成从信息化到数字化的根本转变。将重心放在"数字化'2+3+4'模型＋组织变革"中数字化的四个落地领域上：完善企业信息化建设；提高现有业务流程数字化；提高客户界面数字化；提高整个价值链数字化，详见图7-3。

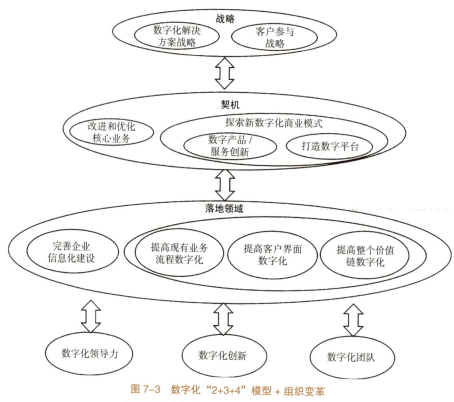

图7-3　数字化"2+3+4"模型＋组织变革

（摘自方跃《数学化领导力》，东方出版社，2019）

数字化转型的商业模式是需要提前设计的，需要有个总体的方向，而这个总体的方向就是要产生可持续交易的模型，并且让这个模式中的各方能够合理分配利益，保证这种持续性。

通过企业之间强强联合，促进资源优势互补，合作互融，产生规模化发展的企业。从而在服务模式选择、收费机制探讨以及发展路径选择等方面占得先机，打破原有行业格局，建立新的竞争秩序，企业数字化转型逐步走向成熟。

同时根据行业发展需求，应重新定位设计企业发展方向。从设计、施工、材料采购、方案策划、技术服务等方向开展多元化的业务范围。向标准化、精专化、集成化的方向发展；采取成本战略、差异化战略；推动技术引领，资本引领企业发展。

4. 运营模式价值

（1）打造数字化核心竞争力

通过开展相关政策调研与学习，把准建筑行业发展大方向，打造数字化核心竞争力。通过开展相关协会与标杆企业调研，找准企业发展着力点。通过开展信息化调研，了解当前信息化建设情况以及服务厂商。通过开展数字化调研，了解数据化架构、内容、成果形式，评估、分析企业数字化工作的难点与薄弱点。借鉴各行各业数据应用场景和数字化转型案例，梳理企业业务架构、应用场景规划，并结合远景目标层层拆解，细分到指标及标签粒度，完成数据维度搭建，对数据应用规划进行优先级排序，确定实施优先级及行动路线。打造数字化企业核心竞争力，赋能企业数字化建设创造价值。

（2）将数字化核心技术研究纳入企业科研需求并重点推进

企业年度科研立项，与数字化、智能化相关的立项课题予以充分支持，结合企业自身的发展方向设立相应的研发中心。

（3）数字交付与数字孪生工作推动方案设想

勘察设计数字交付是行业发展的趋势，可通过 BIM+GIS 等技术手段实现。工作推动步骤是：第一阶段，提高各专业在线协同化设计水平；第二阶段，基于新勘察手段的智慧设计一体化 BIM+GIS 系统正向设计。根据市场需求，积极探索"规划 + 设计 + 制造 + 运维"的全生态全产业链拓展。

（4）工作推动步骤

第一步，调研、顶层规划阶段，最大可能借助外部标杆咨询机构力量做好企业的顶层规划；第二步，针对企业各板块与领域，成立专职推动工作小组，深入开展业务数字化顶层规划与研究工作；第三步，将远景目标任务进行分解，通过逐年稳步推进典型工程数字化应用场景与核心技术科研攻关。借助于科研高校开展数字化核心算法与 IT 团队协力开展软件平台建设是十分必要的。

（5）基于 5G、大数据、人工智能的新基建等衍生出的数字化产业

在企业内部，重点推动智慧交通与新能源应用等新型数字化业务，实现科技成果产业化。可以在数智化产业、产品产业化、智能装备等方面进行深入研究，结合国家对"碳达峰、碳中和"的要求和目标，对新能源、能源装备、电气电子产品、高端设备等开展深入的研究。勘察设计行业数字化核心技术的推进，本质上讲是新技术条件

下业务和营运的变革，要思考关于不同条件下数字化核心技术怎样进行业务和营运的变革，企业才能在数字化的产业中找到一席之地。

四、数字资产化及发挥数据价值

1. 数字资产及资产数字化

资产数字化指将物理世界的资产转化为数字形式，映射至数字空间的过程。资产数字化的主要目的是改善实物资产的价值交换过程，使交易更便利化。从某种意义上说，资产数字化并没有创造新的资产，"数字资产"代表了既有的信用关系。

资产数字化并未改变资产价值的原有实现方式，其存在依赖于实体世界的既有资产。将实体资产映射到数字世界之后，信用关系的存在形式发生转变，但资产的内在价值和使用价值保持不变。以数字货币为例，数字形态的货币依然发挥着交易媒介、价值尺度和贮藏手段等职能，与纸币并无本质差异。

数字货币的诞生为数字金融市场奠定了基础，数字资产必将成为传统金融资产的数字化改革方向。随着全球各国大力扶持数字经济发展，各产业数字化改造也正在紧锣密鼓地进行中。现在对于企业而言，资产数字化是一大趋势所在。当前中国数字人民币已经出台，人们可以在日常支付交易中使用数字人民币，领先全球。同时通过资产流通、共享经济极大地推动了网络经济的高速发展。而将资产数字化变成数字资产在大互联网中流通起来，实现价值转换。是促进资产流通最便捷的办法。资产数字化改变了"价值"的定义。要想发展数字经济，就需要建立商品化数据要素、将资产数据市场化，抢占资产数据市场的制高点，实现资产数字化。

资产数字化是将实体资产转化为虚拟世界的二进制数字的过程，而数字资产化则是将数字转化为一种具有价值的资产的过程。对比数字资产化和资产数字化发现，数字资产化更强调数据资产的创造；资产数字化更强调资产向数字形式的转变。二者的经济实质、价值实现过程和核算方式差异显著。

数字资产就是由数字对象衍生出来的一组经济权利的集合体，或者说是基于数字内容的资产。一切以数字形式存储的内容都可以被称为数字资产。数字化及数字资产能够精准、高效地实现供需的匹配。数字资产已经成为重要的资产形式，也将成为人类最大的资产。数字资产的出现，或将重构金融市场的运行方式，允许大量传统的非标准化资产进入金融市场，低成本地在投资者之间流通，将催生金融业的革命，推动数字金融体系的建立，而疫情加速了数字化的蜕变进程。

在数字资产生态供应链里，通过资产数字化，可以把数字资产作为资源流通起来。对于企业而言数字资产就是用户画像、用户的大数据。而企业想要获取这些大数据，就需要把管理、业务、仓储、办公、收银从线下场景搬到线上。通过数字化管理赋能每个员工。要把信息孤岛通过数据中台相互打通，挖掘用户数据及企业内部的数据，最终形成大数据资产。

数字资产是数字经济的基石，数据是数字经济的基础。数据在达到一定规模化后就形成了数据资源。数据资源作为信息化创造的一类新型资源，实质上是一种极其重要的现代战略资源。

勘察设计企业应当做好前瞻性准备，尽早开展数字资产业务的研究。随着数字资产的发展，部分企业资产以数字资产的方式沉淀下来，形成数字设计平台，围绕数字设计平台开展改革，企业的组织结构、经营理念以及商业模式，开展数字化管理，以 BIM 模型为基础，集成智能建造和项目管理等系统，收集整理现场管理、进度管理、质量管理、安全管理等工程数据，研究工程数字化、数据资产化的路径和方法，最终完成设计企业的数字化转型升级。

2. 数字资产化实施途径

我国发展数字经济，必须大力培育和发展数据要素的商品化、市场化，抢占战略制高点，实现资产数字化。推进数字市场化，建立数据要素市场体系的核心是要制定数据规则。如同交易规则、人员流动规则、资金流动规则一样，数据规则奠定了数字经济的制度基础。有人说，农业时代确定了产权规则，工业时代确立了知识产权规则，数字经济时代确立了数据规则。数据规则包括数据产权、数据开放、数据流通、数据保护等方面内容。资产数字化的技术支撑需要分三个步骤。随着大数据、区块链等技术的发展运用，数据作为数字经济的关键要素得到广泛认可，数据的资源性、资产性得到广泛认可。

发展数字经济，必须实现资产数字化，这就需要加快推进实体企业和金融机构的数字化转型。针对勘察设计企业来说，如何实现对于数据资产的管理和应用，就需要企业实现设计生产数字化、管理运营数字化以及资产数字化，形成生产力。

数据资产已经成为重要的生产要素，数字技术已经在商业、公共服务、教育及科研等领域释放出巨大的能量。2015~2021 年，全球数据创建量呈指数级大幅增长，情况详见图 7-4。

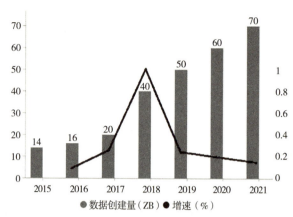

图 7-4　2015~2021 年全球数据创建量及增速图

对勘察设计行业具体来讲，数据资产一方面是指以个人或企业的图纸、文档、方案、三维模型、照片、视频、数字版权等以文件为载体的数据，另一方面还有大量比如 WBS（工作分解结构，Work Breakdown Structure）、CBS（费用分解结构，Cost Breakdown Structure）、校审意见、质量问题、计划模板等非文件类的数据。

离开高质量的数据，很难有企业仍然可以高效运行。数据资产是智慧决策的基础。企业决策者利用客户资料、合同信息等数据资产取得竞争优势。从而提供更好的设计产品和服务，降低成本，控制风险。数据资产是真正实现数字化转型的基础，没有数据资产，数字化转型的价值提升就如同"空中楼阁"。随着企业管理过程中对数据需求和依赖的不断增强，数据资产的商业价值不断攀升，证明有效的数据管理十分重要。

有效的数据管理应对业务和管理全流程进行梳理，建立数据体系，数据分级分类、有效治理、安全存储。一般而言企业会付出相当大的工作量，有部分集团型企业，如中国交建、上海城建等，都已经建立了数据标准，其旗下的勘察设计企业也在这套体系之下运行，当然目前的运行还处于初级阶段，真正成熟还有待数据的积累，包括对既有数据的清洗和对未来数据的积累。企业还可以通过与第三方服务提供商共同合作，或尝试套用一些成熟的体系，在运行过程中修改完善，也能达到一定的效果。

同时勘测设计需积极拓展数字资产场景，完善生态闭环。随着数字货币和数字资产的发展，交易活动对中介的依赖程度可能有所降低，经济主体应当主动作为，加快制定业务的数字化转型计划，提高在线服务能力，打造数字经济。资产实现数字化后，直接交易模式可能会对间接交易模型形成冲击，针对交易需求的弱化，经济主体应当加强信息中介和资产管理的服务职能，开拓新的业务增长空间。

通过数字设计平台生产的数据沉淀成为企业的数据资产，再将这些数据不断地输入到设计智能中实现数字化交付，继续丰富优化智能算法，提升基于业务关系的数据资产管理能力。最终完成企业乃至整个行业的数字化转型升级。

3. 数据管理应用

所有资产都能够数字化，都能成为数字资产，数字资产用数字形式展现资产的原生信息和全量信息，运用复杂的数字技术和加密方案，开展数据管理应用。目前，行业内越来越多的企业开始重视大数据在决策方面的应用，但对于数据管理的意识和体系建设，多数企业管理人员还未真正认识到其重要性，容易忽视底层基础建设，只片面地追求数据分析、图形化展示、辅助决策这些顶层应用。

因此，需要逐步在企业内部各个层面形成以下认识，并达成共识：

（1）贯彻数据意识

数据资产管理表面上是技术，实际涉及的是管理、制度、理念等更新，需要企业统筹规划和协调，将数据意识贯穿上下每个人、每个业务。

（2）队伍建设、建立数据管理部门

通过企业一把手带头、同时信息化部门主动联合业务部门形成一个"联邦制"的数据资产管理机制，双方通过精诚合作最终形成合力，在保障数据资产管理有效推进的同时，提升信息化人员的业务理解能力，提高团队整体信息化管理水平及数据管理部门的职业素养。

（3）全员参与数据管理

全方面进行现状诊断分析。通过对人才、生产部门、职能部门、系统的支撑等方面进行调研，诊断出勘察设计企业数据管理存在的问题，通过 SWOT 分析法帮助企业从自身的优势、劣势、威胁、机会全方位地具体分析。让整个企业拥有数据管理的意识。制定数据资产管理原则以加强数据透明度。贯通阻碍协作的数据孤岛与优化数据管理模式。

（4）将数据管理融入文化

提供员工培训。通过强有力的实例向企业证明数据可以带来价值。在企业文化中增加数据文化氛围。融入企业文化是数字化转型成功与否的关键要素，要积极培育数字文化、变革文化和创新文化，鼓励员工通过数据来改变传统的管理思路。重点寻找和培养既懂业务又懂技术的人才。

（5）数据治理

数据治理：依托企业数据管理实践，形成企业数据战略、治理组织人才、规范流程，为数据驱动业务运营提供基础保障。

将数据资产分类整理，确定出数据资产目录、企业数据标准、企业级数据模型、相关数据分布图、数据来源图等。根据数据源、分门别类形成数据库后开展数据运营。

在数据运营阶段，确定数据运营机制与职责、建立运营指标体系（如数据服务建设周期、数据需求响应周期等），保障数据管理工作持续良性运转。

4. 数据治理体系建设

（1）数据治理体系规划

数据治理首先应对数字治理体系进行整体规划，从而凝聚最大共识。整体规划后，要将数字化转型工作的目标进行分解，分解到项目、项目集层面，并依据它们之间的逻辑关系、优先级，制定未来数字化转型工作年度实施计划，自下而上实施，逐步达成目标。并建立实体化的数据管理专业组织，负责构建并管理数据管理体系，通过持续改进数据管理，实现"清洁数据成就卓越运营，智慧数据驱动有效增长"。

（2）数据资产梳理

由于原有管理体制方面存在条块分割问题，设计、采购、施工相互分割、各自为政，数据散落在不同建设主体及项目实施单位中，导致出现数据隔离、数据链断裂、信息孤岛等问题。因此必须加大数据梳理，才能实现数据资产价值。

（3）实施元数据管理

元数据管理是数据资产管理的重要基础，以业务为基础实施元数据管理，进行业务与数据关联，编制数据标准，再进行数据采集、溯源、清洗、汇聚。给数据建立档案，通过增加对数据的各种属性描述，支持相关扩展管理，从而获得高质量的、整合的元数据。通过制定数据集成交换规范、搭建数据交换平台实现数据的集成，配套生命周期的管控，让数据产生应有的价值。结合自身业务和战略需求进行数据应用是企业未来改进的方向。一方面通过分析和建模，让数据发挥业务价值，达成具象化的业务目的。另一方面通过系统、智能化工具等办法，将数据应用固化形成持续的应用。

（4）数据安全管理

依据数据安全管理需求，依据业务流程而设定数据应用的安全管理体系，兼容现有硬件环境。区分企业数据安全等级，并根据企业管理权限设定数据操作权限，建立安全防御措施及数据安全应急预案。建立数据管理流程，在数据资产"存、管、用"等重点环节，做到"事前可管、事中可控、事后可查"，确保数据安全。

5. 数据应用并发挥价值

从产业的全生命周期来看，设计、施工、运营服务等阶段数据割裂、产业链上下游相互脱节现象严重；从行业生态来看，工程建设分为设计、采购、施工、运营等环节，数据存在于设计单位、供应商、施工单位、项目业主等，传统生态圈中形成的工作边界无形中造成了数据壁垒。因此要想加大数据应用并发挥价值可以从数据集成、数据治理、数据服务化、数据资产开发、数据可视化入手，从而真正发挥数据价值。

（1）数据集成

数据集成用来完成数据入资产库的动作，不是简单的数据搬家，而是按照一定的方法论进行数据备份。数据入库的前提条件是满足 6 项数据标准，包括：明确数据责任人、发布数据标准、定义数据密级、明确数据源、数据质量评估、元数据注册。此标准由数据代表在入库前完成梳理并在数据治理平台上进行资产注册。

（2）数据治理

通过数据治理帮助其他数据管理有效发挥数据价值。从而实现：一致的信息架构与标准、唯一可信的数据源、可靠的外部数据、数据架构与 IT 握手、跨领域数据汇聚与整合、报告/指标数据可服务化、业务监测过程数据可视化、可管理。解决企业在实现数字化过程中的数据难题，实现数据的充分利用。

（3）数据服务化

建立统一的数据开放服务平台，对公司内部提供数据开发与服务支撑，对社会和企业提供统一的对外数据开放服务，提供数据服务权限管理、隐私管理、数据服务开发与 API 封装，以及 API 使用统计等能力，使得数据价值得以充分释放。

（4）数据资产开发

数据的真正含义是数据价值的发现与利用，为此需要构建丰富的数据开发工具、模型与组件，交互式分析工具、数据分析挖掘平台与工具、数据标注与标签管理等工具。

同时需要提供一系列数据分析与人工智能算法与模型库，以及基于深度学习的模式识别、图像和视频数据分析、语音和文本转换等算法与模型库。

（5）数据可视化

数据可视化的广泛应用有助于数据价值呈现，便于业务和管理人员使用，帮助业务分析推动决策。

第三篇 技术篇

第八章
数字化基础平台

工程勘察设计领域数字化软件一般指 BIM 软件，按功能主要分为 4 大类：基础软件、分析软件、平台软件和翻模软件。

基础软件提供几何造型、显示浏览和数据管理能力，以及通用的参数化建模、信息挂载、工程图绘制、数据转换等功能，为各类应用软件提供共性基础能力支撑。

分析软件是指利用基础软件提供的数字化模型进行专项性能的分析应用软件，如能耗分析、日照分析、风环境分析、热工分析、结构分析等。

平台软件是指能对各类基础软件及分析软件产生的数字化模型进行有效的管理，以便支持建筑全生命期数字化模型共享应用的公用平台。

翻模软件是基于基础软件的辅助工具，可以快速对二维 CAD 平面图进行建模的软件。

一、数字化基础平台

基础软件能够支持用户或二次开发商进行应用软件开发。如美国 Autodesk 公司的 Revit 软件、美国 Bentley 公司的 MicroStation 软件、德国 Graphisoft 公司的 ArchiCAD 软件、中国建筑科学研究院有限公司（以下简称"中国建研院"）的 BIMBase 等。

基础软件是工程勘察设计领域数字化应用的基础。BIM 作为支撑工程建设行业的新技术，在不同专业、不同项目阶段的不同应用，使用多种多样的 BIM 应用软件，目前国内基本以国外软件或基于国外基础软件研发的应用软件为主。但是国外 BIM 软件并不符合国内的标准及工作流程，也存在信息安全风险问题。随着我国数字技术应用的高速发展以及对行业数字化转型的迫切需求，掌握自主可控的数字化关键核心技术已成为国家战略。

自主知识产权的 BIM 三维图形引擎是制约工程勘察设计软件自主可控数字化基础平台"卡脖子"的关键技术，是工程勘察设计行业数字化的基础。目前，国产的自主可控数字化基础平台处于起步阶段，能很好地满足国内量大面广民用建筑工程项目的建模和设计需求，但离完美处理复杂建筑工程和重大基础设施工程还有很长的路要走，需要持续投入资源进行不断攻关和迭代研发。下面就以国内首款自主可控数字化基础平台 BIMBase 为例进行说明。

中国建研院始终坚持自主创新研发。2019 年，中国建研院牵头承担了国家解决工程建设行业"卡脖子"技术重大攻坚项目，全面展开国产自主 BIM 三维图形平台、BIM 平台和 BIM 应用软件的研发，积极推动国产自主 BIM 生态建设。推出了国产自主 BIM 三维图形引擎 P3D，2021 年推出国内首款完全自主知识产权的 BIM 基础平台 BIMBase，打破国外软件的垄断，源代码自有率达 98.8%，通过工业和信息化部中国信息通信研究院中国泰尔实验室的认证，获得最高级 S 级，如图 8-1 所示。实现关键核心技术自主研发和安全可控，成为建筑行业国产 BIM 二次开发平台，支撑建立我国自主 BIM 的软件生态，已推广到国内 1000 多家建筑企业，在 3000 多个实际工程中应用。

2022 年 8 月，国务院国有资产监督管理委员会发布了《中央企业科技创新成果推荐目录（2022 年版）》通知，中国建研院 BIMBase 系统成功入选。这是 BIMBase 继 2021 年 5 月 30 日作为基础软件入选《中央企业科技创新成果推荐目录（2020 年版）》后再次入选。

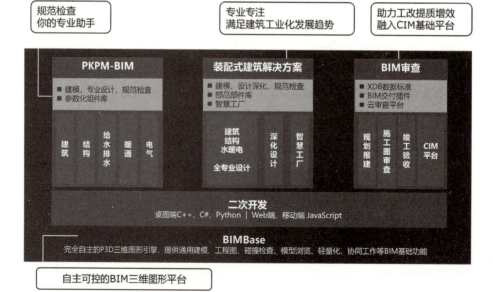

图 8-1　BIMBase 平台支撑建筑工程数字化应用

二、数字化基础平台核心技术

工程建设行业的数字化基础平台需要解决大规模、大尺度 BIM 模型的建模效率、编辑卡顿和多阶段多专业数据共享互通等关键问题，基础平台的内核三维图形引擎需要根据工程行业特点，重点解决三维几何快速建模、大场景快速显示渲染、多专业多阶段共享协同数据管理等关键核心技术问题；作为基础软件平台还应提供二次开发接口。

1. BIM 三维图形引擎

BIM 三维图形引擎一般包括几何造型引擎、显示渲染引擎和数据管理引擎 3 大组成部分。

（1）几何造型引擎

1）概述

三维几何建模技术主要包括数学计算库、基本几何造型、复杂实体造型、几何应用算法和二次开发接口等。

数学计算库实现几何的点、线、面的数据定义和相关运算算法以及通用的几何基础算法和几何属性计算；基本几何造型支持基本参数化形体造型（图 8-2），包括六面体、圆台体、球体、圆环体、拉伸体、旋转体、直纹扫掠体及网格多面体；复杂实体造型提供二、三维布尔运算、偏移计算、拟合、插值、相交、离散等复杂几何运算算法；几何应用算法提供实体模型的物性计算、消隐、剖切、碰撞检查等几何应用算法。

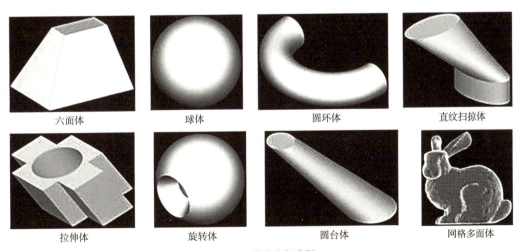

图 8-2　基本几何造型

针对建筑建模的造型过程和应用特点,需要实现内容高度完备、概念高度抽象、修改和运算高效、易于扩展的几何底层数据结构和算法;实现高效、精确的几何数据序列化存储技术;实现高精度的多级别离散显示技术。

2)三维几何快速建模关键技术

大体量、大尺度模型高效建模和编辑技术。三维几何建模需基于建筑建模的常规造型,实现基本参数化构造和描述参数化构造两类形体参数化造型方法。基本参数化构造实体参数简单易用,构造和编辑快捷高效。描述参数化构造实体造型方式自然,形状表达丰富,参数编辑修改方便,如图8-3所示。

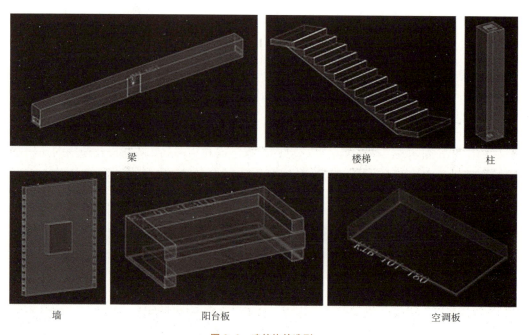

图8-3 建筑构件造型

高效、稳定和精度可控的几何布尔运算。布尔算法的核心问题在于求交算法的实现,聚焦以常规几何实体造型为主的建筑构件模型,通过基于精度可控的特征参数保留的解析求交算法,实现满足建筑常规造型计算需求的高效稳定的布尔算法。

高效、稳定和几何特征一致的剖切、消隐、投影等应用几何算法。在大规模三维模型二、三维实时联动建模和生成工程图的几何运算中,需要提供高效、稳定和几何特征一致的剖切(图8-4)、消隐(图8-5)、投影等几何算法。采用空间分割、计算分解技术,在保证计算结果正确的前提下,分解参与计算的几何数据和运算逻辑,缩

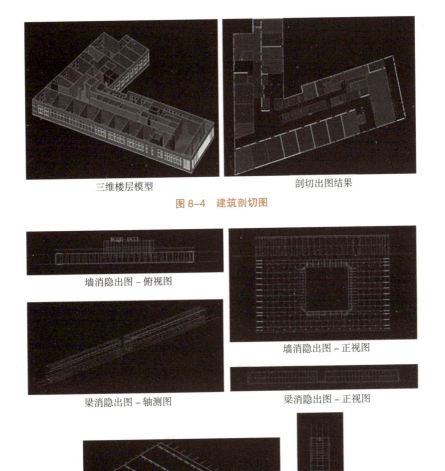

图 8-4　建筑剖切图

图 8-5　建筑构件消隐图

小运算规模，提高计算效率，实现二、三维建模编辑实时联动和高效、稳定、保留几何特征的几何计算。

几何实体的多级别实时离散和模糊离散。几何实体的多级别离散计算，可以依据当前工程构件在视图中的显示精度要求，提供满足显示效果和减少资源占用的多级别实时离散和模糊离散。

（2）显示渲染引擎

大场景快速显示渲染技术面向工程建设及其相关领域，支撑 BIM 模型和工程图的快速浏览和编辑。其建立多线程渲染、延迟渲染等渲染架构，采用基于物理的渲染、动态 LOD、动态加载、批次合并、可见性剔除、顺序无关透明等渲染技术，实现二、三维大规模场景的高效绘制与渲染、全专业百万级行业数字化 BIM 模型的流畅编辑与渲染显示。

大场景快速显示渲染技术应支持建筑工程建模和深化，以及铁路、电力线路等大场景、大坐标场景的高效显示与渲染；且具有着色、线框、隐藏线等多种渲染模式；并具备自定义灯光、光照模式切换、材质纹理编辑、渲染模式切换、漫游等功能；分离渲染逻辑与业务逻辑，支持跨平台、可拓展，可根据硬件配置适配不同图形驱动及兼容低配机器。

1）大场景快速显示渲染架构

①层次结构架构风格

如图 8-6 所示，大场景快速显示渲染架构分为渲染抽象层、渲染状态管理层、业务数据转换层等多层模型，每层之间通过接口来实现决定层间的交互协议，并支持层次添加与接口功能增强，有效确保层间调用关系与系统稳定性，从而最大限度地增加显示渲染的灵活性与多样性。

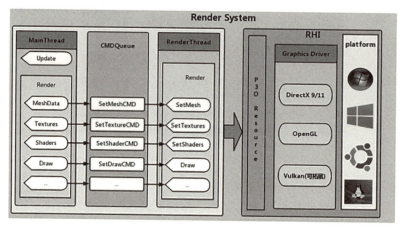

图 8-6 大场景快速显示渲染架构

②超大场景显示技术

采用一种面向大体量、大坐标的多层级调度方法，通过定义包围盒以及显示层次，按照模型显示的需要加载相应的数据部分，确保超大场景三维模型的可视化流畅和精确显示（显示效果如图 8-7 所示）。

图 8-7 大体量、大坐标场景渲染效果

③多线程渲染机制

大场景快速显示渲染架构采用多线程处理模式。如图 8-8 所示，实现渲染逻辑与业务逻辑的分离，具备强大的可拓展性。

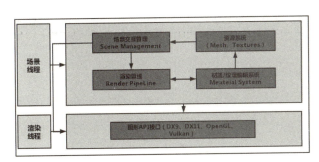

图 8-8 多线程渲染机制

2）大场景快速显示渲染核心关键技术

大场景快速显示渲染架构应包含以下核心关键技术：

①浏览、基础建模和高性能模式切换

显示渲染引擎在建模环境下支持浏览、基础建模和高性能模式切换，以适配不同用户群体的软硬件配置和需求。

基础建模模式默认开启，将建模软件对硬件配置要求降至最低，从而最大化适配用户群体。

高性能模式充分利用 GPU 算力、适配高性能机器，从而支持用户流畅编辑超大体量模型，提升操作帧率与体验，处理超大规模模型的显示渲染。

浏览模式以快速查看浏览模型渲染效果为主，支持 BIM 模型一键多精度切换浏览，

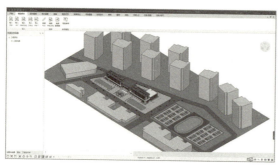 

图 8-9　浏览模式渲染效果

支持多专业协同分模块查看模型，如图 8-9 所示，该模式具有着色、线框、隐藏线、真实等多种渲染模式，具备漫游、自定义光源、球谐光照、天空背景、阴影特效、物理材质纹理编辑、环境光遮蔽、屏幕空间反射、体积云、体积光、动态水体、粒子火焰等功能。

②真实感渲染技术

局部光照渲染效果。如图 8-10、图 8-11 所示，支持用户自定义上千种不同类型的灯光进行建模场景的渲染效果。同时针对光源信息进行数据压缩，最大限度地减少渲染带宽，降低对用户机器配置的要求。

纹理系统。采用 Deferred Material 技术，解决常规渲染方式导致的过度重绘及纹理缓冲区消耗问题。在高分辨率较复杂建模场景下，带宽开销远低于传统 G-Buffer 渲染。同时，如图 8-12~图 8-14 所示，支持多种纹理显示效果，如基于 PBR 的材质以及基

图 8-10　场景局部光照渲染效果

图 8-11 场景阴影效果

图 8-12 物理材质

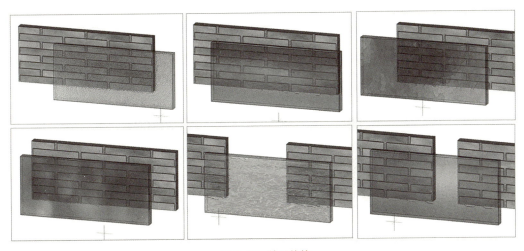

图 8-13 纹理特效

于微表面的散射材质渲染等。

显示模式。提供着色、线框、隐藏线等多种渲染模式（图8-15）。

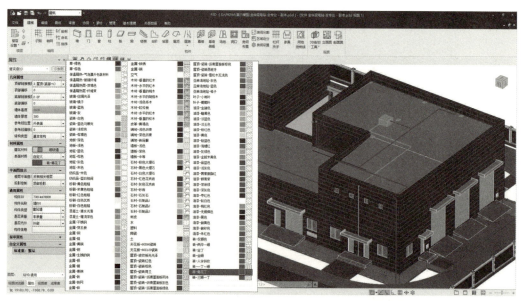

图8-14　纹理系统

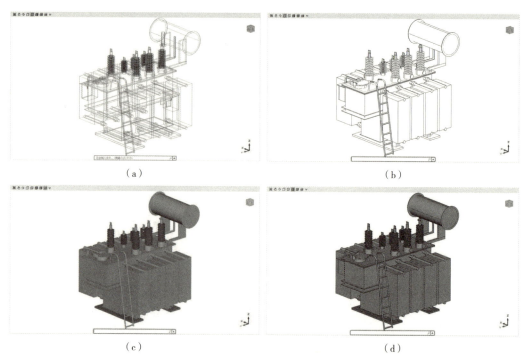

图8-15　多种渲染显示模式
(a)线框模式；(b)隐藏线模式；(c)着色模式；(d)着色带线框模式

拾取与捕捉。采用以数据驱动为主的渲染思路，依托场景数据的合理组织，实现渲染与操作数据的解耦，精准灵活地根据业务逻辑实现不同的拾取与捕捉效果（图 8-16）。

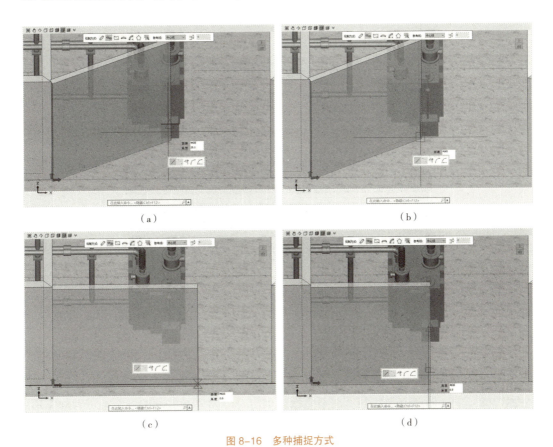

图 8-16　多种捕捉方式

（a）中点捕捉；（b）端点捕捉；（c）最近点捕捉；（d）垂足捕捉

顺序无关透明机制。如图 8-17 所示，采用 OIT 算法，解决半透明物体之间的透明效果正确性问题、透明物体之间存在交叉的显示问题。

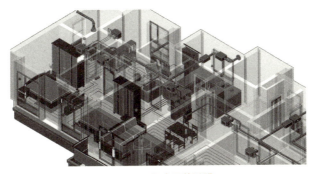

图 8-17　顺序无关透明

（3）数据管理引擎

数据管理引擎一般采用物理数据存储、缓存管理、数据管理、数据操作等多层结构，实现和其他三维 BIM 平台进行兼容数据交换，如图 8-18 所示。

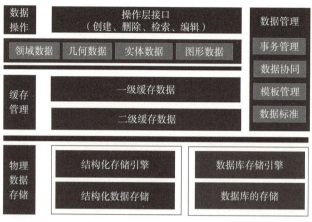

图 8-18　多专业多阶段共享协同数据管理技术架构

1）数据分类型分块存储和三层缓存的数据管理技术

如图 8-19 所示，采用按数据类型分集合和分数据块存储，支持数据以数据集合为单位进行加卸载，避免将整个模型数据加载造成大内存消耗。实体数据与属性数据分离存储，支持数据引用机制，多个实体数据可对应同一个属性数据，减小模型大小。

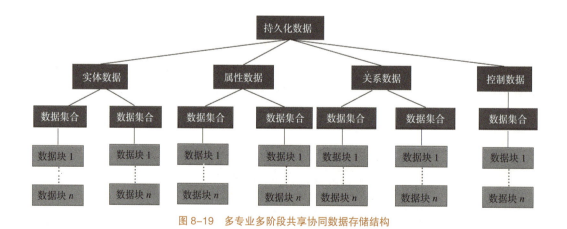

图 8-19　多专业多阶段共享协同数据存储结构

如图 8-20 所示，三级缓存机制保证任何时候内存中只保留一份模型数据。保证高速的数据交换，磁盘存储结构与持久化数据结构一致，进行数据读写时，数据以块

第八章 数字化基础平台

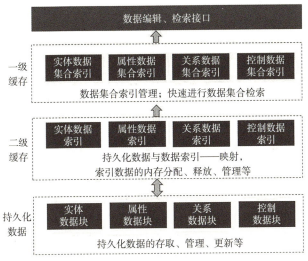

图 8-20 多专业多阶段共享协同数据缓存管理结构

为单位直接从磁盘映射或更新到持久层，保证较高的读写效率。同时两级缓存为每条实际数据创建快速检索索引，支持快速稳定的数据编辑检索。

2）标准格式业务数据扩展技术

如图 8-21 所示，定义一套数据标准格式用于业务数据扩展，封装一套数据应用管理框架，功能包括数据标准格式的解析管理、模型数据的增删修改查等操作接口。一方面可以简化应用软件开发，提高开发效率；另一方面也可以将应用层与底层具体存储管理实现解耦，方便系统升级、平台移植、部署替换等。

```
<PKPMEntity entityname="PBArchiSpace" entitydisplayname="建筑空间" description="建筑空间" isStruct="False" isdomain="True">
    <BaseClass>PBM_CD:PbBuildingElement</BaseClass>
    <PKPMProperty propertyname="Name" propertytype="string" description="名称" />
    <PKPMProperty propertyname="Area" propertytype="double" description="面积" />
    <PKPMProperty propertyname="AreaEnum" propertytype="int" description="面积计算规则（建筑面积、净面积）" />
    <PKPMProperty propertyname="Description" propertytype="string" description="描述" />
    <PKPMProperty propertyname="BorderLoop" propertytype="IGeometry" description="边界（CurveVector,包括内外环）" />
    <PKPMProperty propertyname="NamePosition" propertytype="point2d" description="房间名称标注位置（相对外轮廓起点）" />
    <PKPMProperty propertyname="PersonNum" propertytype="int" description="室内人员数" />
    <PKPMProperty propertyname="SpaceCode" propertytype="int" description="空间功能类型编码" />
    <PKPMProperty propertyname="GBCodeForm" propertytype="string" description="国标编码（按形态分类）" />
    <PKPMProperty propertyname="OmniClassCodeForm" propertytype="string" description="OmniClass编码（按形态分类）" />
    <PKPMProperty propertyname="OmniClassCodeFunc" propertytype="string" description="OmniClass编码（按功能分类）" />
    <PKPMProperty propertyname="GBCodeFunc" propertytype="string" description="国标编码（按功能分类）" />
    <PKPMProperty propertyname="Usage" propertytype="string" description="使用用途（如对外开放、内部员工专用）" />
    <PKPMProperty propertyname="Function" propertytype="string" description="房间功能" />
    <PKPMProperty propertyname="Height" propertytype="double" description="房间高度" />
    <PKPMProperty propertyname="Perimeter" propertytype="double" description="周长" />
    <PKPMProperty propertyname="Volumn" propertytype="double" description="体积" />
    <PKPMProperty propertyname="BoundaryRef" propertytype="int" description="房间边界选取" />
    <PKPMProperty propertyname="InnerBorderLoop" propertytype="IGeometry" />
</PKPMEntity>
```

图 8-21 数据标准扩展格式

不同行业（如建筑、交通、电力等）可根据行业需求进行行业数据扩展，可保证不同行业之间数据描述的规范性、流通的完整性、理解的一致性。如图 8-22 所示，为数据标准的编辑工具，各行业可以基于该工具定义所在领域数据标准。

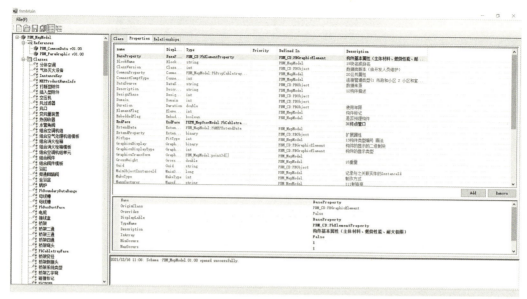

图 8-22 数据标准编辑工具

2. 国产自主可控的 BIM 基础软件平台

为解决中国工程建设长期以来缺失自主 BIM 三维图形系统，国产 BIM 软件无"芯"的"卡脖子"关键技术问题，中国建研院构力科技积极承担国家自主 BIM 平台软件攻关项目，于 2021 年创新推出国内首款完全自主知识产权的 BIMBase 系统，可实现 BIM 核心技术自主可控，为中国工程建设行业提供了数字化基础平台。

BIMBase 提供几何造型、显示渲染、数据管理 3 大引擎，以及参数化组件、通用建模、协同设计、碰撞检查、工程制图、轻量化应用、二次开发等 9 大功能。可以满足国内量大面广工程项目的建模和设计需求。

（1）参数化建模

BIMBase 采用一种以数据为核心的参数化脚本建模机制，建立的模型可通过修改参数调整改变模型外观，使得模型增加复用性。参数化组件使用脚本代码编程进行建模，可使得零编程基础的建模人员在经过短时间培训后即可胜任参数化建模工作，在较短时间内完成一个参数化组件建模。

脚本建模应提供包括如立方体、棱台、圆锥台、球体、拉伸体、放样体等基本体脚本，以及布尔工具、旋转、平移、阵列等多种工具脚本，方便进行复杂形体的建模工作。此外，参数化建模还应提供多种布置工具，实现单点、旋转、两点以及多点等布置形式。

确立国产私有数据格式，用于承载参数化组件及容纳其他模型，围绕数据核心，使参数化组件可无缝接力专业现有工具功能，充分利用专业现有积累，实现可应对专业复杂的业务场景。

1) 脚本参数化建模技术

把工程特征参数和几何造型脚本化，通过编写代码的形式完成组件建模建库工作，如图 8-23 所示。

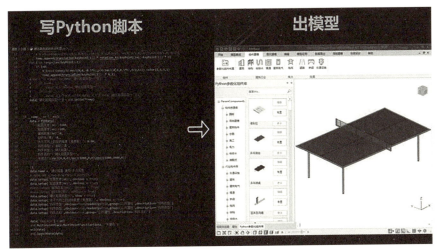

图 8-23　Python 脚本建模

2) 脚本参数化组件建库技术

BIMBase 提供包括建筑、结构、电气、暖通、给水排水、装配式、园林等多个专业千余个参数化组件，满足不同专业用户的使用需求，如图 8-24 所示。

3) 脚本参数驱动技术

可简单、快速设置脚本参数，实现参数驱动。同时，在脚本参数约束和关联方面，只需通过数行脚本代码编写各个参数间的数学和逻辑关系或公式即可完成，提高模型的复用性。

4) 组件在线编辑技术

BIMBase 采用多进程协同调试技术实现在线编辑。如图 8-25 所示，将门窗与窗框结合成新的组件，可对新组件添加、编辑、删除类型属性和实例属性。完成组件创建后，在工程项目中可进行布置、修改、删除、导出等操作。

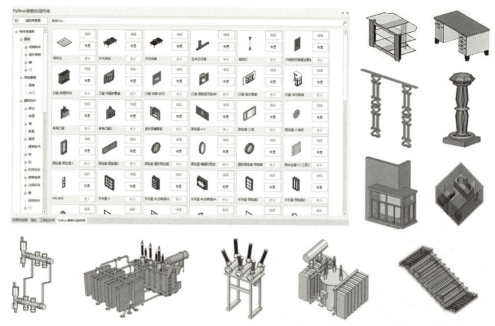

图 8-24 脚本参数化组件库

图 8-25 在线组件编辑

（2）工程图自动生成

BIM 工程图绘图对象一般可分为非注释性和注释性对象。常见非注释性对象包括直线、圆、圆弧、椭圆、样条曲线等，可绘制各种形状的轮廓线条，对工程设计意图进行全面表达；常见注释性对象包括填充、文字、标注等，可用于对二维图形进行辅助性注释，说明图形的含义、尺寸和设计意图等。绘图对象应可对线条的形状、颜色、线宽等属性进行便捷设置和编辑，包括图层、标注样式、文字样式等属性进行编辑。

BIMBase 基于消隐算法和 BIM 构件符号化表达的建筑制图生成技术，采用三维几何建模消隐、剖切、符号化等几何应用算法支持对 BIM 模型和三维构件自动生成工程图图样，将获得的二维图样进行组合，可自动生成房屋建筑图纸，且满足《房屋建筑制图统一标准》GB/T 50001—2017 的要求。基于 BIM 基础软件平台自动生成的预制板构件详图如图 8-26 所示。

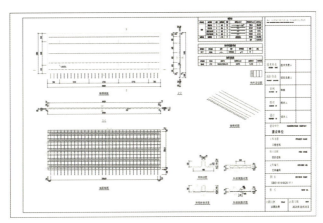

图 8-26　基于 BIM 基础软件平台自动生成的预制板构件详图

自动生成图纸可整体保存在 BIM 项目文件中，在软件的图纸列表界面中管理，可避免图纸分散化管理带来的不便，更好地支持项目设计资料的集成化交付，保障二、三维数据信息的一致性。

针对不同建筑模型进行效率优化。如建筑结构或装配式预制构件中包含大量钢筋，需要进行特殊处理才能实现施工图的快速自动生成符合施工图国家标准的图纸。

基于《房屋建筑制图统一标准》GB/T 50001—2017 的脚本化建筑制图生成和编辑技术。支持用户编写脚本，读取三维建筑构件属性和几何信息，绘制直线、圆弧、圆、椭圆等二维图素及轴网、标注等注释性对象，完成构件的二维图纸表达。

（3）二次开发

1）多层次和多语言 API 接口

BIMBase 提供多层次接口。BIM 基础软件平台具有 BIM 建模与出图、轻量化应用与专业应用等，能够实现面向建筑、交通、电力、化工等行业提供接口软件。BIM 专业平台具有各专业数据定义、协同工作等，可基于提供接口实现专业建模工具，解决运用 BIM 应用软件建模时遇到的功能限制，实现更高效快捷的建模插件，在不改变原始系统的情况下扩展并提高其工作质量和效率。

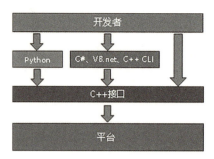

图 8-27　BIM 基础软件平台多语言接口关系图

提供多语言接口。API 允许使用者通过 C++、C#、Python 等语言来编程，它们关系如图 8-27 所示。C++ 接口面向高级开发者，平台能力全面开放。C# 接口同样面向高级开发者，是对 C++ 接口的全面封装，但是 C# 接口需要一定的 .Net 开发经验。平台 Python 接口，是一种简单易学的开发接口，是一种积木式开发方式，编写 Python 文件可反复利用快速拼搭场景。开发者可根据自身语言熟悉情况，选择合适的语言开发插件。

通过 BIM 基础软件平台多层次和多语言 API 接口，开发者在应用软件中能实现丰富多样的功能。

2）丰富的 API 开发资料

BIMBase 提供丰富的 API 开发资料辅助开发者了解并熟悉平台，能快速上手并基于平台开发。

首先，提供 C++、C#、Python 等 API 接口说明文档。

其次，提供 C++、C#、Pyhton 三种语言版本范例开发指南。指南中包括平台基本概念、基本开发流程、重点内容讲解等，由浅入深地介绍 BIM 基础软件平台的基础知识、开发工具以及相应资源，并结合范例详细示意接口使用方法，方便读者理解。开发者可根据自己的业务需求，有针对性地阅读对应章节，并复刻指南中提供的范例，了解熟悉接口使用，完成对应的业务功能。

最后，提供 C++、C# 及 Python 语言版本配套范例项目。C++ 范例项目、C# 范例及 Pyhton 范例基本覆盖平台关键接口及功能的使用。通过熟悉对应的范例项目，开发者以更便捷的方式了解平台二次开发能实现的效果，并且通过在原范例代码中微改，加深细节的理解，为插件业务逻辑的实现提供接口及功能字典式方案和思路。

（4）数字化交付

BIMBase 建模软件是基于 BIMBase 平台打造的一款支持 BIM 建模及数字化交付的

基础产品，主要包含通用建模、数据转换、数据挂载、协同设计、碰撞检查等模块功能。技术水平达到或超过国际领先企业产品。

软件定位"满足数字化建模与集成交付"，主要打造"多格式大场景模型的集成与浏览"和"多专业高效的建模与交付"两大核心应用场景。重点提升"大体量模型装载、建模实时渲染、造型效率和精度"等核心技术指标，如图 8-28 所示。

图 8-28 BIMBase 建模软件数字化建模与集成交付

BIMBase 建模软件的主要功能：

1）多源大体量数字模型集成

一站式的模型组织能力，可集成各领域、各专业、各类软件 BIM 模型，满足全场景大体量 BIM 模型的完整展示和应用。

2）大场景模型浏览

可实现大场景模型的浏览、漫游、渲染、动画，模拟安装流程，细节查看。

3）自由的精细化建模工具

可完成专业软件未涉及的复杂形体和构件的参数化建模，模型细节精细化处理，建模方式快速灵活，可添加专业属性，扩展行业、企业标准。

4）共享资源库管理

提供开放式组件库，可建立分专业共享资源库，应用效率倍增。

5）开放的软件生态环境

提供二次开发接口，提供常见 BIM 软件数据转换接口，可开发各类专业插件，建立专业社区，形成自主 BIM 软件生态。

6）数字化交付的最终出口

提供依据交付标准的模型检查，保证交付质量，可作为数字化交付的最终出口。

在 BIM 阶段，进行三维建模，涉及"集成建模 – 挂载属性 – 模型检查"的应用交付流程。BIMBase 建模软件以数据接口、建模功能为模型来源的基础，按照"雄安模式"为典型案例模板，协助用户统一模型平台，制定工程 BIM 数据标准体系，制定统一的 BIM 标准，打通全流程数据流通壁垒，实现以数据为基础，以公开数据格式为统一数据标准的技术方案建立数据标准体系，实现数据表达、存储、交付、应用的标准化、规范化管理及数据服务，最终将数据传递到数字孪生数据底座，避免模型重建带来的巨大成本，如图 8-29 所示。

图 8-29　BIMBase 建模软件操作界面

（5）适配国产操作系统

BIMBase 可适配银河麒麟、统信、鸿蒙等国产操作系统。选用 OpenGL 进行跨平台开发，并对 DirectX 与 OpenGL 图形 API 进行 RHI 一致性封装，预留对 Vulkan API 的拓展，实现一套代码、双端编译研发、多平台运行。Windows 与国产操作系统渲染效果对比如图 8-30 所示。

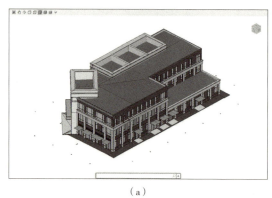
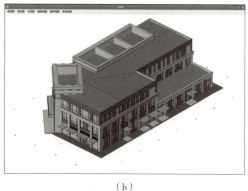

（a）　　　　　　　　　　　　　　　　　（b）

图 8-30　不同操作系统渲染对比图

（a）Windows 平台；（b）国产操作系统

（6）统一的数据兼容技术

BIMBase 充分借鉴 IFC 标准，配合各领域数据标准机制，设计通用数据兼容标准，减少数据转换过程中的信息丢失。如图 8-31 所示，在基本数据定义的基础上，定义统一的数据接口支持兼容主流的三维 BIM 数据格式，如输出 VRML、FBX、DWG、PDF 等常见格式，且定义一种 PMODEL 的中间格式，和 RVT、DGN 等数据格式互转，转换后的参数可编辑修改。

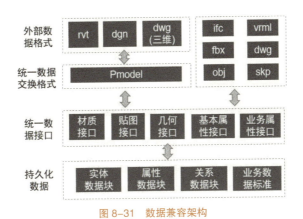

图 8-31　数据兼容架构

图 8-32~图 8-34 展示了 BIMBase 基础平台兼容常见的三维数据格式，如 RVT、DGN、IFC。图 8-35~图 8-38 展示了 BIMBase 输出 FBX、VRML、DWG、PDF 格式文件的案例。

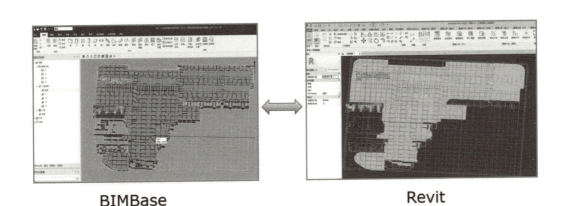

图 8-32　RVT 数据兼容架构

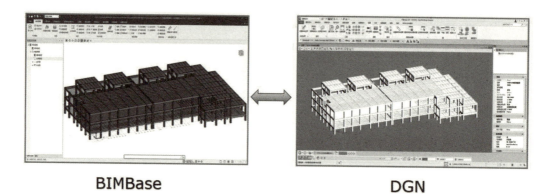

图 8-33　DGN 数据兼容架构

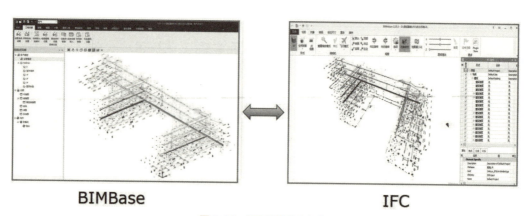

图 8-34　IFC 数据兼容架构

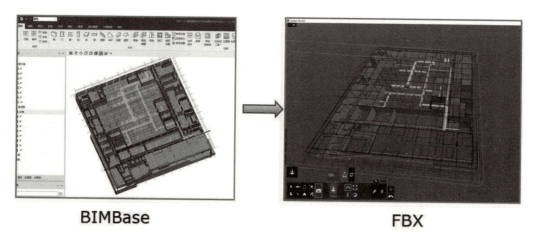

图 8-35　FBX 数据兼容架构

第八章　数字化基础平台

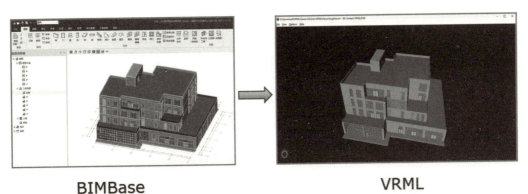

图 8-36　VRML 数据兼容架构

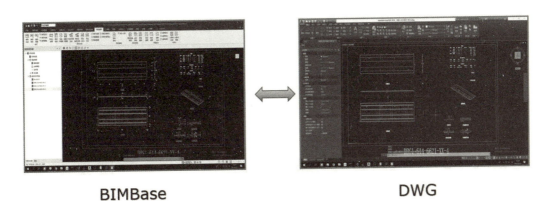

图 8-37　DWG 数据兼容架构

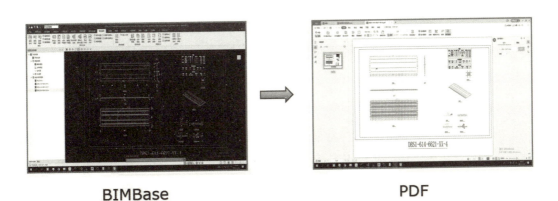

图 8-38　PDF 数据兼容架构

三、生态建设案例

2021年,中国建研院构力科技基于BIMBase已研发完成涵盖建筑、结构、机电、绿色建筑和装配式全专业的PKPM-BIM数字化协同设计系统(图8-39)。该系统针对建筑工程体量大、专业多的特点,将BIM技术与专业技术深度融合,使数字化设计覆盖建筑设计全要素和全流程,实现全专业一体化集成设计,提升BIM技术应用效果和价值;融合BIM设计模型质量验证技术,实现了伴随设计过程的规范检查;从建筑项目全生命期数字化角度提升BIM设计软件功能,结合生产、施工和运维阶段应用需求,完善各阶段BIM模型交付标准,使设计BIM模型达到后期应用的交付要求,推动设计-施工-运维一体化。

在建筑行业,BIMBase已率先实现了BIM核心产品国产化替代,2021年3月,完全自主知识产权的BIMBase建模软件、建筑全专业协同设计系统PKPM-BIM 2021、装配式建筑设计软件PKPM-PC 2021正式推向市场,之后陆续发布了全部国产的装配式钢结构设计软件、绿色建筑节能系列软件、铝模板设计软件、爬架设计软件、市政管廊设计软件、电力隧道设计软件、总图设计软件等BIM软件产品。

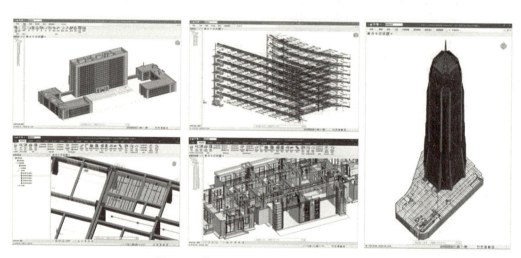

图8-39 基于BIMBase的系列国产BIM软件

目前,自主BIMBase平台及系列BIM软件已能满足大部分常规性建筑的数字化建模、自动化审查、数字化应用等需求,可以支持规模化推广和应用。目前,构力科技系列BIM软件已经在建筑行业一千多家企业推广,在数千个工程项目中应用。与此同时,构力科技基于BIMBase平台二次开发的BIM智能审查系统已成功在雄安、厦门、

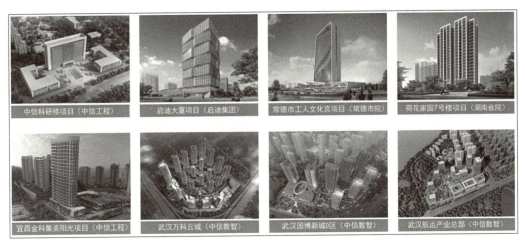

图 8-40　基于 BIMBase 系统设计的项目应用

湖南、湖北、天津、南京、苏州、广州、海南等地落地应用或建设中，大大促进了行业国产 BIM 的应用水平，如图 8-40 所示。

2021 年，国内部分大型设计企业已有数十个工程项目采用构力科技的全专业协同设计系统 PKPM-BIM 2021 进行探索与应用。在已经开始 BIM 施工图智能化审查的省市（湖南、南京、广州等地），湖南省建筑设计院、江苏省建筑设计研究院、常德市建筑设计院等多个项目均采用 PKPM-BIM 进行建模，并通过 BIM 审查。湖南省作为国内第一个 BIM 智能化审查的地区，目前采用国产 PKPM-BIM 系统完成的设计和 BIM 审查项目已占总报审项目的 15%。广东省建筑设计研究院针对机电专业正向出图难的问题，通过 PKPM-BIM 探索出一套正向设计出图模式，并在广东美术馆、广东非物质文化遗产展示中心、广东文学馆项目中落地应用。江苏省建筑设计研究院铁北高中项目更是成为南京市 BIM 施工图审查系统首个过审项目，充分体现了 PKPM-BIM 国产化软件在满足国内设计需求方面的独特优势。如图 8-41 所示。

基于 BIMBase 的装配式设计软件 PKPM-PC 于 2020 年 10 月首次发布，软件按照装配式建筑全产业链集成应用模式研发，主要应用于装配式住宅、公建项目设计深化阶段，为设计人员大幅降低了设计门槛，有效提高了设计效率及质量；同时设计数据可对接审查平台，满足装配式审查要求；对接装配式预制构件生产系统，满足加工厂制造要求。目前该软件已服务全国设计单位、构件厂一千多家，并在大量实际工程项目中应用，与基于 CAD 软件传统的设计方式相比，该软件可提高装配式设计效率 20% 以上，降低 80% 的拼装检测人工量，减少了大量"错、漏、碰、缺"现象的发生，设计精度大大提高，全面助力国内建筑工业化发展，如图 8-42 所示。

图 8-41　江苏省建筑设计研究院铁北高中项目

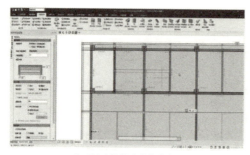 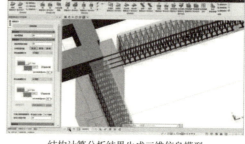

基于标准构件库的智能拆分　　　　　　　　结构计算分析结果生成三维信息模型

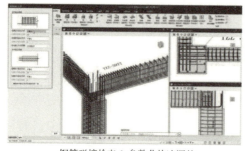 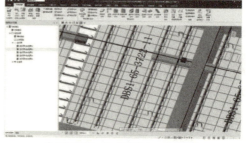

钢筋碰撞检查 & 参数化快速调整　　　　　　专业间提资 – 生成接线盒 – 钢筋调整

图 8-42　基于 BIMBase 的装配式设计软件 PKPM-PC

在建立自主 BIM 平台和软件开发生态方面，目前国内已有 100 多家软件开发企业和科研设计单位基于 BIMBase 平台展开各自领域的软件研发，其中包括北京天正工程软件有限公司、杭州品茗软件有限公司、中信工程设计建设有限公司、中电光谷联合控股有限公司、北京市建筑设计研究院、中国建筑西南设计研究院等。

为响应住房和城乡建设部《关于推动智能建造与建筑工业化协同发展的指导意见》，推进数字化设计体系建设，推广国产 BIM 平台和技术，培养自主 BIM 技术后备人才，促进高校开展 BIM 技术技能及创新应用交流。中国建研院构力科技通过承办国产 BIMBase 软件大学生菁英邀请赛，让参赛学生自主建立各类具有创新创意的三维 BIM 模型，对推动自主 BIM 的应用起到很好的促进作用，培养数字建造人才，完善数字建造人才库，促进产学研全面对接，联动企业促进优质人才就业、创业做出了巨大贡献。

第九章
数字化设计和智能设计

一、BIM 全专业协同设计应用

在工程建设项目全生命周期过程中，设计企业作为前期参与方提供的设计方案及施工图纸，对整个项目的建筑形态、使用性能、工程质量及投资成本等因素起着至关重要的作用。传统二维设计过程中，通常以图纸作为信息传递方式及交付成果，图纸以 CAD 软件绘制为主，信息更多地以图形化、离散化的数据方式存在，因此经常出现各专业设计信息割裂、跨专业缺乏有效沟通与协作、设计过程中变更频繁、施工交底"货不对版"等情况，大幅降低了设计效率，同时影响工程质量。

随着建筑行业信息化、数字化、智能化应用需求的不断提升与演变，BIM 技术以其可视化、协调性、模拟性等核心优势特点，为企业转型升级提供基础技术能力。BIM 模型以结构化数据方式进行存储与调用，确保各专业创建与应用数据的一致性与正确性。当下，设计企业正在探索及研究的 BIM 全专业协同设计工作模式，主要以中心服务器作为数据存储载体，支持多专业、多人员同步开展工作。在设计过程中，各专业通过中心服务器进行数据交换，解决本专业及跨专业设计应用与沟通。在单专业应用方面，参数化设计方法取代二维图形绘制，可实现不同设计阶段对模型成果指标统计、设计合规性校验以及建筑性能优化等效果，从而提高设计方案品质。在跨专业协作方面，碰撞检查、管线综合、开洞提资等工作内容都是在传统二维设计中耗时较长甚至是难以实现的，而通过数据方式进行判断与检查，可有效缩短沟通周期，并减少设计失误情况的出现。在成果交付方面，BIM 成果更加丰富多样化，除可输出各专业工程图纸外，还能形成一套带有设计信息数据的全专业模型以及一系列应用清单等，设计企业通过大量项目积累形成丰富的数字资产并提炼知识体系，同时深入挖掘模型数据价值，为后端施工及运维环节提供全过程咨询能力。下文主要从设计各阶段各专业参与方应用 BIM 技术角度出发，详细介绍 BIM 技术应用的优势与价值。

1. 初步设计阶段应用

（1）建筑设计

1）设计模式迭代

相比传统设计模式，建筑专业的 BIM 协同设计不同在于设计模式的进步与迭代。在以往的协同设计中，首先需要建立企业标准，对图纸集打印、初步设计输出成果建立一套全面的架构与权限体系，但在标准的贯彻上需要极高的培养成本。同时在设计流程上，传统协同需要严格遵循专业设计的先后顺序，依次完成建筑专业、结构专业、机电设备等专业的方案设计与模型。不同专业、不同版本、不同设计流程会造成初步方案阶段积重难返的后果：人力资源的占用以及工程进度的滞后与低效。

BIM 全专业协同设计则是工作模式的转变与迭代，实现了单专业流程作战向团队化工作的进步。首先，最直接的优势在于，建筑专业在进行初步设计及建模时，全专业都可以实时进行协同或监视，对于建筑专业的设计也可以及时反馈。其次，BIM 协同设计对于数据对接有着先天的基础，不会因为版本、平台的不同增加额外建立标准的成本。再次，BIM 协同设计模式也有效解决了方案沟通时的不便，全时协同的特点可以将设计成果传达给所有相关人员。

建筑专业在初步设计阶段通过创建协同模型，可以实现二、三维联动的成效。无须对模型进行过度深化，简单的二维绘制就可以实现初步的三维效果展示，BIM 协同建模最直观的是建筑可视化管理应用对于设计阶段的帮助（图 9-1）。

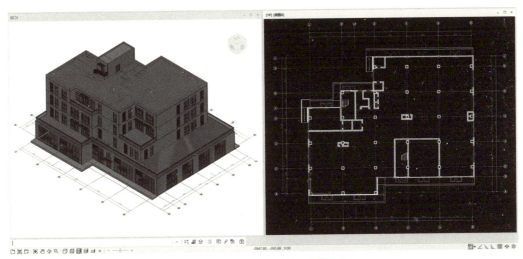

图 9-1　BIM 协同设计的可视化优势

在传统设计流程中，一般的流程需要先期完成方案推敲后，再借用其他建模软件进行模型建立，总体而言是二维设计－沟通－建模－方案调整－沟通－再绘制－再建模的工作流程，可视为 7 个或者更多阶段的流程。而 BIM 协同设计模式中，设计模式可以优化为二维绘制－三维沟通－方案调整－再沟通－再调整的工作流程，直接将二维图纸转变为三维模型以及重复沟通的过程优化掉，减少了再绘制－再建模的环节，这两个流程一般被视为体力劳动，价值较低，如图 9-2 所示。

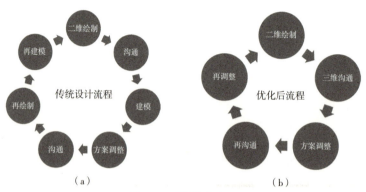

图 9-2　设计模式对比

2）模型方案分析与合规性优化

基于初步设计的模型，BIM 协同设计模型可以直接使用插件或对接更加专业的模拟分析软件，依托已建立的模型数据，无须重复建模，即可得到设计方案的分析结果，帮助设计师对方案进行优化与调整，使得方案更加具备科学性与说服力。

在传统设计流程中，需要对方案进行合规性检测，但会因为设计师的经验或能力不同，导致方案可能出现规范上的纰漏，过于依赖于人力进行检查，质量难以保证。而 BIM 全专业协同设计则不同，依托模型的数据基础，借助审查及云端平台，可以直接进行审查检测，同时可以形成专业的审查报告，对于项目方案优化或项目报建审批都有直接的应用价值，如图 9-3 所示。

3）初步设计图纸与方案表达

BIM 协同设计应用本身就是图纸与模型的同步绘制，不仅有着完善的构件类型，而且相关尺寸标注、标注符号的功能补充，可以满足设计人员的图纸表达需求。在初步设计阶段，不仅可以得到平、立、剖面的全方位初步设计图纸，还能科学地分析模拟结果与清晰地三维实体表达，满足了方案绘制－三维表达－图纸输出等全流程的需求，如图 9-4 所示。

第九章 数字化设计和智能设计

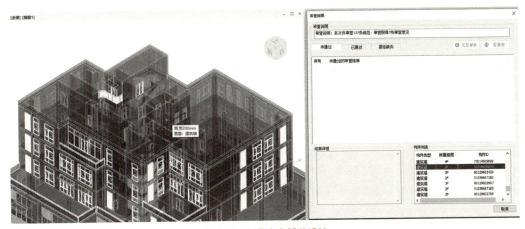

图 9-3 规范审查辅助设计

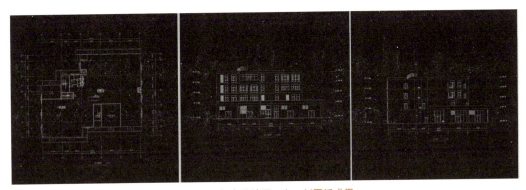

图 9-4 初步设计平、立、剖图纸成果

（2）结构设计

1）结构建模

结构 BIM 模型的创建可归纳为 3 种方式：根据 BIM 建筑模型直接创建 BIM 结构模型、CAD 图纸构件识别创建 BIM 结构模型、导入结构计算模型创建 BIM 结构模型。

①根据 BIM 建筑模型直接创建结构模型

当结构专业收到建筑初步完成的模型后，结构专业可利用底图参照或模型链接功能，参照建筑模型完成结构专业初步的结构布置。设计师可对结构布置形式及构件截面尺寸进行预估，划分结构标准层组装与建筑模型对应的自然层。初步模型创建完成后，BIM 模型对接计算模型，在满足结构计算要求下调整构件尺寸，完成结构初步设计。

② CAD 图纸构件识别创建 BIM 结构模型

当结构已根据建筑 BIM 模型或图纸完成结构 CAD 模板图的初步设计，识图建模可对图纸进行快速识别并完成模型创建。通过导入 DWG 图纸，快速识别图纸中轴线、轴号、墙、柱、梁、梁平法以及墙洞、板洞等构件，构件识别完成后可直接生成 BIM 模型，如图 9-5 所示。

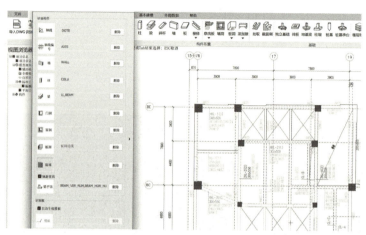

图 9-5　结构识图建模

③ 导入结构计算模型创建 BIM 结构模型

BIM 结构模型的创建可通过关联结构计算模型文件并导入，将计算模型快速转化为 BIM 模型，如图 9-6 所示。通过计算模型转化，工程师在有限的时间内同时创建两套模型，在节约时间的同时保证模型的一致性。

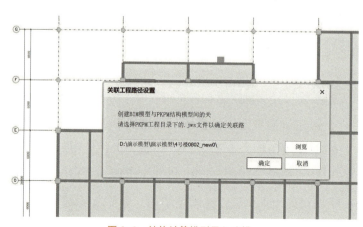

图 9-6　结构计算模型导入建模

2）结构计算

结构计算是结构设计重要的一部分。若 BIM 模型与结构计算模型可以快速、准确地相互转换，将有效提高结构工作效率。

BIM 模型与结构计算模型之间可建立双向更新机制。在 BIM 模型与计算模型之间实现增量更新，并且在双向更新过程中保证模型数据的完整，增量修改的信息可以进行对比显示。通过与其他计算软件设置数据转换接口，比如 PKPM、ETABS、SAP2000 等多种结构分析软件，可实现 BIM 模型与其他结构计算分析模型的相互转换。

3）结构初步设计图纸

结构初步设计图纸主要包括模板图、墙柱定位图。三维 BIM 模型可通过二维平面视图将三维模型快速转换为二维图纸，在二维视图图纸中增加文字、标注、图名、图框等基本信息即可完成结构初步设计图纸。

4）优势分析

传统结构初步设计需要根据建筑提供的图纸信息进行结构计算分析，计算满足要求后以提资形式反馈给建筑专业，最终以 CAD 二维平面图纸提交结构初步设计。结构计算模型建模与 CAD 图纸绘制是相互独立的工作，需要在完成计算后设计师绘制初步设计图纸，BIM 模型可将模型、计算、图纸关联，将三者之间相互联动。同时可实现专业间提资校对、碰撞检查，在 BIM 模型中可以快速完成专业间的协作工作。

（3）机电设计

基于方案设计阶段得到的 BIM 模型，在机电专业初步设计阶段可以进行各个专业构件和设备的详细建模，模型深度则依据 BIM 建模规范确定。设计师在设计进度各个节点拆解模型，确定主要设备的参数及安装位置，根据后续设计需要提前增加构件的属性信息，使机电设计部分的 BIM 模型进一步符合初步设计阶段的标准，如图9-7所示。

1）设备点位可视化

相比二维设计，BIM 在机电三个专业的应用能够实现各方面技术的进步和提升，并且在模型中挖掘出更多的实际应用价值。通过实现从图纸到模型的数字化转变，使得设计师、施工人员和运维人员明确取得工程项目的情况和进度，各阶段沟通工作的结构层次更加立体化。通过对这一技术的应用，工程中各个阶段都逐渐开始倾向于可视化，同时对于成本的估算也会更加快速，这在过去也是无法达到的。

2）管道定位和设备连接

BIM 技术对于机电二维图纸的智能化提高同样体现在专业系统设备的管道连接应

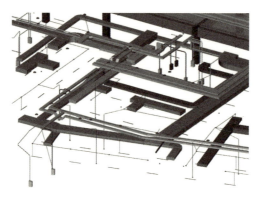

图 9-7 机电专业管线布置

用方面。设计师使用智能连接工具,对主管路和支管路进行可视化的路径选择,拾取管道夹点进行微调,生成最优连接路径。相比二维图纸中的手动排管更加快速和精准。绘制的连接管路能够参照建筑和结构模型实时调整位置,实时避让其他专业设备,这也体现出 BIM 机电参与专业协同的重要性。

此外,以俯视平面的二维绘制习惯结合智能工具完成三维模型的自动生成工具,优化了 BIM 初期被迫反复切换视口与视角的操作流程,将智能化路径选择与实际情况结合,提高了整体建模速度。将二维标注信息直接赋予设备与管道的自带属性中,将平面图中的文字说明转化为三维 BIM 构件的参数信息,参与整体设备计算和统计。

2. 施工图设计阶段应用

(1)建筑设计

1)协同标准的统一

不同的建筑设计单位,甚至同一设计单位的不同团队,都可能有着不同的图纸设计标准。而基于 BIM 技术的协同设计的首要优势就是统一的设计标准,包括图层、颜色、线图、打印样式等,在此基础上,所有设计专业及人员在一个统一的平台上进行设计,从而减少现行专业内部以及各专业之间由于沟通不畅或沟通不及时导致的错误、疏漏,真正实现信息元的统一与标准同步,提升设计效率和设计质量。协同设计工作是以一种协作的方式,使成本可以降低,可以在更快完成设计的同时,也对设计项目的规范化管理起到重要作用,在施工图设计阶段尤其如此。

2)图纸沟通的高效

CAD 软件的应用大幅提高了图纸绘制的标准性,相比手绘方式必然在一定程度上提升了制图效率,但也难以应对当下频繁调整方案导致的巨大工作量。每当专业内与专业间进行提资沟通时,施工图的调整与修改也几乎是必然的。如果项目的某个节点发生更新设计,则会同时影响与该节点相关的多张图纸,仅仅依赖人力去记忆与修改,必然会造成项目的质量问题。

在 BIM 全专业协同设计中,工程项目的平面图、立面图及剖面图都是实时联动更新,配合使用视图映射功能,满足项目中同一张平面图底图条件下,防火分区图纸、房间分色图纸等各类图纸的需求。而且当构件进行变更时,通过刷新视图的功能可以实时同步涉及该构件的所有图纸类别,无须再手动记忆修改,如图 9-8 所示。

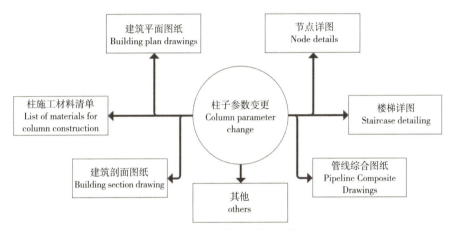

图 9-8　柱子构件涉及的图纸类型

不同于二维图纸成果,BIM 协同设计模型完整保留了建筑空间与构件的数据,图纸本质上是模型实时产生的平行投影。不同于常规设计流程的频繁沟通讨论,BIM 协同设计中可以使用变更云线以及协同系统的变更记录进行变更沟通,如图 9-9 所示。

图 9-9　变更版本记录

BIM 协同设计可以配合不同设计单位进行不同编校审流程的附加，满足不同设计流程的审查与校阅。对于协同设计而言，构件级协同技术的优势基础，保证了可以实现每个构件相对于每个本地端的权限控制，再基于每个设计人员的项目管理权限，配合消息提示，可以满足施工图设计中沟通的需求，减少需要项目相关人共同参会的交流模式。

3）施工辅助

借助精准的 BIM 协同模型，可以输出图模一致的节点模型以及辅助后期施工的立面控制成果等。

BIM 协同设计中针对立面控制中的构造控制、效果控制、材料控制 3 大方面，以及墙身、排砖、材质等细节方面可以通过统一的材料库及统一的复合材料库进行控制。依托材料构造库的功能，对于各类构件的做法信息、类型分类进行协同，可以有效地保持在执行初期进行水平垂直验证设计合理性，保障设计周期，如图 9-10 所示。

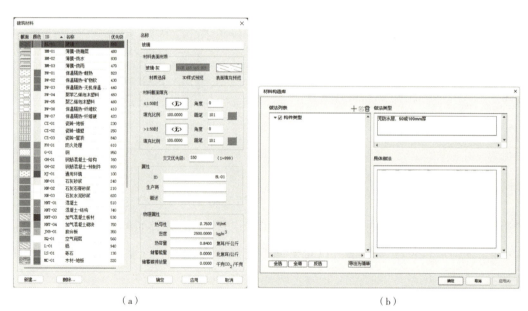

（a） （b）

图 9-10 统一的材料及做法管理

（2）结构设计

进入施工图设计阶段，设计师将对模型进行进一步深化，最终提交结构施工图及相关计算书。根据结构专业的自身特色，结构施工图需对接结构计算，根据计算结果绘制配筋图；同时需要满足平法制图要求。因此要求 BIM 软件要对结构有较好的支持。结构施工图包含以下几个方面：

1）模板图

结构施工图阶段是将 BIM 模型在初步设计的基础上进一步深化或调整。施工图阶段模型将细部节点构件、升降板、提资开洞等信息进行完善。最终在提供的二维图纸中通过模型剖切展示模型中局部节点详图。

2）配筋图（梁、板、柱、墙）

配筋图是结构施工图的核心内容，施工图设计阶段 BIM 模型通过对接计算模型可读取计算模型中混凝土等级、钢筋等级、构件计算配筋等结果并赋予到构件中。BIM 模型可对读取的配筋结果以及预先设置好的配筋基本参数绘制平法配筋图，并支持自动或手动配筋归并或优化。对于墙、柱等构件配筋图涉及的表格内容，软件可自动整理绘制成二维表格信息，如图 9-11、图 9-12 所示。

3）楼梯详图

施工图阶段需要在三维模型中创建楼梯，布置完成后可自动形成梯梁、梯柱、平台板、梯板等构件。通过二维平面及剖切功能可形成楼梯平面图和剖面图，设计师将配筋信息添加至图纸中完成楼梯详图的绘制。

（3）机电设计

1）专业管线排布

管线综合排布在 BIM 模型中可以直接参照结构模型，实现对梁内空间的合理应用（图 9-13）。结合净高分析功能，对特殊区域重点分析，创建剖面、局部大样视图进行

图 9-11　丰富的配筋参数设置

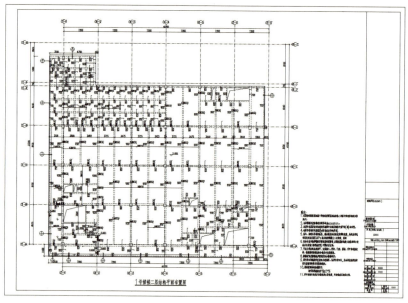

图 9-12 配筋图纸成果

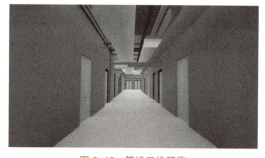

图 9-13 管线三维预览

多维度调整,在满足条文规范的前提下尽量减少与其他管道的冲突,保证路由通畅和层高的要求。

在机电专业的管综阶段实现协同工作是BIM技术的一大显著优势。暖通、给水排水、电气三专业管线系统种类繁多,在调整过程中设计师应综合考虑送回风口、灯具、探头和喷淋等末端设备的安装,更加合理地布置吊顶区域内机电末端设备的分布,为桥架安装后的操作和维修提前预留空间,减少施工资源浪费。

2)机电统筹协调

机电工程需要设计院能够加强与工程之间的联系,在传统施工过程中,各部门之间往往缺乏联系,早期BIM模型也无法实现真正意义上的上下游数据互通。数字智能化BIM技术下,机电工程中的设备以及构造等均能被较完整的体现出来。这不仅提升了机电工作效率,同时最大限度地提高了建筑质量及建造效率,对其进行优化,有利于保证机电工程在建筑领域的进一步发展。

3)结果可视化、数字化、智能化

在BIM技术下,设计院的设计结果不仅能够被收纳与采集,同时还能被核对,机电模型可以应用到各个建筑设计阶段。对接 BIM 审查系统、对接项目后期验收以及监控设备的运营和维护。出现设备故障及报警时，通过模型及时定位到报警设备，读取位置和设备参数、故障等信息，并且实现对设备的远程控制。机电设备参数和信息能够实现流程一体化实时更新，打通上下游各个阶段，解决信息滞后问题，实现一模多用、信息共享。

（4）专业间协同

1）协同需求的应用

施工图设计一般认定为联结设计阶段与施工阶段的纽带，是设计单位的重要收入来源。而施工图设计阶段最劳心费力的就是各专业之间模型构建以及沟通优化设计的繁琐过程。为此，BIM 协同设计应用价值最突出的就是全专业协同模型一体化的优势。各专业信息模型包括建筑、结构、给水排水、暖通、电气等专业信息，同时在此基础上，依据管线综合、建筑构件开洞、云链接等功能，可以为各专业间的沟通提供技术支持，满足进行冲突检测、三维管线综合等基本应用，辅助完成对施工图设计的多次优化。

2）专业间协同体系的技术优势

BIM 协同设计的优势技术在于构件级协同与云链接功能。借助构件级协同可以实现设计权限的分配以及在不同领域工程设计中对设计流程的编校审体系的建立。将视野拓展到不同类型的工程项目中，虽然整体的工作流程有区别，但构件级别的协同体系抓住了设计权限的关键，将构件与相应的权限相配合，配合协同平台的权限划分，可以实现各个专业的设计人员互不干扰。而云链接功能，则能在同一机器端，对链接的工程文件进行拆分参照映射，并读取链接模型单个构件的所有属性信息，这极大地方便了设计深化工作。配合设计过程中的审查与校对，可以适配多个行业的编校审体系，甚至可以实现跨行业、跨平台的协同体系的建立。

3）碰撞检查与净高分析

碰撞检查是 BIM 应用的元老级需求，是当下高周转、高效率工程项目的难点，也是设计领域进入三维时代的重要标志，利用专业间的碰撞功能，理论上能在真实建造施工之前 100% 消除各类碰撞，减少返工，缩短工期，节约成本。

在实际应用结果方面，借助全专业的碰撞检查矩阵，BIM 全专业协同设设计可配合全专业 BIM 模型快速智能定位并高亮碰撞点位，并将自定义调整的碰撞结果报告书作为碰撞检查的科学成果文件进行输出，如图 9-14 所示。

集成了净高分析功能的 BIM 全专业协同设计是对 BIM 设计的补充与帮助。依据不同专业的构件类型，智能生成各专业、各楼层的净高平面分析图，同时也可设定净高限值，方便建筑、结构及机电专业在专业提资阶段进行协同设计调整，也是 BIM 协同设计体系的价值功能体现，如图 9-15 所示。

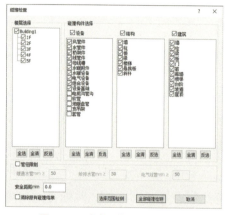

图 9-14　全专业的碰撞检查功能

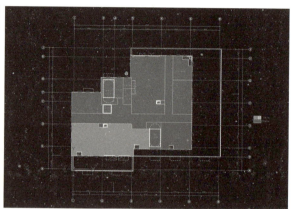

图 9-15　净高分析图成果

3. BIM 全专业协同设计案例

在实际项目应用中，PKPM-BIM 的 BIM 协同设计体系模式已经可以满足从方案设计阶段、施工图设计阶段以及施工辅助等流程的应用，已经在实际工程项目中体现了体系的应用价值和优势。

以某新区精神卫生中心工程项目为例，项目为地上 5 层的公共建筑，总建筑面积达 10500m^2。在项目应用中，对于建筑、结构、机电全专业完成了工程 BIM 建模、图纸输出、项目报建、碰撞检查以及轻量化展示等工作。

建筑专业配合使用 UCS 坐标的体系调整，可以很好地满足此类异形建筑方案布局的建模需求，同时配合完善的建筑构件类型和 python 构件库，完成了建筑模型的创建（图 9-16）。使用自主开发的审查功能，成功通过了当地政府报审的评估，提前优化了方案及模型，满足当地的规范要求。

该项目为地上 5 层装配式钢筋混凝土框架结构体系，利用 BIM 模型实现结构设计及应用需求。通过计算模型直接导入并转化为 BIM 模型，确保结构模型的准确性，减少结构模型创建工作量（图 9-17）。在项目过程中，利用 BIM 软件内置的模型审查功

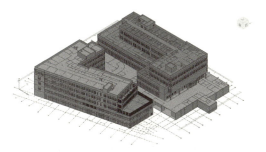
图 9-16 建筑专业模型成果

图 9-17 结构专业模型成果

能，边设计边自审，及时发现设计问题并定位修改，确保模型创建满足规范要求，有效提高了结构工程师的工作效率。

机电专业在设备布置中通过设置相关定位参数，完成单层的灯具、喷淋、风口、消火栓、风机、水泵等设备点位布置。使用设备自动连接功能，选取路径连接，根据项目需要布置阀门和其他附件。完成单专业单层设备后，通过全楼复制功能复制到其他标准层，特殊层可以局部复制。完成全楼机电建模（图 9-18）。局部区域机电管综调整过程中，充分利用碰撞检查定位到管线碰撞位置并进行修改，此功能支持专业内及专业间碰撞检查，除了硬碰撞检查，也支持输入安全距离软碰撞的检查，确保管综成果。BIM 协同应用设计提供空间搭接、局部调整、分支编辑、管道扣弯等多种方式进行机电系统管道的偏移和升降、标高位置调整，从而实现管线避让。

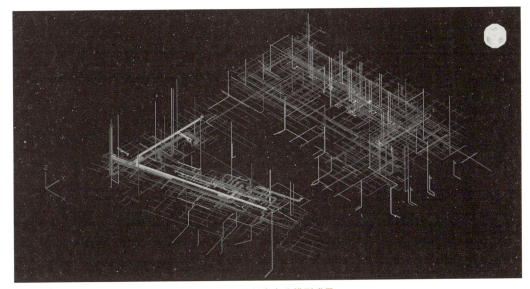
图 9-18 机电专业模型成果

二、结构数字化设计

1. 结构设计领域现状及趋势

（1）结构设计领域现状

结构设计是建筑物的灵魂和重要环节，不仅决定了建筑安全、空间和使用功能，还决定了建筑施工成本、质量安全、施工进度以及能耗等。结构设计是工程项目建设的前提和依据，两者相辅相成。

1）国际现状

西方一些发达国家在 20 世纪 80 年代就开始采用计算机辅助设计软件进行结构设计，采用这种结构设计主要是应用程序化的方式，让设计过程变得非常简单，在一定意义上也使得标准绘制方式的产生。然而，现阶段对于结构设计来讲需要确保一定的效率，三维设计方法由此产生。很多国家逐渐开始应用建筑信息建模等理念，并且在相应的技术支撑中采用三维模型实现结构设计，在一定意义上大大提升了工作效率。

2）国内现状

随着我国建筑行业的发展，建筑结构的高度和跨度不断增加，复杂程度不断提升，对结构分析技术的要求也日益提高，结构设计分析方法从静力分析发展到动力分析，从弹性分析发展到弹塑性分析，分析手段不断完善。在该领域出现了一批功能完善、技术不断进步的国产软件，可高效完成各种复杂结构的有限元分析。近年来国产非线性分析软件功能扩展到减隔震结构分析、钢结构稳定直接分析、精细化有限元动力弹塑性时程分析等，求解精度和效率均已达到或接近国外权威软件的水平，广泛应用于超高层、大跨空间结构和复杂结构设计，成为建筑结构行业国产软件替代的中坚力量。

（2）结构设计领域趋势

近期随着我国经济的快速发展，各类建筑结构形式层出不穷，结构设计领域也积累了可观的设计经验、方案，并储备了大量的设计人才。随之而来的是设计对结构建造成本的控制，结构方案形式多变和及时可调等新的课题也摆到了设计师的面前，而建筑结构数字化和参数化则成为解决该问题的新途径。

2. 结构设计领域数字化解决方案

数字时代，BIM、4G/5G、IoT、AI 等现代数字技术和机器人等相关设备的快速发展和广泛应用，形成了数字世界与物理世界的交错融合以及数据驱动发展的新局面，正在引起生产方式、生活方式、思维方式和治理方式的深刻革命。当前，数字技术加速发展，不断与实体经济融合，推动产业革命，催生传统产业的新业态。

众所周知，在我国研发设计类工业软件领域，飞机、汽车、机械、电子等行业均高度依赖国外软件，"卡脖子"问题突出。而鲜为人知的是，建筑结构设计行业的工业软件，少有地被国产自主品牌所占据，其原因如下：

一是最底层的技术自研。回溯历史，20世纪80年代的"甩图板工程"，标志着我国开始全面拥抱和发展工业软件，当时我国与发达国家的差距并不大，国内各垂直行业的高校和研究机构也纷纷开展底层核心技术研发，其中就包括建筑领域的中国建研院。也是从那时候开始，国内建筑结构设计行业的领军人物及团队，始终坚持对CAD&CAE核心技术的自研、传承和突破，坚持与高等院校基础研究的协同合作，为点亮工业软件"国货之光"奠定了坚实的基础。

二是中间层的产品优势。建筑结构设计领域的工业软件，从一开始便找准了与国外软件的差异化优势，一方面用覆盖建模、计算、分析、设计、验算、出图全流程的产品优势去对冲国外软件相对割裂的建模和计算优势，以全打专；另一方面基于对国内设计标准规范的深入理解，强化在建筑行业上的本土化优势，积极应对国内建筑行业复杂的规范和较高的合规要求。

三是应用层的生态培育。国内建筑结构设计软件有效满足了我国近几十年来建设行业快速发展的需要，极大提高了建筑设计效率、质量和水平，除了技术产品还有赖于高质量的需求响应和全方位的交互服务。当客户在其他环节采用国外工业软件时，国内厂商可以开发出所有国外软件的接口，以开放的心态全面对接先进产品，旨在降低客户在不同软件之间切换的成本，提高其工作效率；当客户对产品功能和相关技术标准存在困惑时，国内厂商可以下沉销售渠道，坚持组织技术交流会、产品宣贯会，及时改进和更新产品问题，为客户提供免费的试用服务和各类资料，培养其使用习惯，最终建立供需互通、循环迭代的良性应用生态。

3. 结构设计数字化案例

数字技术对传统行业影响深远，借助数字化转型，赋能企业"多快好省"地实现工程项目成功。

《中华人民共和国国民经济和社会发展第十四个五年规划和2035年远景目标纲要》

首次将"加快数字化发展,建设数字中国"单列成篇,可见当前国家前所未有地高度重视数字化发展。"打造数字经济新优势、加快数字社会建设步伐、提高数字政府建设水平、营造良好数字生态"等方面明确了数字化发展的基本路径。国务院国资委办公厅印发的《关于加快推进国有企业数字化转型工作的通知》,系统明确了国有企业数字化转型的基础、方向、重点和举措,开启了国有企业数字化转型的新篇章,积极引导国有企业在数字经济时代准确识变、科学应变、主动求变,加快改造提升传统动能、培育发展新动能。把握产业数字化、数字产业化的变革机遇,以"新基建"筑牢发展基石,已经成为产业各界的共识,5G、IoT、AI、云计算、大数据等众多持续演进的创新技术,已开始赋能建筑行业。

(1)结构设计模型参数化

API(Application Programming Interface)是软件库提供的一组可访问的接口,软件库通过 API 向外提供服务,开发人员通过使用 API 实现代码复用,提高生产效率。API 已成为企业内外部系统集成的重要手段,通过 API 快速构建产品和服务,迅速响应客户需求成为优秀企业的必备技能,API 经济应运而生。

随着人工智能的发展和普及,AI(Artificial Intelligence)与传统行业的邂逅已无处不在,API 在产业链的快速拆分重组、行业分层细化、加速融合创新过程中发挥了极大的作用,技术领先企业通过 AI 开放平台将自身能力和资源开放出去,打造产业生态,形成规模经济和长尾经济。

Revit、Object ARX、SAP2000 以及 PKPM 先后推出 API 接口,即应用软件编程接口,可以方便用户运用各种编程语言,调用 API 接口便捷地读取分析模型的各类信息、分析结果以及对模型参数进行定义或修改等。

以 PKPM 结构数据 API 接口为例进行介绍。

PKPM2021 新规范 V1 版本发布了模型、计算结果两个 SQLite(*.JWD)数据库明文格和 PKPMCYCLE 循环迭代引擎,可以通过修改 JWD 数据再导入的方式进行结构模型的创建、自动迭代调整和优化,但在调整模型后实时显示可视性差,需要重新导入 JWD 再次打开才能看到,JWD 数据会覆盖上一版本所有数据,对于部分不相关数据也需要管理,后期手工调整的数据也有可能被覆盖。为解决上述问题,PKPM 结构软件数据 API 二次开发工具包可实现建模模型的参数化调整,可以实时增量更新数据并进行图面展示,最大化地保留后期手工调整的工作成果,还可与计算设计结果建立前后关联关系,依据计算结果对模型进行精准的参数调整、自动迭代优化,用户还可利用

API接口,自由开发实现定制功能,集成到PKPM软件系统中,打造属于自己的特性工具,如图9-19所示。

目前,已有多家设计单位基于API进行二次开发,完成了如截面优化、参数化建模、自定义计算书等高效个性工具,如图9-20所示。

图9-19　PKPM二次开发平台关系图

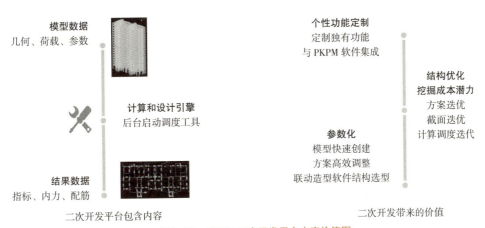

图9-20　PKPM二次开发平台内容价值图

PKPM数据API接口分为PMCAD模型接口和计算设计模型接口两个模块,建模模型和计算设计模型的构件之间通过ID编号建立关联关系,找到结果中的构件后,通过该关系可找到对应模型中的构件。

PKPM数据API提供了导入已有模型的接口,通过API修改模型后,可利用API启动PMCAD+SATWE自动计算,满足结构优化和迭代的主要需求,如图9-21所示。

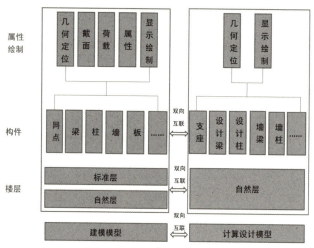

图 9-21 API 基本架构关系图

PKPM 数据 API 的特点和优势为直接对接编辑 PMCAD 模型的映射数据，修改和同步效率高，结合绘图 API，可实现在 PMCAD 中的命令注册、修改后模型图形即时高效。

（2）结构设计优化

在建筑行业不断发展探索中，当前社会对于建筑结构各项设计性能需求也有了新的变化，针对这些变化可以提出以下理念：①提高安全性能。为了更好地保障人们正常的工作和生活，建筑安全性能的优化是不容忽视的。②提升建筑的功能性。当前建筑的使用功能不仅仅是居住、工作。它可以有更多的设计用途，所以优化建筑使用的多功能性，以满足使用者的各项需求。③优化建筑结构美观，保护生态环境。建筑要能够结合周围地理环境，在保护环境不造成污染的同时，尽量采用绿色环保的建筑材料，深入贯彻可持续发展的理念。④提高利用价值。建筑最重要的是保证它未来的发展，不能只顾眼前的利益而使用廉价劣质的建筑材料，虽然节约了成本，但是却降低了它的使用价值。

建筑结构设计的优化方法：

1）优化建筑结构设计流程：在建筑结构设计中，需要考虑的因素较多，建筑结构设计是指建筑承重构件的布置与计算，以及构件使用的材料、形状、大小及内部钢筋构造的工程图样的绘制工作，这是建筑各个施工阶段的重要依据。建筑结构设计的基本流程，目前广泛采用的应用流程为：首先确定结构布置方案并在结构分析软件中计算通过后，根据计算结果在二维 CAD 中绘制构件的布置、尺寸及配筋。这种基于

CAD 的结构施工图设计方式存在不直观、错漏点较多、与其他专业协同性差等问题，二维图纸不能对施工进行准确的指导，造成施工图信息与算量信息割裂，越来越难以适应新的行业工作模式，因此，必须采用新的建筑结构设计技术。

2）创建结构设计优化模型：建筑结构优化计算方案及优化设计模型在建筑结构优化设计中发挥着十分重要的作用。结构设计优化存在多个变量，选择最关键的参数，并以此为基础建立函数模型，得出最佳参数。在建立模型过程中，首先要合理选择设计变量，这直接关系到模型建立的科学性与合理性，之后再确定目标函数，还要筛选满足函数条件的最优解后确定约束条件，如尺寸、强度、弹塑性和应力等要求。另外，设计人员务必保障约束条件均满足设计要求，进行编制优化设计方案，在计算过程中采取有效措施将约束条件变为非约束条件，促进设计优化工作的有序开展，还要全面考虑变量因素的影响，采取切实可行的计算方式，达到建筑结构优化设计的总体目标。最后，将程序直接导入计算机，后期计算中将数据输入系统，计算机在数据分析和计算后方可得出最终结果，以直观生动的方式展现给设计人员，但该过程需要具有计算机编程技术的专业人员才能实现，设计人员应该加强对设计软件计算原理的理解，灵活运用软件，对计算结果的可靠性进行判断。

三、"双碳"与绿建设计

1. 数字化转型与"双碳"及绿建技术

"十四五"时期，是生态文明建设负重前行的关键期，更是国家大力推动数字经济、推动产业数字化转型的关键时期，同时也是我国落实"双碳"目标的关键期、窗口期。绿色化、数字化、低碳化交汇成为未来我国发展的主旋律。工程勘察设计行业作为社会服务业，其发展态势和宏观经济息息相关，受国家基本建设政策影响较大，在当前发展背景下更需要把握新机遇、直面新挑战，向高质量方向发展。如图 9-22 所示。

2022 年 5 月，住房和城乡建设部印发了《"十四五"工程勘察设计行业发展规划》，强调要落实绿色发展理念、推动行业数字化转型，并强调技术管理创新和综合服务能力不断增强，标准化、集成化水平进一步提升。随着"30·60"双碳目标的确定和国家关于数字化转型政策的出台，各地实时、智能、绿色、云处理的数字化系统不断推进和创新，赋能建筑全生命周期管理、节能降碳、碳足迹分析等。

"十四五"建筑节能和绿色建筑发展规划中指出，以《建筑节能与可再生能源利

图 9-22 数字化相关政策

用通用规范》GB 55015—2021 确定的节能指标要求为基线，启动实施我国新建民用建筑能效"小步快跑"提升计划，分阶段、分类型、分气候区提高城镇新建民用建筑节能强制性标准，因此降低建筑一次能源消耗，提升建筑能效是实现"30·60"双碳目标的关键措施之一。建筑设计从多维度全专业考虑绿色低碳技术应用，如可再生能源、电气化水平、能源结构调整、建筑节能等方面进行优化，进一步降低建筑碳排放总量，约束建筑能耗，并依据"双碳"目标战略需求重构建筑节能设计指标与体系，以实现将碳中和建筑能耗强度评价方法从相对节能转向实物量节能，从而达到建筑能耗和碳排放指标双控。

国家标准《绿色建筑评价标准》GB/T 50378—2019 已启动修订（图 9-23），与新发布的相关标准进行协调，进一步提高绿色建筑设计水平，同时将碳排放设计作为强制要求。在此基础上，实现了数字化设计审查促进标准的执行与落地。

为了进一步推进审查数字化转型，实现各省市对于审查系统的建设要求，赋能城市建设与管理，目前各省市相继推出了数字化审查平台，比如建筑节能审查平台、BIM 审查平台、绿色建筑审查平台等。数字化审查平台能够保证审查结果和计算模型、报告的一致性，数据共享。对于管理部门而言，方便统计所有工程项目信息，实现信息有效传递和数据互惠互通。

除了数字化审查平台，在下游企业端的监管平台或者运维系统，比如碳排放监管平台和绿色建筑运维系统，致力于低碳技术在建筑、电力、交通、工业等行业的应用，采用产品化的开发模式，把 BIM 模型和能源活动实时采集的碳排放数据相互集成，对建设项目、运维项目、生产项目的碳排放水平进行智能分析，帮助区域监管单位、生

图 9-23 《绿色建筑评价标准》修订

产企业全面掌握自身碳排放水平，提升监管力度，发掘减碳潜力，沉淀节能减碳技术经验。

2. 绿色低碳数字化转型的应用

（1）绿色低碳勘察设计数字化转型

1）建筑节能的发展及设计转型应用

1986年，我国发布了第一本节能标准《民用建筑节能设计标准》JGJ 26—86，节能率为30%，适用于严寒寒冷地区的供暖居住建筑；1995年对该标准进行了修订，节能率提升至50%；2001年，《夏热冬冷地区居住建筑节能设计标准》JGJ 134—2001 正式发布和实施；2003年，《夏热冬暖地区居住建筑节能设计标准》发布；2005年，适用于各气候分区的《公共建筑节能设计标准》GB 50189—2005 实施。至此，中国民用建筑节能体系基本形成（图 9-24）。2010~2019 年，各气候分区的国家和行业节能设计标准进行发布或修订，各气候区均有对应的公共建筑和居住建筑节能国家标准或行业标准。2020年，北京市率先实施"五步走"节能战略，居住建筑节能率达到 80% 以上（图 9-25）。2022年4月1日，住房和城乡建设部正式发布实施了《建筑节能与可再生

图 9-24 民用建筑节能体系基本形成

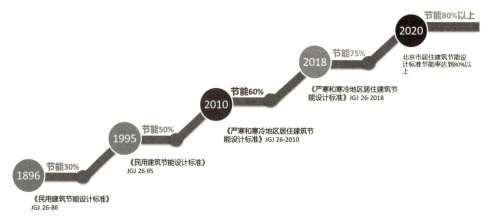

图 9-25 民用建筑节能标准节能率

能源利用通用规范》GB 55015—2021，该标准全文强制，严寒和寒冷居住建筑平均节能率达到 75%，其他气候分区居住建筑平均节能率为 65%，公共建筑平均节能率达到 72%。

随着我国建筑节能设计标准体系的建立与完善，建筑节能设计已经基本完成"三步走"目标。在节能设计阶段，传统节能设计只能基于二维 CAD 平台进行工程建模与计算分析，无法智能识别图纸三维信息并分析。随着数字化平台的发展，建筑节能软件应逐步可以识别 CAD 图纸三维信息，这大大减少了建模时间，提升了节能分析效率，并能够自动根据模型进行节能指标计算，比如，建筑体形系数、窗墙比、窗地比等，智能判定围护结构热工指标是否满足标准要求。在"数字中国"战略背景下，国产自主的 BIMBase 平台随之诞生。BIMBase 建筑模型实例，如图 9-26 所示。

基于 BIM 平台节能软件能够调用国内自主研发模拟内核 DeST 和 IBE，以及国际权威开源模拟内核 DOE-2 作为节能计算引擎，通过 BIM 系统解决了建筑节能设计与建筑等其他专业模型数据协同等技术难题，同时能够处理实际工程中的各种复杂建筑，

第九章 数字化设计和智能设计

图 9-26　BIMBase 建筑模型实例

充分考虑建筑各细部对能耗的影响，依据现行实施的节能设计标准，从而快速准确地对建筑能耗做出判断分析，以促进 BIM 技术及节能规范的推广实施，为我国建筑能耗控制与发展提供技术支撑。

基于 BIM 平台建筑节能设计数字化框架如图 9-27 所示。随着建筑节能工作的深入，提高能源利用率，促进可再生能源利用，降低建筑碳排放，营造良好的建筑室内环境，是目前制定各节能标准的基本宗旨，降低建筑能耗是中国可持续发展的战略举措，改善室内环境是建筑节能的前提条件。以 BIM 为数据载体，转换成节能计算所需的分析模型，包含建筑面积、户数、围护结构构件等信息，与节能计算软件应用层等进行数据交互与处理，并通过逐时动态模拟内核对围护结构负荷、建筑能耗等进行量化分析，根据国家及地方建筑节能设计标准对各指标进行优化调整。

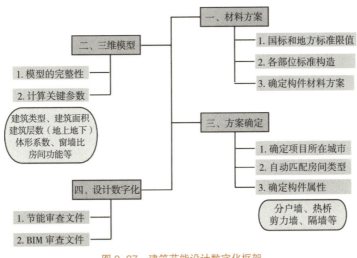

图 9-27　建筑节能设计数字化框架

2）建筑碳排放的发展及设计转型应用

2020年9月22日，国家主席习近平在第七十五届联合国大会一般性辩论上表示，中国将提高国家自主贡献力度，采取更加有力的政策和措施，碳排放力争于2030年前达到峰值，努力争取到2060年前实现碳中和。其他各省市也相继出台了建筑领域碳达峰行动方案，明确了绿色转型、降碳增汇的政策措施，明确在地方立法、政策制定、规划编制、项目布局中统筹考虑碳达峰、碳中和目标，落实控制碳排放的要求。将优化调整能源结构，推进煤炭清洁高效利用，推广清洁能源生产使用，将减排降碳和增加碳汇并行推进，同时提升生态碳汇能力等。国家发展改革委、住房和城乡建设部联合发布的《城乡建设领域碳达峰实施方案》中提到，未来3年，城镇建筑可再生能源替代率达到8%；未来8年，建筑用电占建筑能耗比例超过65%，电气化比例达到20%，装配式建筑占当年城镇新建建筑的比例达到40%等目标。

《建筑碳排放计算标准》GB/T 51366—2019于2019年发布并实施，标准给出了全生命周期碳排放计算方法：①建材生产及运输阶段碳排放计算；②建造阶段碳排放计算；③运行阶段碳排放计算；④拆除阶段碳排放计算（图9-28）。在民用建筑中，建筑运行阶段碳排放占70%~80%，该范围受围护结构、空调供暖系统的设备性能、运行策略等的影响，其计算范围包括暖通空调、生活热水、照明及电梯、可再生能源、建筑碳汇系统在建筑运行期间的碳排放量。

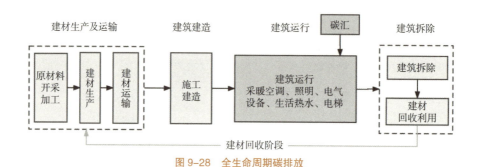

图9-28　全生命周期碳排放

目前我国普遍缺乏熟悉建筑"双碳"业务的人才，对于单一独立工程项目的设计优化，也面临全生命周期建筑排放来源复杂、计算缺乏全面因子库，以及供应商与租户等利益相关者信息源头繁杂、协同上下游减排困难的痛点。因此，通过打造建筑行业碳排放因子库，培养并提升"双碳"设计的基础能力，建立适用于我国全生命周期的碳排放分析工具和标准体系，打造建筑领域自身的技术"护城河"是核心。

一方面以国家强制性标准要求建筑全周期碳排放模拟，分别针对新建建筑与既有建筑场景进行项目级别碳排放模拟仿真，结合数字孪生手段，对设计开发建设方案进行实时优化，防患于源头；另一方面打通供应商产品碳足迹，以低碳、环保、废物再利用为核心，自动完成材料、工艺、设备选型，帮助地产企业低碳供应链升级。碳排放设计数字化框架如图9-29所示。

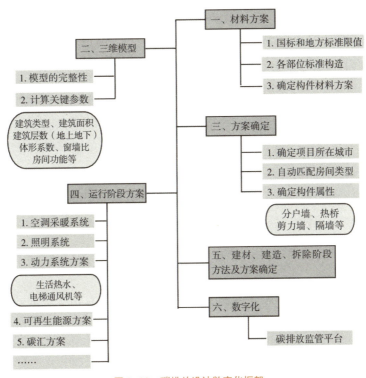

图9-29　碳排放设计数字化框架

（2）节能低碳审查数字化转型

城乡建设领域作为碳排放的主要领域之一，随着城镇化快速推进和产业结构深度调整，城乡建设领域碳排放量及其占全社会碳排放总量比例将进一步提高。2022年6月30日，国家发展改革委、住房和城乡建设部联合印发了《城乡建设领域碳达峰实施方案》，该方案提出利用建筑信息模型（BIM）技术和城市信息模型（CIM）平台等，推动数字建筑、数字孪生城市建设，加快城乡建设数字化转型。以绿色低碳发展为引领，提升绿色低碳发展质量，2030年前城乡建设领域碳排放达到峰值，2060年前城乡建设方式全面实现绿色低碳转型，达到碳中和目标。

1）BIM智能审查支撑数字化转型

积极响应建筑行业数字化转型，BIM智能审查赋能城市管理整体解决方案，目前已建的施工图智能审查平台覆盖了10余个省市，分别是雄安新区、厦门市、湖南省、广州市、天津中新生态城、南京市、苏州市、青岛市、兰州市、三亚崖州湾等地，智能审查具备创新性、前沿性、引领性特征，涵盖了已建BIM审查平台的"新城建"试点城市。

BIM智能审查覆盖五大专业、四大专项，包含建筑、结构、给水排水、暖通、电气五大专业，消防、人防、节能、装配式四大专项。智能审查条文在湖南、广州、南京、湖北等项目中反复应用及优化，各项目通过BIM智慧审查的项目总计1100余个，落地智慧审查各地条文总计850余条，实现审图专家关注重难点规则8000余条。

2019年1月，湖南省住房和城乡建设厅在全国范围内率先启动了全省工程建设项目BIM智能化审查工作（图9-30）。在施工图管理信息系统的基础上开展了BIM审查系统开发建设，推动传统的人工二维审查升级为BIM智能化审查，大幅提升了施工图审查效率，降低漏审率，加快工程建设领域整体化进程，全面提高工程建设质量。同时也建立了BIM审查数据格式及标准体系、一键自动化审查并出具辅助审查报告。系统主要功能包括智能审查引擎、数据导出插件、轻量化浏览、视图管理、规范检索、自动与人工审查批注、二、三维联动等模块。

通过分析湖南省BIM施工图审查系统的应用情况，BIM审查意见被审图专家采纳项目，在BIM项目总数中所占比例达到80%以上。这说明，经过数年的应用、行业专家的通力合作，新的技术在不断完善，新的理念正在逐步被接受，新的工作模式在渐渐形成。

广州市施工图三维数字化审查系统于2020年10月上线试运行，审查系统就施工图审查中的部分刚性指标，依托施工图审查系统实现计算机机审，减少人工审查部分，实现快速机审与人工审查协同配合。探索施工图三维数字化智能审查系统与CIM基础平台顺畅衔接，在应用数据上统一标准，在系统结构上互联互通，实现CIM基础平台对报建工程建设项目BIM数据的集中统一管理，促进BIM报建数据成果在城市规划建设管理领域共享，实现数据联动、管理协同，为智能城市建设奠定数据基础。

2）建筑节能审查促进数字化转型

自20世纪80年代开展建筑节能工作以来，我国建筑节能行业发展已经历经了4

第九章 数字化设计和智能设计

图 9-30 湖南省 BIM 智能审查系统

个阶段的发展，全国大部分省市的节能目标达到 65%，城镇新改扩建建筑节能设计和审查均作为强制性要求。国家全文强制性标准《建筑节能与可再生能源利用通用规范》GB 55015—2021 已发布实施，对建筑节能设计提出更高要求，各省市建设主管部门也相继发布了执行通知和要求。

随着行业不断向前发展，审查机构和管理部门对建筑节能项目的数字化审查和管理需求更加迫切，目前对于节能项目的整体情况缺少相应的管理和分析工具，特别是对各个节能项目的建筑围护结构情况、外墙保温系统、窗体材料、空调系统设计参数、照明系统设计参数、可再生能源系统应用比例等，应用情况无法作出比较和统计。传统的节能审查方式无法适应当前需求，大量建筑纸质图档、备案文件审查、归档管理已经成为建设主管部门和审图机构亟须解决的问题之一。传统审查方式的主要问题是图档信息庞大，纸质报告书数据可修改，建筑相关信息难以统计和分析，采用数字化节能审查方式可以解决当前难题。

搭建一套设计单位、节能审查机构、建筑主管部门三者为一体的公共交互平台，采用数字化审查管理系统可以解决上述节能审查过程中的诸多弊端（图 9-31）。建筑节能数字化审查是以特定加密的文件格式，由设计方提交给审图机构进行审查，该设计文件格式从节能软件中通过计算直接导出，设计师无法对导出的文件进行修改，保证了节能报告与审查数据的一致性。该加密文件格式包含建筑节能的各种参数信息和

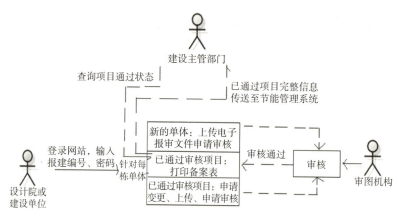

图 9-31　建筑节能审查管理流程图

模拟结果，如保温材料、使用厚度、窗体材料、围护结构传热系数、遮阳系数、窗墙面积比、体形系数、空调供暖耗电量指标等，通过审图机构审查合格的报审文件则汇总到建设管理部门的服务器中，进行数据的汇总与处理，为管理部门进行标准编制、政策制定提供一定的数据基础。

3）绿色建筑审查推进数字化转型

发展绿色建筑对于改善我国居民生活水平、节省能源资源以及解决环境等问题都起到非常重要的作用。绿色建筑是建筑业发展的必然趋势，审查评价管理体系是绿色建筑研究的重要内容。绿色建筑评价标准较为复杂，需要参与审查评价的标准与单位众多，仅依靠传统工具难以有效实施。随着信息技术和计算机技术的普及应用，"绿色建筑＋互联网"已成为建筑业必然的发展方向。

中国城市科学研究会绿色建筑研究中心主导开发的绿色建筑数字化审查评价系统是国内最早的标识申报、评审的系统之一。该系统是一个面向绿色建筑标识申报单位、评审机构、评审专家三方的网络交互平台，使绿色建筑标识申报工作实现"信息化流程、在线化操作、规范化管理"，如图 9-32 所示。

之后，北京市、上海市、重庆市、河南省、江苏省等 10 余省市均开展并上线了绿色建筑数字化审查评审系统，衔接申报单位、评审机构和评审专家的工作，为绿色建筑标识申报提供便捷、快速的通道，在线实现项目注册、资料整理、资料提交、形式审查、技术审查、邮件收发、项目管理、团队管理等绿色建筑标识申报全过程。

绿色建筑数字化审查评价系统利用互联网、大数据等信息化技术，收集绿色建筑从设计到施工再到运行管理各个环节的数据和文件，从而构建大数据库，在项目运行

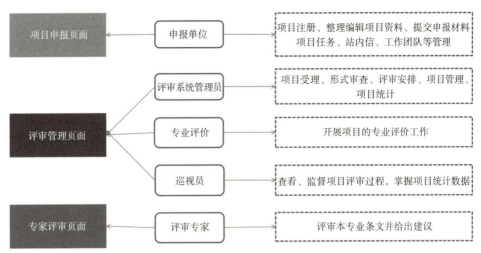

图 9-32 绿色建筑信息审查管理系统架构

的不同阶段，向相关方推送有需求的数据，进行审查与管理，从而可以提高项目流转和审查效率。

4）项目案例：湖南省绿色建筑信息审查管理系统

①技术优势

湖南省绿色建筑信息审查管理系统支持《绿色建筑评价标准》GB/T 50378—2019、《湖南省绿色建筑评价标准》DBJ 43/T314—2015 等多个绿色建筑标准，包含控制项、评分项、创新加分项等上百条评价条目。支持绿色建筑国标与地标四节一环保评价体系，同时也可支持最新绿色建筑安全耐久、环境宜居等新架构评价体系。

②核心技术

全过程数据的深度开发可以实现绿色建筑数字化辅助设计、施工管理、验收审查、后期运维、能耗监测等全生命周期综合管理，并且与各市州建筑主管部门建立数据链接，系统自动统计、汇总通过评审的项目相关信息，绿色建筑公示期满后自动向项目所在市州发送项目评审通过信息，为加快湖南省新型建筑信息化发展、提升城乡建设绿色低碳发展质量打下基础。

③项目案例

2021 年 7 月，湖南省人民代表大会常务委员会发布《湖南省绿色建筑发展条例》，根据《湖南省绿色建筑发展条例》的要求，湖南省住房和城乡建设主管部门应建立全省统一的绿色建筑信息平台（图 9-33），绿色建筑信息政务服务部门共享，并及时公布本地区绿色建筑信息。

图 9-33 湖南省绿色建筑信息审查管理系统界面

该系统自 2021 年启动研发,并于 2021 年 7 月正式上线,集绿色建筑申报、评审、项目管理、信息展示等为一体,建立全省统一的绿色建筑交互审查平台,具有全专业、全流程等特点,提高绿色建筑申报和评审效率,促进全省绿色建筑规模化发展。目前已有 10 余个绿色建筑星级预评价项目在该系统中完成申报与评审。

(3)企业运行数字化转型

1)企业端、管理端的碳排放监管系统应用

"十四五"是我国碳达峰的窗口期,建筑领域是我国能源消费和碳排放的三大领域之一,具有巨大的碳减排潜力和市场发展潜力。实行工程建设项目全生命周期内的绿色低碳建造,测算建筑耗能必须把建筑整个生命周期考虑在内,除包括传统意义上的运行碳排放外,还包括设计、制造、运输、施工、拆除等各阶段碳排放总量。设计行业下游的企业端与管理端对于碳排放的预测与管理需求也越来越多。

碳排放监管平台(图 9-34)以电力数据为核心,汇聚了电力、能源、环保监测等多方数据,对规模以上企业开展碳数据采集、监测、核算和分析,实现煤、电、油、气、新能源全链贯通、全链融合和全息响应,面向政府部门、企业等不同主体对象。

面向管理部门,碳排放监管平台可以提供碳全景地图、碳排放分析、碳足迹追踪、碳排放监管等模块,解析区域内碳排放强度、碳排放超标企业分布,助力各级政府全面掌握区域碳排放水平,提升监管力度,自动生成可视化碳排放报告,为政府有效监管碳排放提供了便利。

第九章　数字化设计和智能设计

图 9-34　企业端碳排放监管平台

面向企业层面，碳排放监管平台通过计量企业各用电生产设备耗电情况，精准计算企业生产过程中的碳排放，并可针对企业不同生产流程提供有针对性的减碳分析和节能建议，帮助企业淘汰或改进落后技术工艺。

采用产品化的开发模式，把 BIM 模型和能源活动实时采集的碳排放数据相互集成，对建设项目、运维项目、生产项目的碳排放水平进行智能分析，帮助区域监管单位、生产企业全面掌握自身碳排放水平、提升监管力度，发掘减碳潜力，沉淀节能减碳技术经验。

2）绿色建筑运维系统应用

随着绿色建筑的发展，建筑运维管理水平的提升已成为绿色建筑高质量发展的关键。然而，在实际运维过程中，竣工信息不全，缺少过程反馈，多系统独立运行等问题导致部分项目的运行效果未能达到设计预期。以 IoT、互联网、移动互联、BIM 等数字化技术为基础集成的特性为解决这类问题提供了可能。

建筑运维监管系统以建筑运维管理业务为核心，充分结合 BIM、移动互联技术、IoT、云计算、人工智能等技术，打通建筑运维过程中涉及的环境管理、能源管理、设施设备管理等诸多业务板块。系统的应用，满足公众对"绿色建筑、低碳建筑、智慧建筑"日益增长的需求，可大幅提升物业服务的品质，提升人员的工作效率，提升业主的满意度，做到建筑运行管理的减员增效，提升服务品质与管理效率，对外打造高科技的企业管理形象，对内实现建筑的高效运行，助力"双碳"目标，让建筑保值增值。

对已建绿色建筑项目的环境、能源、水质、空气质量等指标进行监测，通过平台收集汇聚楼宇感知设备的数据，实现对楼宇运行状态、能源消耗等指标的实时感知，再通过基于数字孪生的三维可视化渲染技术与各种方式的展示呈现，为楼宇的使用人员、管理人员、来访人员提供全局视角，为楼宇的绿色运维、健康运维提供全面的业务支撑和数据支撑。

3）绿色建材数字化转型新模式

绿色建材是指采用清洁生产技术、少用天然资源和能源、大量使用工业或城市固态废弃物生产的无毒害、无污染、无放射性、有利于环境保护和人体健康的建筑材料。在全生命周期内，可减少对天然资源的消耗和减轻对生态环境的影响，具有"节能、减排、安全、便利、可循环"特征的建材产品，绿色建材认证由低到高分为一星级、二星级和三星级。到目前为止，全国进行了绿色建材相关认证的有31个省、自治区、直辖市，其中前6位的是广东省、浙江省、河北省、山东省、江苏省和重庆市，广东地区有197个绿色建材获得认证，浙江省有176个，河北省和山东省分别是139个和136个（图9-35）。

绿色建材在建筑中的应用如图9-36所示。决定绿色建材使用的，主要是政策、技术、项目需求、造价这些因素，但由于项目地点不同，绿色建筑、建筑节能、建筑

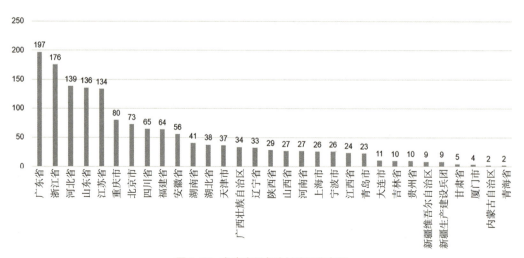

图9-35 各省市绿色建材认证分布图

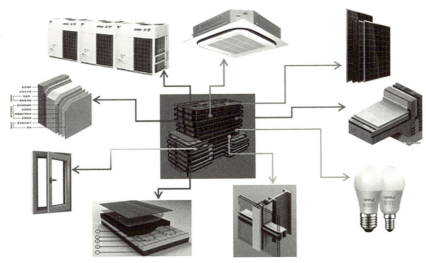

图 9-36　绿色建材在建筑中的应用

碳排放等各类指标要求也不相同，不同的工程造价预算也不一样。由于信息不对称，在设计师使用绿建节能软件进行技术、设备、材料选型过程中，存在选型难的困扰。目前通过"建筑+互联网"结合的方式，引申出云推送新的业务场景与模式，通过大量本地化工程及产品数据的积累、算法优化，可为设计师提供准确的产品、技术服务，从而实现设计选型与厂商部品推荐在工程上的结合，帮助厂商对接在建工程、对接设计师，完成云推送的过程。

通过互联网运行模式的绿色建材数字化转型，通过大数据匹配，能够精确筛选符合要求的绿色建材，并完成测算。同时能够在线监测项目建材使用数据，会按月、按地区、按行业等不同维度，进行数据分析，帮助厂商获取一个更为宏观的市场信息，更好地衡量自己的市场份额占比和发展空间，进行相关业务规划。

3."双碳"与绿建设计案例

（1）绿色低碳勘察设计案例

1）项目案例：苏州某住宅建筑全生命周期碳排放分析

①技术优势

该工程整体按绿色建筑三星级目标设计，有效地降低了建筑能耗，减少建筑对环境的影响，同时采用预应力混凝土叠合板结构形式，绿色建筑措施采用外遮阳、全热交换式换气机等建筑节能技术，以及雨水回用、节水喷灌等节水技术，大大节约了能源和资源。并在室内应用户式中央空调系统，大大提升室内舒适度，具有很高的推广价值及绿色建筑示范效果。

②核心技术

A. 预应力混凝土叠合板结构体系

采用预应力混凝土叠合板作为楼板，按国家标准《叠合板用预应力混凝土底板》GB/T 16727—2007设计，这种结构体系具有质量好、施工快、环保、有利于形成大跨度空间结构等优点。

B. 活动外遮阳措施

该项目在建筑南侧、东西侧外窗设置电动卷帘外遮阳，减少夏季通过外窗透光部分进入室内的热量，同时，在冬季、夜间遮阳还能起到一定的保温效果，降低了建筑能耗，提高了室内热舒适度。

C. 变制冷剂流量多联空调系统

本项目采用多联机空调系统，空调主机根据房间负荷自动调节变频器的频率，调整压缩机的转速，耗电量和房间负荷同步，达到节能的目的。

D. 全热交换式换气系统

采用全热交换式换气系统，在室内空气与室外空气进行置换时，能够有效地回收热能，在夏季预冷室外新风，冬季预热室外新风，减少温度差，节约能量消耗，保障室内舒适。其不仅可以满足室内的空气品质，而且全热效率达到69%，避免能量浪费，提高系统的节能性。

③项目案例

该项目位于苏州工业园区紧邻金鸡湖北岸，项目四周均为商、住、文教混杂区。项目于2002年11月立项，2010年10月15日通过施工图审查，于2010年11月25日开工，2012年12月30日竣工，获得2011年度绿色建筑设计评价标识——绿色建筑三星级。本工程为装配式剪力墙结构，建筑面积18943.36m^2，共32层，共120户。本项目地处夏热冬冷地区，建筑外墙采用加气混凝土砌块+模塑聚苯板，屋顶采用钢筋混凝土+轻质泡沫混凝土；对于外窗部分，窗框采用断热铝合金型材，南北向玻璃采用中空Low-E玻璃5+9A+5，东西向玻璃采用中空玻璃5+9A+5，南向设置活动外遮阳措施。本工程采用BIMBase平台中的碳排放软件进行运行阶段碳排放计算，包括空调供暖系统、照明系统、插座设备、生活热水和电梯。电力电网因子按华东地区电力碳排放因子0.8095kgCO$_2$/kWh。

A. 计算依据

该项目主要计算依据如下：

《建筑碳排放计算标准》GB/T 51366—2019；

《民用建筑绿色性能计算标准》JGJ/T 449—2018；

《江苏省居住建筑热环境和节能设计标准》DGJ 32/J 71—2008；

《电梯技术条件》GB/T 10058—2009；

《江苏省住宅设计标准》DGJ 32/J 26—2006；

《建筑给水排水设计标准》GB 50015—2019；

《建筑全生命周期的碳足迹》李岳岩、陈静著；

建筑、暖通、给水排水专业设计图纸及说明；

节能计算报告及模型；

概预算表。

B. 应用情况

（a）空调供暖系统碳排放量

供暖日期：11月1日至次年3月31日；空调日期：6月1日至9月30日。根据暖通设计图纸中的设备材料表取值，空调系统采用变制冷剂流量多联空调系统设备，室内机的性能参数如表9-1所示；室外机的制冷量和制热量分别达到15.5kW和18.0kW，EER取3.40，COP取3.88，共120台；同时，考虑热交换，采用全热交换式换气系统，全热效率达到69%。

室内机性能表　　　　　　表9-1

室内机类型	冷量（kW）	热量（kW）	风量（m³/h）	功率（W）	数量（台）
暗装接送回风管型	2.8	3.3	480	20	240
	3.6	3.8	780	40	120
	4.5	5.0	780	40	240

全年供暖和制冷碳排放量达到106652.99kgCO_2e和142768.07kgCO_2e。

（b）照明系统碳排放量

照度小时数及照明功率密度值采用《建筑碳排放计算标准》GB/T 51366—2019中的值。照明系统参数设置及碳排放量见表9-2。

照明系统碳排放量汇总　　　表 9-2

房间名称	房间面积（m²）	照明功率密度值（W/m²）	照明时间（h/a）	照明能耗（kWh/a）	碳排放量（kgCO₂e/a）
卧室	5814.64	6	1620	56518.3008	45751.56
起居室	6330.23	6	1980	75203.1324	60876.94
主卧卫生间	1550.31	6	1980	18417.6828	14909.11
厨房	1180.8	6	1152	8161.6896	6606.888
走廊等公共空间	4384.19	5	180	3945.771	3194.102
合计	—	—	—	162246.5766	131338.6

（c）生活热水系统碳排放量

本工程生活热水考虑采用燃气锅炉供热，本工程共 120 户，人数 360 人，根据《民用建筑节水设计标准》GB 50555—2010 用水定额取 40L/（人·d），热水供应天数为 292d，利用能耗模拟软件计算得出生活热水的能耗为 106128.82kWh，生活热水的碳排放量为 85911.28kgCO$_2$e。

（d）电梯系统碳排放量

参照《电梯技术条件》GB/T 10058—2009 提供的电梯能耗计算方法，根据建筑及电气图纸说明，可知本工程电梯 4 部，电梯主要参数如下：载重量为 1050kg，速度为 1.75m/s，运行高度为 105m，通过计算可得电梯运行年碳排放量为 157543.72kgCO$_2$e。

C. 应用效果

全年建筑运行阶段碳排放量达到 757148.43kgCO$_2$e（757.15tCO$_2$e），50a 总碳排放量达到 37857421.34kgCO$_2$e（37857.42tCO$_2$e）（表 9-3），其中空调供暖系统、插座设备碳排放量占比最大，分别为 32.95% 和 29.77%（图 9-37）。

运行碳排放量汇总　　　表 9-3

系统	运行碳排放量（kgCO$_2$e/a）	碳排放量指标（kgCO$_2$e/(m²·a)）	所占比例（%）	
供暖	106652.99	5.63	14.1	33.0
空调	142768.07	7.54	18.9	
照明	131338.6	6.93	17.3	
生活热水	85911.28	4.53	11.3	
电气设备	225391.13	11.89	29.8	
电梯	65086.358	3.43	8.6	
合计	757148.43	39.97	100.0	

第九章 数字化设计和智能设计

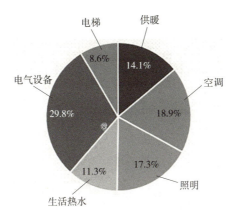

图 9-37 运行阶段碳排放量占比

（2）节能低碳审查案例

上海市建筑节能审查管理系统信息全面、分类清晰、管理条线明确，作为建筑节能设计单位、审查机构和建设管理部门三者的公共交互平台，在使用者之间起到桥梁的作用，为管理部门提供不同时段的项目总体统计情况。同时该系统具备完整的安全体系与架构、完备的安全管理制度，保障系统各层次数据的安全。

建筑节能审查管理系统采用 B/S 与 C/S 混合的软件体系结构，对于节能计算数据，数据维护以及数据精确和安全性要求较高的操作采用 C/S 体系结构，其他信息系统采用 B/S 结构。B/S 体系结构的适用对象包含对于系统统计功能、分析功能、比较功能、显示功能等，设计单位用户、审查机构人员可以直接通过外网浏览器方式访问登录建筑节能审查管理系统。C/S 体系结构的适用对象比如精确的建筑能耗计算、数据统计等。只有特定人员才能操作的功能，以及数据准确及安全性要求较高的操作采用 C/S 体系结构，这种结构可以最大限度地提高整个系统的数据采集速度和运算效率，缩短系统响应时间。

根据我国建筑节能设计的要求，为了从根本上扭转民用建筑用能严重的情况，实现我国节约能源和保护环境的战略，贯彻国家、上海市建筑节能设计标准及相关政策法规，并解决之前节能设计和审查过程中存在的问题，上海市建设管理部门开始研发与建筑工程紧密相关的建筑节能审查管理系统，该系统支持上海市《公共建筑节能设计标准》DGJ 08—107—2015 与上海市《居住建筑节能设计标准》DGJ 08—205—2015 的审查与管理。

系统自 2013 年启动研发，2014 年起正式上线运行，上海市已有上千栋新建建筑单体工程通过该系统进行上报、审查和管理。审查机构审查完成后，将节能工程评价

图 9-38　上海市建筑节能审查系统界面

结果通过系统一方面反馈给设计单位，一方面反馈给建筑主管部门进行管理与数据统计。

上海市率先实现了建筑节能数字化审查与管理，并在设计单位、审查单位、管理部门三者中建立了良好的交互平台（图9-38），通过电子报审文件实现建筑节能信息的数据流通与汇总，提高了节能审查效率，同时保证网络传输的安全性和及时性。避免了审图机构大量纸质图档的备案存储，也解决了设计单位手动修改节能数据的问题，并可为建设主管部门提供大量真实的统计、分析数据，在使用者之间起到桥梁作用，为政府决策和标准制定提供有效的数据支撑。

（3）企业运行案例

根据绿色建筑相关要求对建筑用电、用水、用气等能耗数据进行采集、统计，并结合BIM模型进行能耗数据展示与分析；在原有能耗分项计量系统的基础上，突出实现以下两个功能模块：基于BIM可视化的能耗数据展示、多类能耗数据的自动统计与分析。通过各类环境监测传感设备对绿色建筑典型功能房间进行环境监测采样，实现以下功能：监测室内环境，如温度、湿度、二氧化碳浓度等；监测室内空气质量，如颗粒物浓度、甲醛浓度。

根据绿色建筑动态评价体系，通过采集建筑能耗、环境、水质、设备设施、物业管理动态运行数据，对绿色建筑运行情况进行实时评价分析，对于低分或不合格情况给予分析与预警，为物业管理人员提供运维帮助，以保证建筑始终处于健康舒适的运行状态。

以绿色、健康及节能相关指标数据为基础，运用IoT、智能感知、BIM等技术，集成建筑各类绿色指标数据和健康指标数据，尽可能实现提升建筑室内环境舒适度，合理降低建筑能耗，提升设备设施实时使用效率和效果，延长设备设施使用寿命。同时，对影响用户健康的多方面因素进行监控优化，达到更好满足绿色建筑可持续发展、提升建筑健康性能要素以及建筑数字化应用创新的需求。

试点工程为湖南省第五工程有限公司自持的新桂国际广场项目，通过动态评价系统建立建筑环境、能耗、水质、设备以及物业服务等运维管理数据的实施动态监测，并基于湖南省绿色建筑运行动态评价体系进行综合评价。该系统于 2022 年 5 月上线运行，硬件投入成本较少，具有低成本、可复制的特点。目前运行数据良好，达到绿色建筑设计要求，并为物业及业主单位提供了全面的运行数据与评价结果。

系统配套的硬件设备大多采用无线通信的方式，由于硬件设备信号不稳定因素，系统在运行中存在数据异常等问题，已通过定期校验的方式进行数据修正，并建立异常数据自动修正模型，同时加装信号增强器保障数据的稳定传输。

在一楼大厅安装 2 个 90 寸大屏，基于 BIM 模型展示绿色建筑总体运行情况，在空间上呈现建筑运行数据，将建筑的能耗、环境、水质、设备等情况直观地展现给建筑使用者与管理者，如图 9-39 所示。

在主体建筑模型下，对绿色建筑基本信息及能耗、环境、设备等关键指标进行展示呈现。通过该功能，用户可以对建筑运行情况进行全方位预览，或查看该建筑或某单层指定时间内的水、电、燃气的整体使用量、使用变化分项能耗以及碳排放情况。还可以展示建筑内设备在线离线情况、设备分类以及设备运行报警情况；在单楼层下，展示该楼层内的设备清册、设备位置以及设备运行状态。项目运维管理系统的主界面如图 9-40 所示。

图 9-39　大屏实景

建筑使用者通过使用手机小程序查看绿色建筑各系统的总体运行情况，并对建筑运行情况进行问题反馈与评价，实现使用者与物业的互联互动，如图9-41所示。

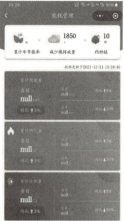

图9-40　项目运维管理系统主界面　　　　　　图9-41　移动端界面

四、新型建筑工业化

1. 数字化转型与新型建筑工业化

新型建筑工业化与建筑业数字化转型高度相关，《住房和城乡建设部等部门关于加快新型建筑工业化发展的若干意见》（建标规〔2020〕8号）明确了新型建筑工业化是通过新一代信息技术驱动，以工程全生命周期系统化集成设计、精益化生产施工为主要手段，整合工程全产业链和创新链，实现工程建设高效益、高质量、低消耗、低排放的建筑工业化。相对于传统建筑业生产方式比较粗放、劳动生产率低、科技创新能力不足，新型建筑工业化明显提出了更高的要求。新型建筑工业化要求通过新一代的信息技术整合设计、生产、施工等整个产业链，而传统建筑业在不同阶段、不同专业和业务模块协同性明显不足，信息化程度低，只能覆盖规划、设计、施工和运维等阶段的某一阶段，阻碍了全流程的有效贯通和统一协作。

"十四五"建筑业发展规划提出的主要任务之一是加快智能建造与新型建筑工业化协同发展，明确指出推广数字化协同设计。在建筑方案阶段，应用数字化手段丰富方案创作方法。建筑设计阶段，推进建筑、结构、设备管线、装修等一体化集成设计，提高各专业协同设计能力。完善施工图设计文件编制深度要求，提升精细化设计水平，为后续精细化生产和施工提供基础。研发利用参数化、生成式设计软件，探索人工智能技术在设计中的应用。

新型建筑工业化的重要基础是标准化和数字化，通过完善模数协调、构件选型等标准，建立标准化部品部件库，推进建筑平面、立面、部品部件、接口标准化，推广少规格、多组合设计方法，从而实现标准化与多样化的统一。利用BIM技术强化设计、生产、施工各环节数字化协同，推动全生命周期的信息集成应用。

2. 建筑工业化数字化转型的应用

（1）新型建筑工业化与智能设计

装配式建筑是新型建筑工业化的典型代表，装配式设计相对于传统现浇结构设计增加更多的设计内容，需要考虑预制构件的深化设计，设计精度要求高，设计绘图工作量大幅度增加。传统的二维CAD辅助设计很难达到设计精度的要求，同时效率低下。目前设计师普遍采用BIM技术来进行装配式相关设计，但是存在软件智能化程度不足，需要手动设计翻模的问题。智能设计是通过新技术对建筑设计阶段进行升级，包括设计工具的升级和设计逻辑的升级。

装配式建筑对设计工具的升级需要考虑精细化、一体化、多专业集成的特点，针对装配式建筑全流程设计，包括方案、拆分、计算、统计、深化、施工图和加工详图各个阶段提供合适的工具，以提高工作效率。具体来说，像快速拆分工具、统计工具、智能查找钢筋碰撞点、智能生成设备洞口和预埋管线、构件智能归并，即时统计预制率和装配率，自动生成各类施工图和构件详图，自动生成构件材料清单等功能可以极大地减少重复设计工作量。而这些是一般BIM软件所不具备的，需要专业开发。

比如框架结构装配式项目中，预制梁的底筋避让是深化设计工作量最大的部分，常规三维模型软件虽然可以比较直观地观察到钢筋碰撞点，但是仍然需要人工手动调整钢筋位置和弯折来实现钢筋避让。通过设计工具的升级，不仅自动检查碰撞位置，还可以通过内置算法来实现钢筋自动避让，从而达到智能设计的目的，提高设计效率，如图9-42所示。

设计工具的升级还体现在融合国家标准，将设计规则内置处理为软件的自动设计逻辑，以此实现智能设计。三一筑工科技股份有限公司研发的SPCS装配式体系是一种装配整体式钢筋焊接网叠合混凝土结构技术体系，主要结构采用空腔构件，设计内

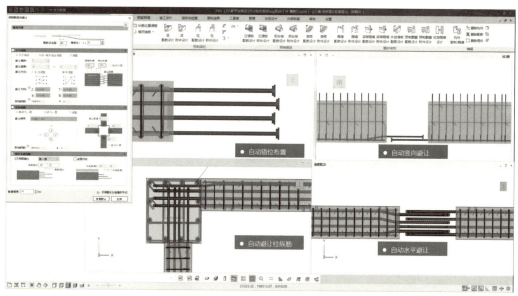

图 9-42 智能设计工具

容更加复杂。在软件中内置 SPCS 技术的设计规则，快速完成从建模到深化设计的各个过程，能够有效提高设计效率，如图 9-43 所示。

BIM 技术的发展使得建筑业设计逻辑向制造业逻辑进行转变成为可能。建筑业思维逻辑转变的重要一点体现在标准化设计。标准化设计是建筑工业化的核心，是

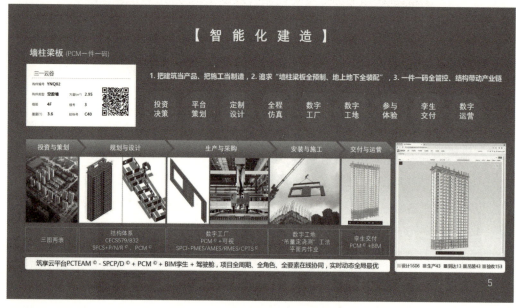

图 9-43 SPCS 智能设计流程示意图

提高建筑品质、提升效率、节省工期和成本的重要方法和措施。标准化设计对装配式建筑的影响更加明显，装配式建筑与传统现场浇筑或安装的工程项目不同，装配式建筑采用搭积木的方式进行建造，目前装配式建筑标准化、数字化程度不高，成本居高不下，如何提高装配式建筑标准化、智能化程度，是装配式建筑必须解决的关键问题。

标准构件库是实现标准化设计的重要方法之一。部分企业已经根据地方特色、体系特点、工艺做法等要求，利用实践数据累积形成基于公有云的标准部品部件库平台（图9-44）。装配式建筑预制部品部件应用贯穿设计、生产、施工各个流程。在应用推广过程中，各个领域、各个专业间的数据孤立会造成装配式建筑效益降低，直接影响装配式建筑的发展。通过云部品库解决部品共享问题，设计企业、构件厂等按权限创建与使用数据，形成数据开放平台，为设计阶段、生产阶段、施工阶段提供数据取用服务，同时也有利于降低生产建造成本，推动装配式建筑建造过程的标准化。

图9-44 标准部品部件库平台

(2) 新型建筑工业化与一体化集成设计

一体化集成设计是设计技术更新的重要方向和发展趋势，在制造行业中已经有了广泛的实践，通过一体化集成设计，有效地保证部件在设计过程中，同步满足造型、布置、材料、工艺、质量等各相关方面的要求，提高设计效率和质量。在建筑行业，一体化集成设计也逐渐被提及和采用，特别是在装配式建筑项目中。目前装配式建筑受传统建筑工作方式的影响，设计、生产、施工阶段各自分隔，呈现"碎片化"的特点，突出体现在设计过程对工厂加工生产和现场施工内容缺乏考虑，导致工厂加工效率低、工艺工序复杂、资源浪费的现象。将装配式建筑当作一个整体，利用一体化集成设计和信息化手段，是必然选择的解决方案。

为解决装配式建筑一体化集成设计实践过程中面临的技术体系多样化、评价标准多样化、部品部件标准化程度低、设计工作量大、参与方众多并需要异地协同等重点难点问题。装配式建筑一体化集成设计不仅需要实现建筑、结构、机电、装修系统的一体化设计，同时还要实现设计、生产、施工、运维阶段一体化集成。实现一体化集成设计的方法需要紧密结合BIM协同设计工作平台，利用BIM技术实现多方面集成、多专业配合，提高设计效率及准确性。

装配式建筑具有精细化、一体化、多专业集成的特点。利用BIM软件进行建筑、结构、机电专业协同设计，同时融合装配式建筑方案、拆分、计算、统计、深化等全流程设计工作。比如在设计过程中，机电管线可在预制构件上进行自动开洞及预埋计算，并生成相应的开洞及预埋提资信息，结构计算分析结果可在预制构件上自动生成三维钢筋排布等。基于BIM数据研究开发装配式建筑多专业协同设计模式，采用通用数据库技术，基于装配式建筑模型数据单元的建立，通过数据单元的数据管理与显示技术，与现有设计、生产中的数据源间数据进行交换，与多个上层应用平台的数据无缝衔接。完善项目管理、人员角色及权限管理、数据版本管理、消息通知机制，并实现基于协同工作集的工作、冲突解决机制等。

装配式EPC企业、构件生产厂商具有设计数据直接对接生产机械需求。基于BIM软件快速完成装配式建筑全流程设计，通过智能拆分、智能统计、智能查找钢筋碰撞点、智能开设备洞和预埋管线、构件智能归并、即时统计预制率、国标及多地装配率等功能，自动生成各类施工图、构件详图及构件材料清单。同时设计完成后，可直接生成生产加工数据，包含构件、钢筋、预埋件等信息，对接生产管理系统及生产加工设备，指导工厂生产加工。

施工图审查是工程设计过程中的关键环节，对工程设计质量起到重要的保障作用，有效控制设计错误、疏漏，避免出现重大工程事故。目前施工图审查主要以人工审查为主，容易出现审查工作量大、审查深度不足、审查尺度差别较大等问题。特别是在装配式项目持续增长的环境下，图纸数量大幅增加，图纸审查很难做到全覆盖。在此情况下，数字审查成为一种必然选择。

第九章 数字化设计和智能设计

装配式 BIM 审查系统（图 9-45），可以实现针对装配式建筑的审查数据输出及与 BIM 审查平台的自动对接。通过建立自主可控的装配式建筑 BIM 审查数据标准和技术标准体系，形成以 BIM 审查技术标准、模型交付标准、数据标准为基础的标准体系。支持导出符合标准体系的文件格式，包含审查必要的项目信息、属性信息、模型信息和计算信息并可直接载入系统进行审查，完成后续的数据管理业务。数字审查将装配式规范条文转换为计算机语言，实现机审系统对规范条文进行拆解形成领域规则库，对 BIM 模型自动提取数据形成语义模型，通过审查引擎对领域规则库及语义模型进行审查，最终得到各地装配率、预制构件标准化、安全性审查等多类审查结果。

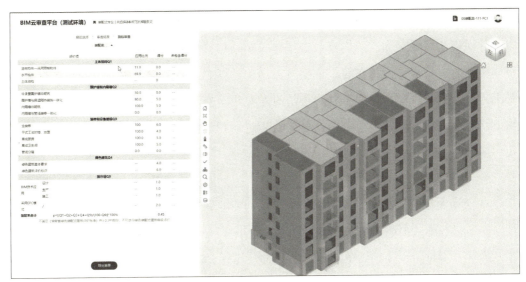

图 9-45 装配式 BIM 审查系统

审查系统利用数据中心统一管理装配式模型数据、审查结果及中间计算数据流。审查引擎可基于装配式建筑全专业精细化模型，根据不同地区的要求对装配式建筑模型成果进行审查评价，并判断是否满足当地装配式设计要求。

3. 建筑工业化数字化转型项目案例

滨湖润园项目位于合肥市滨湖新区迎淮路与天津路交口，总建筑面积 266726.95m^2。项目涵盖高层住宅楼、商业楼、幼儿园等大型民生工程和重点工程。高层住宅楼 20 号 ~34 号楼主要为装配整体式混凝土剪力墙结构，连接方式采用钢筋套筒灌浆连接技术。项目采用PKPM-BIM平台完成各专业方案设计及构件深化工作。

在此项目中，各个专业基于PKPM-BIM系统内的专业平台完成各专业模型的创建。建筑、结构、机电以及施工专业将各自的模型信息集成到一个BIM模型中。此外，项目基于PKPM-BIM系统的装配式模块PKPM-PC完成装配式深化设计，利用智能化拼装、参数化构件库、精确算量等技术完成装配式住宅设计。为了实现标准化、精细化设计，该项目采用基于BIM的装配式协同设计方式。在设计初期，进行各专业工作流程梳理，并建立与之配套的设计标准。采用集成项目模型方式，各专业不仅共享数据模型，也可以从不同专业角度参照、细化、提取数据。

建筑专业在方案设计阶段，根据既定目标预计构件拆分原则进行方案设计及调整，避免方案不合理导致后期技术经济性不合理。依据初步设计方案，在建筑模块中进行建筑模型创建。在此期间，建筑师需确定项目轴网、楼层准确，外围结构布置尽量不变，以便其他专业高效工作。结构专业依据建筑转结构，生成基本结构模型，并进行部分竖向构件完善、水平构件布置。模型接力结构计算，进行模型调整，以满足结构受力要求。在协同工作中，结构工程师可随时参考建筑变更，及时调整模型，并可反提供给建筑专业，使得建筑工程师根据结构要求进行相关设计。暖通、给水排水、电气专业可参照建筑、结构模型进行相关构件布置，形成机电全专业模型。通过以上工作模式，完成全专业模型。

在全专业施工图基本完成后，装配式设计专业获取全专业模型进行相关装配式设计。本项目装配式范围为6~33层，保温形式为夹心保温，预制构件为外墙、叠合板、预制楼梯、阳台，单体预制率为30%。在拆分过程中，依据BIM模型，利用软件自动拆分功能，在保证构件模数化的基础上，提高构件标准化应用，从而降低模具数量，达到降低成本的目标，如图9-46所示。同时对于标准构件，存储到构件库中，以便其他项目复用。

图9-46 滨湖润园项目模型

五、BIM 智能审查

1. BIM 审查国内外现状

（1）BIM 审查国外现状

国外数字化审批可以分为 3 个发展等级，第一级实现了基础电子审批，在提交阶段提交电子二维图纸，在审查阶段人工审查电子图纸，在建造阶段为数字检查报告，目前处于第一级的有芬兰的 e-permit 和澳大利亚的电子规划系统等。第二级实现了自动基于模型的审批，在提交阶段提交电子建筑信息模型，在审查阶段自动化合规性审查，在建造阶段基于模型的检查，目前处于第二级的有新加坡的 CORENET e-Plancheck、澳大利亚的 Design Check、美国的 AutoCodes 以及韩国的 KBim 等。第三级实现了完全集成化的电子审批，在提交阶段为 BIM 和 GIS 集成，在审查阶段为集成的设计方案审查，在建造阶段为集成的运筹规划，目前荷兰在试点研究阶段，澳大利亚提出了发展目标。

挪威、澳大利亚和美国都先后研发了基于 BIM 的施工图审查系统，挪威的系统集成了 e-PlanCheck、SMC、dRofus 等多个平台对建筑空间设计和无障碍设计进行合规性审查。澳大利亚在 EDM 的基础上开发其审查系统 DesignCheck，支持设计师和审查机构在建筑设计过程的各个阶段进行审查。美国的 SMARTcodes 重点研究法规转换为结构化语言的方法。英国的医疗建筑法规自动化审查项目重点研究医疗建筑类法规的机器语言转换可行性，这两国的项目都将结构化处理后的规范条文导入模型检查软件 SMC 中进行施工图模型审查。

（2）BIM 审查国内现状

国内 BIM 审查系统处于起步阶段，在住房和城乡建设部与各省市相应政策的推动下，多地开始积极尝试基于 BIM 模型的智能审批工作。

我国的施工图审查可分为 4 个阶段（图 9-47），第一阶段是传统审批阶段，以线下提交的纸质图纸和文档资料为主，人工对纸质图纸进行审查。第二阶段是电子审批阶段，以设计单位提交的电子二维材料为主，审查人员通过电脑查阅施工图纸，并对其进行审查。第三阶段是智能审批阶段，实现二维与三维的联合审查，完成设计阶段的 BIM 模型审查，有效提高了工程建设项目审批的效率和质量，推动工建改革从行政审批提效向新技术辅助技术审查提速转变，助力城市工程建设管理的信息化管控。第四阶段是 BIM 模型的集成应用阶段，建筑模型涵盖从规划、设计、施工、验收、运维阶段的全部数据，所有审批和管理均可对通过一套标准模式建立的建筑信息模型进行

建筑行业发展趋势

图 9-47 国内 BIM 报建审查发展趋势

处理，促进数据更大范围的集成共享，助力行业和企业数字化及智能化转型升级。

1）完善 BIM 全流程应用政策。探索分阶段完善、实施 BIM 技术全流程应用配套政策体系。完善行业取费标准、BIM 模型审查结果认定机制等，以政府投资项目为约束，社会投资项目为引导，逐步实现 BIM 技术全流程一体化应用全覆盖。

2）逐步扩大房建 BIM 报建审查范围，推进设计阶段 BIM 技术应用提升，实现房屋建筑工程 BIM 报审政策导向由引导性向约束性转变，逐步实现覆盖市政、水务、交通等领域全部强条的 BIM 智能审查。

3）在部分重点城市探索开展 BIM 技术深度应用，融合大数据、IoT、人工智能、云计算、区块链等新技术，摸索单项目建设运行和区域管理体系，逐渐建立基于 BIM 的项目全生命周期数字化管理平台，统筹推进 BIM 技术在项目全流程的应用和数据流转，切实利用数据驱动生产，形成可复制、可推广的基于 BIM 全过程数字化管理新模式。

4）加快推动国产 BIM 软件应用。鼓励设计、施工、运维单位，结合企业自身业务能力和需要，基于 BIM 全流程应用标准和通用数据格式，自研或选取国产 BIM 软件，建立 BIM 模型，开展各阶段数字化应用，提升企业数字化管理水平和能力。

2012 年开始，政府部门开始逐步接触并推广 BIM。2018 年以后，越来越多关于 BIM 的推进政策、规范标准陆续推出，BIM 技术应用从试点示范逐步向全国各城市房建、市政、基础设施等工程推广，真正实现全国范围内各行业的普及应用。

基于 BIM 的审批审查，已有十多个省市建设 BIM 审查审批系统并投入使用，并采用 AI 技术辅助审查，取得了良好的应用效果和社会效益。

目前，雄安新区、湖南、南京、广州、厦门已完成 BIM 审查审批系统的建设并上线运行，在实际项目中不断探索完善审查系统，完成二维电子审图系统的对接和审查流程再造，降低审核重点难点及漏审率。除了以上地区，兰州、三亚、青岛、天津、苏州、深圳、湖北等地区也已经或正在建设 BIM 审查审批系统。各地的 BIM 审查审批系统中，引入 AI 技术，实现施工图的智能审查。同时，在实现审查审批业务的基础上，积极探索与 CIM 平台的对接和建设智慧城市的解决方案。基于 BIM 和 AI 技术的审查审批在国内已经成为建筑工程领域不可逆转的趋势。

2. BIM 审查主要目标

工程建设项目审查审批一般包含立项用地规划许可、工程建设许可、施工许可、竣工验收四项内容。近些年，基于 BIM 的审查技术在各地政府部门、开发商、设计单位均有所实践应用。借助 BIM 技术可视化、参数化的特点，可以进行快速智能审查，结合管理部门审批工作，可有效提升工程建设许可、施工许可、竣工验收三大阶段审查审批效率，配合工程建设项目审批制度改革完善现有工作流程，并对接各试点城市 CIM 基础平台建设，整体推动当地 BIM 技术发展。

BIM 审查的主要目标有以下 3 个方面：

（1）以工程项目审批制度改革为引领，将 BIM 技术应用到施工图审查业务，推动 BIM 技术在工程建设全过程的集成应用。

（2）实现施工图审查从二维平面向三维立体模型的技术跨越和改革转型，确立科学、便捷、高效的工程建设项目审查和管理体系，提高审图效率，最大限度地消除错审漏审，全面提升项目报建审批数字化、信息化和智能化水平。

（3）结合 BIM 技术在工程建设项目中的实际应用情况，形成统一规范的 BIM 信息数据存储、交换、交付等通用标准，打通全链条数据，提升政府的规建管能力；探索 BIM 导入 CIM 平台的更新机制，为智慧城市建设提供基础支撑。

3. BIM 智能审查主要内容

（1）图模一致性检查

由于 BIM 技术有待进一步成熟，导致目前将 BIM 模型文件作为交付审查文件的过程中还存在很多问题。目前多类型数字化交付成果在工程建设的任何协同环节都是交付的核心。在 BIM 正向设计工作模式下，图纸与模型一致，但由于作图和建模过程独立，非常容易导致二维图纸和 BIM 模型存在不一致的情况。未经过一致性检验的成果，会造成各自差异和错漏，导致下游放弃承接和使用上游传递而来的模型，在交付前必须进行审查。

图模一致性检查将图纸和 BIM 模型进行对比，能发现图纸和模型之间存在不一致的情况，通过对施工图纸的收集、标注，运用包括图像分类、物体检测、图像分割等技术结合的施工图纸智能识别算法，在短时间内根据施工图纸内容快速精准建模。图模一致性对比可以高效地进行图纸和模型的匹配、识别、对比，有效提升审查效率。同时，二、三维联动展示可以清晰定位问题位置，直观呈现审查结果，提高审查效率和准确性。

（2）规范和标准的校对审查

规范条文的监管审查是保证工程建设标准得到有效实施的重要手段。目前我国规范监管审查仍存在管理水平不一、工作量繁重、信息智能化水平低等问题。利用审查平台整合适用于 BIM 施工图审查平台设计方、审查方、软件方的 BIM 标准，将规范中的指标进行量化，转换为计算机可以处理的内容，包括属性值规则、属性值存在规则、空间构件规则、正则表达式规则、几何和距离计算规则等。同时，结构化自然语言易于人类理解，便于定制规则和确认规则的正确性。

基于 BIM 的规范和标准校对审查，有效推动 BIM 施工图审查的实施与落地，合理地整合行业 BIM 数据，提升数据应用与管理，提高施工图审查效率。

（3）多专业协同及碰撞检查

各个专业之间，如结构与水暖电等专业之间的碰撞是一个传统二维设计难以解决的问题，往往在实际施工时才发现管线碰撞、施工空间不足等问题，造成大量变更、返工，费时费力。

基于 BIM 的多专业协同及碰撞检测能很好地解决这个问题。以三维 BIM 信息模型结合二维图纸，解决传统二维审图中难想象、易遗漏及效率低的问题，在施工前快速、准确、全面地检查出设计图纸中的"错、漏、碰、缺"问题，还能够通过模型检查软件提前发现与消防规范、施工规范等规范冲突的问题，减少施工中的返工，节约成本，缩短工期，保证建筑质量，并减少建筑材料、水、电等资源消耗及带来的环境问题。

基于国内建筑本地化的规范和业务规则，对业务处理可以具体到构件类型，不仅能检查实体碰撞，还能进行预留洞检查（直接根据模型自动生成预留洞图）、保温检查、门窗开启过程中的动态检查、净高检查、空间检查及各种设计、施工、质量验收规范检查等。

4. 智能审查的技术路线

针对上述技术问题，在平台建设时可以从设计阶段入手推进 BIM 技术应用。通过建设 BIM 审查平台，可进一步为工程建设项目改革提质增效。通过 BIM 国产三维图形引擎技术，编制统一的公开数据格式，对接 CIM 平台，打造建筑物、基础设施模型与地理信息技术的融合，BIM 智能审查审批平台通过规范可量化处理形成行业规则库，实现对 BIM 数据的智能化审查。以工程建设的规划审查、施工图审查、竣工验收为切入点，对 BIM 数据进行自动校对与审核，从而提升审查审批效率，节省建设单位、设计单位成本，缩短项目办理周期，打造标准规范、入口统一、高效快捷、安全可靠的全生命周期 BIM 智能审查审批系统，如图 9-48 所示。

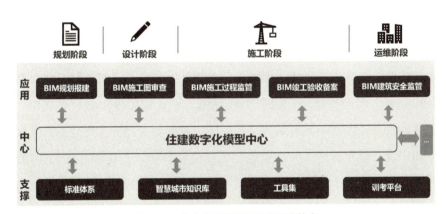

图 9-48 全生命周期 BIM 智能审查技术

（1）编制配套标准

标准作为 BIM 数字化报建审批的基础性工作，完成成果的表现形式是编制平台运行所需执行的相关标准，内容包含设计人员需要交付的模型内容、审查平台能完成的工作范围、平台软件研发要实现的内容等一系列相关工作。

建立满足工程建设项目各阶段数字化应用、交付、审批及归档应用体系，赋予 BIM 模型作为成果交付的法律效力。标准体系建设包括：

1）《建筑信息模型审查系统技术标准》，供专业技术审查人员使用，主要界定平台完成自动审查的条文范围及与 BIM 模型相关数据信息的关联性，确定通过平台进行 BIM 技术自动审查的内容。

2）《建筑信息模型审查系统模型交付标准》，供专业设计人员使用，主要是对交付物的内容及形式进行约定，规定设计人员为完成审查需提交给平台的 BIM 模型的数据内容及相关参数指标，并对交付物的内容及形式进行约定。

3)《建筑信息模型审查系统数字化交付数据标准》，供数字化平台软件开发人员使用，主要归纳整理与审查指标相关的 BIM 模型参数指标及数据表达方式，形成 BIM 模型数据库成果文件，作为 BIM 数字化报建审批系统的配套工作，保障平台顺利运行。

配套标准建设的目的是系统性提出 BIM 施工图审查需要研究和编制的相关标准。最终建立满足工程建设项目各阶段数字化应用、交付、审批及归档应用体系，各类主流软件设计的 BIM 模型通过统一的标准格式（IFC、XDB 等）载入系统进行审查，并完成后续的数据管理业务，全过程权限分级、批注留痕、不可篡改。

（2）搭建全生命周期 BIM 智能审查平台

各省市建设的全流程 BIM 智慧审查审批平台，主要包含 BIM 规划报建审查系统、BIM 施工图审查系统、BIM 竣工验收系统等。

系统建设依托 BIM 审查各项标准，实现横向数据流转对接和纵向数据汇交共享，打通全链条数据，提升政府的规建管能力。充分发挥 BIM 作为数据载体的优势，打通建筑各阶段数据，实现数据资产的全周期管理。建立 BIM 竣工验收备案系统，依托 BIM 规划报建和竣工验收 BIM 备案"一头一尾"审批监管环节，提高各阶段 BIM 技术应用深度和广度，建立健全工程质量数字化安全监管模式。延伸 BIM 数据流转价值，实现设计阶段 BIM 向施工阶段 BIM 数据传递，完善工程建设数字化成果交付和存档管理体系。BIM 施工图审查系统审查内容如图 9-49 所示。

图 9-49　BIM 施工图审查系统审查内容

5. BIM 智能审查系统项目案例

自 2018 年初住房和城乡建设部在广州市、厦门市、雄安新区开展 BIM 报建及 CIM 平台试点以来，目前 BIM 施工图智能审查平台（包括已建、在建）覆盖了 10 余个省市级，分别是雄安新区、厦门市、湖南省、广州市、天津中新生态城、南京市、苏州市、青岛市、兰州市、三亚崖州湾等地，并有多个省市正在筹建中，100% 涵盖了已建 BIM 审查平台的"新城建"试点城市。

（1）BIM 智能审查系统项目案例

1）湖南省

湖南省施工图 BIM 审查系统（图 9-50）是我国首个省级运用自主 BIM 技术对施工图审查制度进行创新性改革的系统，对推动我国施工图审查的转型升级具有重要意义。系统基于对 BIM 模型的智能化检查，实现对设计成果的自动校对与审核，为用户提供智能审图、三维可视化表达、轻量化模型浏览等功能，创新性地采用了通用、统一的标准数据格式体系 .XDB，规整了多源 BIM 模型，如图 9-51 所示。审查系统于 2019 年 12 月通过由清华大学顾明教授、谢卫大师等专家组成的项目验收组的验收，被给予"国内首创、世界领先"的评价；于 2021 年 4 月在住房和城乡建设部"新城建·新发展"主体展台上作为 2021 年住房和城乡建设部突出科技创新成果进行集中展示。

2）雄安新区

雄安新区规划建设坚持"世界眼光、国际标准、中国特色、高点定位"理念，坚

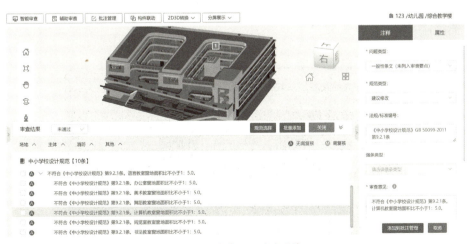

图 9-50 湖南 BIM 审查系统

图 9-51 湖南 BIM 审查系统总体架构

持"现实城市与数字城市同步规划、同步建设",是雄安新区模式的重要创新。2019年1月河北雄安新区管理委员会印发了《雄安新区工程建设项目招标投标管理办法(试行)》的通知,强调工程建设项目在勘察、设计、施工等阶段均应结合 BIM、CIM 等技术,提升工程建设项目全生命周期管理,同时逐步推行工程质量保险制度代替工程监理制度。

雄安新区规划建设 BIM 管理平台根据城市成长的"现状评估(BIM0)-国土空间规划(BIM1)-控制性详细规划(BIM2)-方案设计(BIM3)-施工图设计及施工过程(BIM4)-竣工验收(BIM5)"六个 BIM 阶段,积极探索信息化促进城市治理模式更新的发展思路。提出了统一开放自主研发的成果数据格式和数据标准"XDB",在实现平台内数据实测、实算的同时,保障了数据安全和平台安全。以工程建设项目三维电子报建为切入点,创新数字城市"规、建、管、养、用、维"的新型标准体系、政策体系和流程体系,实现对雄安新区生长全过程的记录、管控与管理。雄安新区 BIM 管理平台总体设计如图 9-52 所示。

图 9-52 雄安新区 BIM 管理平台总体设计

3）厦门市

根据《住房城乡建设部关于开展运用 BIM 系统进行工程建设项目报建并与"多规合一"管理平台衔接试点工作的函》（建规函〔2018〕32 号），厦门市被列为试点城市，建设基于"多规合一"管理平台的 BIM 审查审批系统，并探索建设 CIM 平台。

运用 BIM 系统实现工程建设项目电子化报建，实现 BIM 报建系统与"多规合一"管理平台的衔接，统一技术标准，加强数据信息安全管理以及相关制度建设。通过改造 BIM 系统进行工程建设项目电子化报建，运用统一开放的 .XIM 数据格式与"多规合一"管理平台衔接，实现在"多规合一"管理平台上对报建工程建设项目 BIM 数据的集中统一管理，促进 BIM 报建数据成果在城市规划建设管理领域共享，在系统结构上互联互通，实现数据联动、管理协同，为智慧城市建设奠定数据基础。厦门 BIM 规划报建系统如图 9-53 所示。

图 9-53　厦门 BIM 规划报建系统

4）广州市

2019 年底，广州市印发了《关于进一步加快推进我市建筑信息模型（BIM）技术应用的通知》，提出自 2020 年 1 月 1 日起，部分新建工程项目应在规划、设计、施工及竣工验收阶段采用 BIM 技术，鼓励在运营阶段采用 BIM 技术。同时启动了广州市城市信息模型（CIM）平台项目，构建了两个基于审批制度改革的辅助系统和开发基于 CIM 的统一业务办理平台。目前已建设完成基于 CIM 的规划报建 BIM 审查审批系统、施工图三维数字化审查系统、竣工验收备案系统。

审查系统针对施工图审查中部分刚性指标，依托施工图审查系统实现计算机机审，减少人工审查部分，实现快速机审与人工审查协同配合，使用了行业通用、统一、开放的标准数据格式（.GDB），规整了多源 BIM 模型，探索施工图三维数字化智能审查系统与市 CIM 基础平台顺畅衔接，在应用数据上统一标准，在系统结构上互联互通，实现 CIM 基础平台对报建工程建设项目 BIM 数据的集中统一管理。广州市 BIM 审查系统如图 9-54 所示。

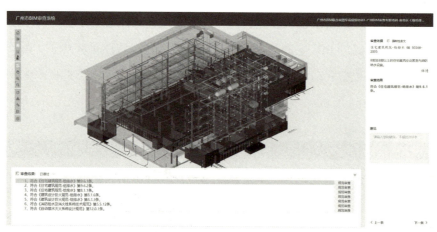

图 9-54　广州市 BIM 审查系统

5）南京市

南京市施工图 BIM 审查系统是基于 BIM 三维模型的线上审查系统。以 BIM 技术为抓手，通过模型比对、变更管理、实测管理、数据实时共享等技术手段，破除信息壁垒，及时发现问题。系统基于南京市统一 BIM 数据格式（.njm）进行研发，扩展了施工图设计、竣工验收阶段的数据信息等。.njm 数据是一种轻量化的 BIM 数据格式，在保证信息无损流转的前提下，解决了 BIM 对硬件要求高、浏览卡顿等问题。作为南京市自主创新的数据格式，保证了流入 CIM 平台数据的安全可控，保障了国家信息安全。南京市 BIM 审查系统总体架构如图 9-55 所示。

系统基于 BIM 三维模型进行统筹分析，有针对性地优化管理模式，实现闭环监管，促进管理服务改革，提高管理服务效率和质量。2019 年 8 月，南京市人民政府办公厅印发了《运用建筑信息模型系统进行工程建设项目审查审批和城市信息模型平台建设试点工作方案》，目前南京市已建设完成基于 CIM 的规划报建 BIM 审查审批系统、施工图三维数字化审查系统、竣工验收备案系统。

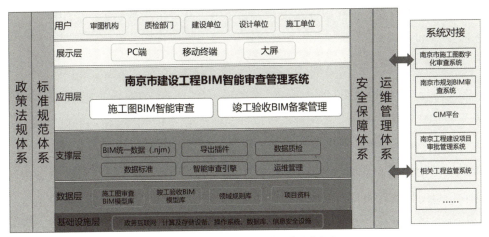

图 9-55　南京市 BIM 审查系统总体架构

（2）BIM 智能审查应用成效

BIM 智能审查平台基于现行的联合审查系统，创新实现二维与三维的联合审查，借助工程建设项目审批制度改革，将建筑信息模型和城市信息模型融合到工程项目审批过程中，满足各地实际应用诉求，打造成熟、全面的新一代 BIM 智能审查审批平台，实现技术性、系统性、引领性的全面突破。

1）提高审查效率，缩短审批时长

运用信息技术手段，改变现有的施工图审图工作模式，实现施工图的智能辅助审图，让系统自动进行规范审查，方便快捷、简单明了地展示施工图审查结果，能够有效地解决传统施工图审查任务重、对专业性要求高、审图周期长、信息缺失等多种问题，大大减少人工一一比对工作量，缩短审查时间，实现审核一致性、客观性、全面性及透明性，提高工程师审查图纸的精度和效率。

2）提高项目质量

利用 BIM 技术更加丰富的信息表达能力，同时利用计算机，实现根据标准规范对模型进行智能校验和审查。同时，将工程项目的审查规则依据录入平台中，从而达到自动快速生成 BIM 智能审查意见的目的，并且在建筑设计防火、结构构件配筋、设施设备防火要求等领域具有审查优势，能显著降低漏审、错审率，使交付的模型质量得到保障，从而提高项目质量。

分析各地 BIM 智慧审查审批平台的应用情况，BIM 审查系统的审查意见被审图专家采纳项目在 BIM 项目总数中所占比例达到 80% 以上。可以看出，经过数年的应用、行业专家的通力合作，BIM审查技术在不断完善，并已逐步被接受，施工图审查新的工作模式正在形成。

3）促进BIM技术推广应用

推动基于BIM的审查审批可以有效促进当地BIM技术的发展，尤其利于设计单位广泛开展BIM设计。同时借助工程项目审批制度改革，推动基于自主BIM的报建审批，带动自主可控的国产BIM形成差异化优势，逐步扩大国产BIM的应用范围。

4）为CIM建设提供基础数据

在信息时代的背景下，BIM智慧审查审批平台可以对接入库CIM基础平台，提供精细化建筑信息模型，使得BIM审查成果提质增效，融合数字孪生、新型测绘、地理信息、IoT感知、三维建模、图像渲染、虚拟仿真等新技术、新理念，推动CIM+智慧应用，支撑城市建设项目的交互设计和模拟施工、城市常态运行监测，在数字空间刻画城市细节、呈现城市体征、推演城市发展未来趋势最终帮助城市运营管理，提升城市综合运行管理能力，为建设新型智慧城市提供完整解决方案。

5）推动企业数字化转型发展

当前BIM技术已在设计、施工各个领域蓬勃发展。各地大中型设计单位均已进行多年的BIM设计实践，亦有不少成功案例为业内所知。通过BIM模型审查，不仅可以推动建筑行业BIM技术应用的高质量发展，也是对建筑企业数字化转型的一个尝试，将带来不断增益的社会价值。

第十章
多参与方数字化云协同

一、多参与方数字化云协同业务应用

1. 多参与方数字化云协同业务概述

信息爆炸的时代需要多维度的管理工具。传统勘察设计行业在多参与方组织协同的过程中存在管理沟通不畅、团队信息同步不及时、文件管理版本繁多、格式转换丢失数据、二维图纸表达不清楚、描述不全面等困难（图10-1）。我们需要更全面的管理工具，把进度、成本等数据与BIM模型结合，更好地在工程项目全过程、全专业、全生命周期展开数字化精细管理。

图 10-1 工程项目痛点

多参与方协同的发展演变过程可以概括为如图10-2所示。协同1.0时代的改变在于将存档文件由纸质图纸变为电子文件。协同2.0时代，许多企业应用到了共享理念，在云协同技术的加持下，建立企业共享盘或云盘来实现文件的管理，兼具组织成员角色与任务的管理。以上两者更多的是停留在组织和文档层面的协同，对实际设计流程的改变微乎其微，忽略BIM模型的重要地位。而来到如今协同3.0时代，借助轻量化三维模型引擎强大的图模解析能力，设计师可以摆脱繁重复杂的专业软件，在模型设计、数据同步上高效协作。在数字化时代实现多参与方基于云技术随时随地、突破时间地理限制的设计协同办公。

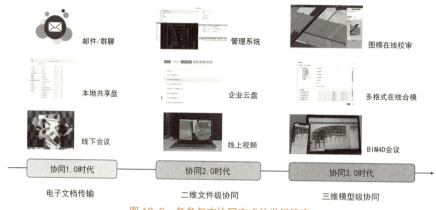

图10-2 多参与方协同方式的发展演变

本章拟在通用的组织管理与公共云的基础上,进一步拓展三维模型在协同中的应用,在阐释数字化协同方式的同时,探讨协同观念的数字化。以设计基本流程为线索,结合项目管理、多专业设计协同、数字化交付等场景,阐释多参与方数字化云协同在建筑全生命周期过程中的实践与应用价值。

2. 设计项目管理

传统的项目管理方式繁冗复杂。设计院数字化管理系统是广泛应用的协同工具,利用信息化手段,解决市场、合同、任务、进度、质量、成本、绩效等设计全过程管理难点,提高设计院的整体管理水平(图10-3)。

图10-3 某设计院管理系统——进度计划管理

后续发展为设计协同平台，增加了对项目任务分解、组织流程等的标准化、可视化的应用。基于既有的组织结构、项目模板、人员角色等快速配置项目信息。提前建立设校审通用流程，快速下发。人员设计进度与管理系统关联，协作方、院领导等利用看板、驾驶舱等功能实现进度的可视化管理，更好地管控风险（图10-4）。

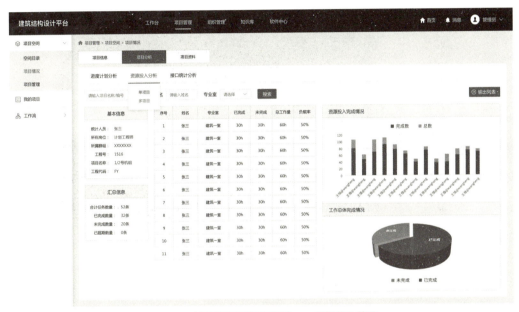

图10-4 某设计院设计协同平台——资源投入管理

在项目设计阶段，通过数字化管理系统实现项目过程、成品文件的质量管理。同时项目数据的持续沉淀，为企业管理、整体决策提供了生产数据的有力支撑。

3. 专业内设计协同

现有项目文档的协作管理方式占据较大的本地存储空间，无法满足异地远程办公的场景。设计变更时，需要项目成员时刻关注整理文件，极易产生遗漏。

多参与方数字化云协同将项目文档由线下存储转为云端存储。文档的集中存储，实现了项目整体信息、设计文件同步管理。利用云共享空间建立团队知识库，存储规程规范、管理手册等重要文档。设计师在本地修改完成后，云端直接同步新版本，升版记录不丢失。

组织协同2.0时代的"文件级协同"方式，无法解决需要专业软件来浏览模型的限制，而3.0时代则利用轻量化模型引擎，不限设备、无须软件亦不用下载，只要打开链接就可以随时随地在线浏览模型。利用漫游动画、剖切、二三维联动等功能展示全面的模型效果与技术图纸成果。在内部协作的沟通审核及外部协作方的浏览审阅中，都可以直接批注问题，加速各方效率，避免各方沟通理解不一致造成的返工（图10-5）。

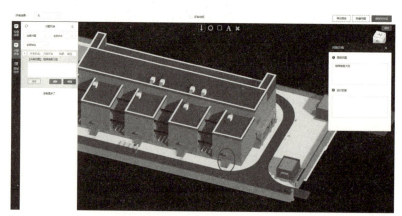

图10-5　可视化设计评审

管理平台可以实现设校审流程的统一化，保证企业协作标准一致。校审意见直接标记在模型上，实时传递到设计师。审批全部流程自动生成校审单，避免程序化工作量。

在共享云空间与三维模型轻量化引擎的加持下，专业内的设计方案沟通汇报实现轻量化的方式转变，设计师可以更加专注于专业设计，减轻冗余工作的负担。

4. 多专业设计协同

多专业之间的协同往往是决定项目效率的关键。在合模组装阶段，传统桌面设计建模软件存在壁垒，文件转换占据时间长，易发生数据损失。

应用数字化协同3.0工具，可实现多格式文件在线合模，设计师将模型文件上传至项目共享空间，在线轻量化解析建筑、结构等多专业的50+种格式模型，模型组装集成查看整体效果（图10-6）。多专业间模型在线碰撞检查，解决了检查软件的格式限制问题，碰撞结果可直接跟踪到个人。BIM4D会议实现多人共同操作、旋转、批注同一合模，参会者可直接在模型上记录讨论结果。

借助轻量化模型引擎，设计师不再需要转换文件格式，即可在线进行合模与实时会议，促进多专业设计协同的高效化与信息同步。

图 10-6　支持 50+ 格式的合模在线组装

5. 对外数字化交付

设计方案汇报时，会花费时间做临时效果的快速表达、效果分析图、技术图纸、漫游视频等制作，设计师需要兼顾二维施工图与表现效果图。二维施工图的局限性导致设计还原度不稳定，施工时需要设计师驻场，增加设计师的重复性工作。

轻量化模型引擎可以实现利用三维模型来演示汇报、交底。在线创建模型漫游动画，避免设备配置限制，动画以链接形式分享给甲方，文件不占据存储空间，快捷展示方案的同时提升投标获客能力。利用二三维联动功能，直观地展示模型与施工图的关联。

"四维交底"亦为可视化设计交底，为行业数字化进程中产生的新型交付方式。如图 10-7 所示，将设计要点、方案模型、施工图、重要施工技术要点等融合为一个网

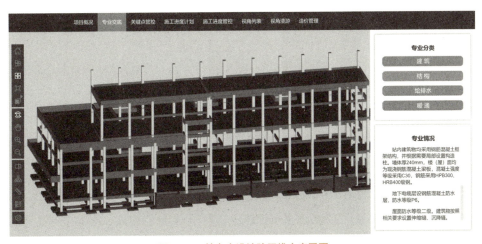

图 10-7　某电力设计院四维交底网页

页链接，方便各方更直观地感受建成效果，施工方快捷查看构件位置、组装方式等信息，大幅降低施工指导工作量。在线动画编辑工具，便于方案变更后，动画的自动更新以及批注的修改。

数字化交付的新形式，将工程设计和建造阶段产生的、业主运维所需要的图模文档等，高效有序集成管理起来，对构建建筑全生命周期开放协同的智能化、交付、生产和运维的数字化，具有重要意义。

6. 多参与方数字化云协同价值

多参与方组织协同贯彻建筑全生命周期，数字化的云协同转型大大拓展了建筑与互联网结合的可能性，其主要优势在于：

（1）建立综合统一的信息来源。保障业主方、设计方、施工方的数据统一，资料版本可追溯，信息同步不滞后，问题解决有闭环。

（2）确立项目整体的管理基础。从项目的立项、报批、报建、开工、施工管理、调试等的审批、进度管控建立项目的全流程管理。

（3）保障BIM成果模型的设计信息。数字化交付保证设计成果的信息量最大化进入施工、运维阶段。

（4）云技术突破地理空间限制，避免了大文件互传的长时间等待，模型轻量化技术减轻了对电脑性能和软件的依赖，随时随地访问文件，助力办公新模式。

数字化云协同在建筑行业整个价值链上发挥着巨大作用，它承载着企业发展战略，助推企业迈向数字化转型升级，将BIM、云计算、大数据、IoT、移动互联网、人工智能等信息技术融合，实现"数字建筑"的有效增值。

二、多参与方数字化云协同技术路径

1. 关键技术分析

当前勘察设计领域数字化发展已取得基础进展，同时从业人员的数字化思维和相关工具接受使用能力有较大提升；对于一定规模的设计院来说，整体效率的提升转向了组织间和组织外部的协同和信息交换共享。

多参与方协同需要贯穿设计协同管理全过程，多专业协同、异地协同、可视化管控、质量管控、权限管理、设计管理、多专业数据共享、数据价值发挥、设计信息标准化、技术服务标准化等一系列关键环节和场景，进而形成工程勘察设计一体化多参与方协同平台，充分发挥公司内部及整体的资源和能力。

2. 技术路线和特点

多参与方协同的具体技术路径可以是多样的，表现形式可以是桌面端软件、网页端系统、移动端工具，可以采用成熟的商业产品，也可以设计和研发公司内部的数字化平台，可以采用 B/S 架构，也可以采用 C/S 架构。但技术关键和整体路线思维是大同小异的，需要关注以下几个方面，

（1）提升设计效率和设计标准化程度，包括设计信息的标准化，降低基础工作的复杂度；

（2）提升协同协作和设计管理的效率，就若干关键环节进行把控，提升业务流程的设计质量、进度管理、协同协作数字化程度；

（3）提升设计和管理的协同性，关注端云协同环节，设计端和协同端按需进行数据联动，提高设计管理工作的协作性；

（4）汇集数据形成数据资产，数据资产的管理便于专业内外数据集成、共享、复用，以及在更多数据应用场景发挥数据价值；

（5）提升数字可视化水平，在多参与方协同的全流程中就若干关键过程提高可视化程度，便于过程管控；

（6）提升技术服务标准化程度，从技术角度考虑若干系统平台间的联通协作，提高多参与方协同及整体数字化平台的系统性、可维护性和可扩展性；

（7）关注多平台协作，多参与方协同作为其中数字化平台之一，与其他数字化系统一起形成数字化体系平台，提升整体多参与方数字化协同水平，提升数据资产形成和价值发挥能力。

上述关键技术环节联结形成整体技术路线，通过关键环节设计和整体联结形成较为可靠的网状能力体系，覆盖设计、管理、协同、进度、质量、数据汇集和共享、平台协作全过程，为设计协同管理工作一体化平台的形成提供技术支撑。

3. 设计信息标准化

设计信息标准化是提升设计效率，降低设计工作和管理复杂度的有效方法。总结标准构件信息，形成设计资源库；基于设计制度标准建立统一的设计环境；通过端云

结合的方式进行设计端和协同端的联结，校审意见可视化；基于设计规则规范建立对应检查校验规则和工具，并应用于标准化设计流程中；利用数字化平台汇集的数据成果，进行设计时的智能提示和知识复用，提高设计工作的自动化水平，降低基础工作的复杂度，提升设计和管理工作效率。

（1）设计信息标准化

设计人员需要建立相应的设计环境，如电脑配置、设计软件；参考的规则规范、外部条件；设计过程与成果的规范与条例。专业内/间的设计成果需校审、存档并为相关专业提供数据共享，进行设计信息标准化的工作是有效且必要的手段。

设计信息标准化一般表现在：必要设计环境的标准化、设计资源库的建立、设计过程和设计成果的规范化、设计信息和成果的校验、已有设计成果的规范化等几个方面。

（2）设计资源库

设计资源库是汇集行业或公司标准设计资源的功能模块，可以具备资源库的浏览、更新、下载、管理等功能，充分发挥公司级的资源管理和共享能力。

（3）端云协同

设计端和管理端的协同是重要环节。主要提供设计标准、复用文件、协同设计相关能力，通过促进设计标准的实施、提效工具的研发、复用设计资源、通过客户端和协同管理平台的融合来进一步提升设计质量和协作效率，为后续工作提供可靠的数据基础。

（4）校验及提效工具

数据和规范的校验可以进一步规范设计成果，为多参与方协同提供规范可靠的数据成果，降低管理协同工作的复杂度。

4. 多专业数据数字化

数据资产在协同协作的过程中处于业务流程核心位置。协作过程可以看成是数据产生和应用的过程，如人员权限的配置即产生和修改的数据，而相关人员是否有权限进行某些操作又是应用了这些数据；创建发起设校审流程产生了任务相关数据，而相关人员事项提醒是应用了这些数据，当处理待办项后又是更新了数据；某专业某部分设计成果在设校审完成后即处于可共享状态，而相关专业拉取该设计成果及进行后续参照设计等工作过程又是应用了该设计成果数据。

相应地，数据资产的集成和管理是一项重要内容，基础数据、主数据、专业数据、多专业数据的管理以及相关数据的校验和共享是其中重要的内容项。

将不同专业/系统的数据进行统一汇集和管理，实现数据的互联互通；进而方便数据的融合共享、规范和标准化以及支撑上层应用进行数据分析和数据价值的发挥。这种方式我们称为数据中台建设模式。数据中台建设模式对于数据资产的形成和价值发挥具有重要作用，是多参与方协同的数据底座。

BIMS数据服务是由构力科技自主研发统一数据中心的服务，如图10-8所示，可承载结构化、半结构化和非结构化数据，围绕BIM领域模型提供基础数据、专业数据、扩展数据以及文档数据的数据服务，包含多源数据兼容、存储管理、版本管理、变更管理等能力。基于BIMS数据服务可以实现多专业数据的数字化，汇集形成公司级数据资产，并在后续数据共享应用场景中发挥更多的数据价值。

图10-8　BIMS数据中心：支撑数据资产的汇集和管理

5. 过程管控可视化

随着数字化技术的发展，可视化技术不仅限于数据表单的可视化展示和操作，还包括设计成果的可视化展示和交互。在设计成果设校审过程中，校审环节对于设计成果进行可视化展示。基于模型的交互操作，如批注、选择、搜索、漫游、剖切、显隐、框选等进一步提升多参与方协同数字化水平；设校审过程中产生的意见数据可以与设计软件进行联动，便于设计师在客户端进行处理修改工作。

BIMBase云平台是由构力科技自主研发的轻量化引擎平台，具备强大的轻量化渲染、数据处理及接口、基础功能集成、二次开发及跨平台能力。如图10-9和图10-10

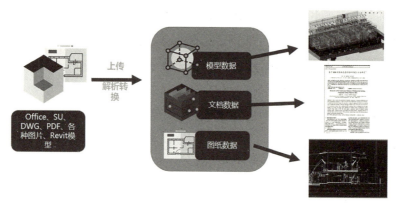

图 10-9　轻量化引擎路线：为过程管控可视化提供支撑

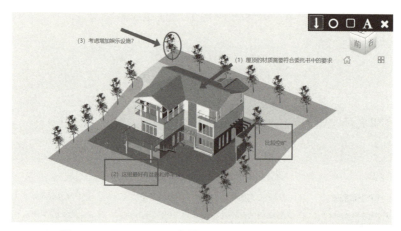

图 10-10　BIMBase 云平台效果：为过程管控可视化提供支撑

所示，通过集成 BIMBase 云平台的能力，可以提升多参与方协同中的可视化和数字化水平，在设计成果的在线浏览、交互、可视化设校审处理等过程中深度应用，提升业务流程的过程管控水平。

6. 技术服务标准化

技术服务标准化是从技术框架角度提升多参与方协同系统乃至整体数字化平台的重要基础保障，对于降低系统复杂度，提升系统稳定性、可维护扩展性具有重要意义。

技术服务标准化本质为实现能力复用和共享，在技术实现上是把可复用的公共技术组件、工具以及平台的公共能力进行抽象、封装、沉淀，构建为可复用的技术组件服务，以标准服务的形式向外提供能力。技术服务标准化的过程其实就是技术中台搭建的过程，如图 10-11 所示，把单体应用系统和中间件工具等都用得到或者大部分系

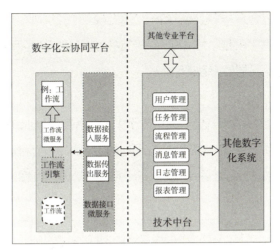

图 10-11 技术服务标准化：技术中台的建设

统用得到的认证、日志、权限、消息处理、搜索等能力沉淀和提取出来，实现多系统共享该能力，使其成为一个个独立的可复用组件服务。

技术中台和具体的业务无关联，比如基于消息平台所封装的消息发送、消息监听、消息接收处理等服务，只要遵照接口格式和规范，不管是来自进度计划系统还是任务管理系统的消息，都可以进行处理。技术中台只具备技术属性，承担技术服务标准化的角色，而没有业务属性，因此可以进行标准化的应用。

三、业务场景

本节以正在进行数字化转型升级的设计企业为例，阐释多参与方云协同方式的改变对设计模式、交付流程等重要阶段的影响，探讨轻量化三维引擎与设计协同管理平台对既有设计流程的影响与改变。

1. 设计院三维设计协同应用

该工业设计院的核心业务涉及多专业协同，为保证设计效率与施工质量，需加强协作，提高图纸模型的精准度。企业已建立了工程项目管理系统，进行组织成员架构、质量进度、项目任务等管理，但使用后仍缺少设计阶段的三维协同解决方案。构力科技协助其完成 BIM 轻量化平台的建设。公司业务流程由项目管理系统与 BIM 轻量化平台相配合。

BIM 轻量化平台包含多端轻量化查看、三维合模、任务管理、图模对比、版本记录、碰撞检查、设校审管理等功能。本小节以多专业碰撞检查流程为切入点，详细介绍此工业设计院在设计协同上的数字化变化。

（1）在线轻量化合模

合模组装的步骤通常在各专业完成内部设计评审后，借助 BIM 轻量化平台的模型格式解析能力，在网页端进行 50 多种三维模型格式的解析与合模，设计师无须转换格式、下载其他专业模型，在线上平台即可实现多模型的合模（图 10-12）。

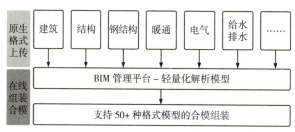

图 10-12　多专业合模组装

（2）碰撞检查

碰撞检查为合模功能下的模型应用，进行硬碰撞或软碰撞检查，检查结果可直接在平台内定位碰撞点，同视角对比其他版本，发起任务跟踪问题，导出报告等功能。

针对业务场景的精细化需求，碰撞检查功能除了常见的检查是否有构件交接的硬碰撞检查外，还支持水平方向与垂直方向的软碰撞检查，实现建筑门窗洞口、危险性气液储罐范围、道路以下、净空等需要划定范围要求的检查（图 10-13）。

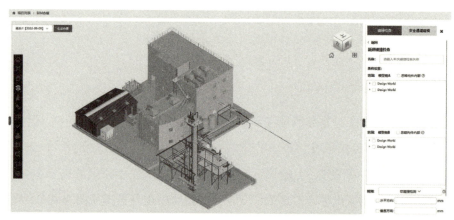

图 10-13　多专业在线合模碰撞检查

（3）安全通道建模

在此工业设计院业务中，存在建筑内部通道以及楼梯通道的净空范围内（高、宽）不能有其他构件等业务场景，以往需要设计师在平面图中绘制出通道范围后在模型中建立临时体块模型，再进行合模检查。BIM轻量化平台开发了在线安全通道建模工具，设计师仅需在建模软件中建立表示通道方向与长度的线，在线上平台内设置其高宽，建立临时通道模型参与碰撞检查。

（4）碰撞点任务跟踪

以往业务中，碰撞检查完成后需要线下聚集各专业共同处理产生的碰撞点，商讨修改方案，任务需要设计师自主认领。而在BIM轻量化平台，合模中可定位碰撞点，与以往版本作对比，确定下一步设计修改方案（图10-14）；随后直接发起任务到责任人，项目负责人可追踪每项任务的修改进度，实时把控方案进展。

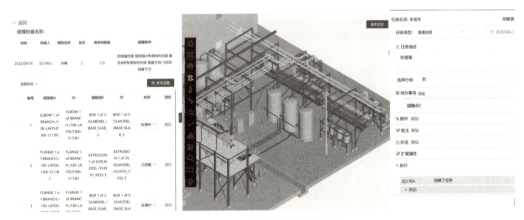

图10-14　碰撞点直接发起成员任务

轻量化三维引擎的应用有效地解决了多专业协同中的格式流转问题，在合模碰撞检查的业务场景中，摆脱了大文件传输的体量限制与多文件合模卡顿的配置限制，大大提高了设计协同工作效率。

2. 工业院设计协同平台

为积极响应国资委《关于加快推进国有企业数字化转型工作的通知》，某工业设计院提出"数字工业设计"的建设目标，决定从传统业务驱动向数据驱动转型。

（1）组织级统一架构

通过改进现有的设计工具软件，整合设计信息系统，形成集成的设计平台，以及与系统相匹配的管理体系，提升公司网络化、智能化的协同设计能力。

集成的设计平台分为业务中台、技术中台、数据中台和多个专业设计平台（图10-15）。业务中台提供公共业务组件和服务；技术中台提供基础技术以及共性技术服务；数据中台用来集中存储和管理研发、设计、采购及技术服务等应用系统发布的数据；专业设计平台用来服务各专业开展设计业务，专注于设计管理与专业设计软件集成。技术中台、业务中台与数据中台为全公司组织共同调用，提供标准化的流程引擎、三维引擎以及数据管理，保障组织整体的标准化、规范化。

图 10-15　集成设计平台架构

（2）专业级设计管理平台

建筑结构设计平台作为建筑结构专业的专业设计平台，由设计管理模块、三维土建模块和数据转换接口模块三部分组成（图10-16）。由构力科技实现了组织机构和人员管理、项目管理、任务下发、专业软件集成、建筑结构专业三维设计、校审流程和模型数据转换等内容。

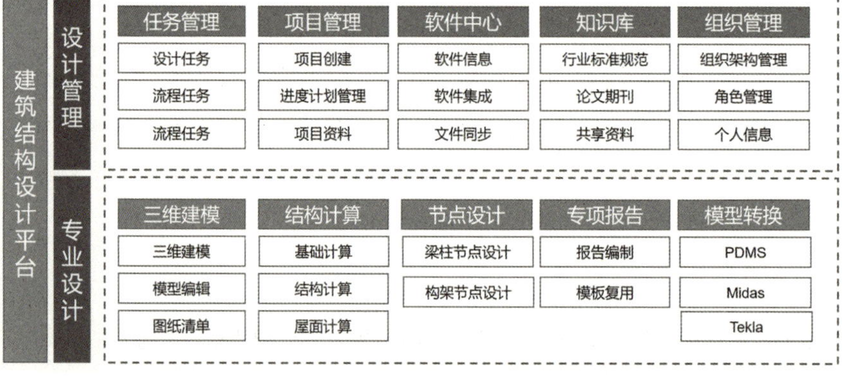

图 10-16　建筑结构设计平台业务能力

建筑结构平台的搭建和应用有利于提升专业的数字化设计和管理的能力。

1）提高整体设计管理水平。设计师完成任务，平台自动更新项目进度。文件自动批转。

2）完善专业设计质量管控机制。人员资质管理与权限管理相结合，保障成果质量。

3）提高专业设计水平。搭建设计应用模块与专业知识库，方便专业人员共享；明晰设计流程的规范性。

4）明晰设计文件数据管理模式。保证本专业、上下游专业间过程文件、成果文件一致。

（3）平台设校审工作流

工作流标准化是该设计院此次数字化目标下的核心。设计流程在建筑结构建模软件中完成，剩余流程直接从建模软件推送到管理平台上实现流程的发起。专业内设计协同系统，将设计软件与协同管理平台相连通，实现建模与管理的无缝衔接。设计师直接通过网页端平台唤起建模软件进行编制工作，编制完成后亦可在客户端软件中直接查看到文件的签审进度。

对于大型设计企业，流程的标准化、规范化是保证设计工作高效开展的前提。专业的设计管理平台可以有效改善协同工作的现状，结合三维轻量化引擎，助力企业快速迈入数字化设计、数字化管理、数字化协同的新时代。

第十一章
数字化标准与共享资源库

一、数字化标准体系

2022年1月19日,住房和城乡建设部发布的《"十四五"建筑业发展规划》提出加快推进建筑信息模型(BIM)技术在工程全寿命期的集成应用,健全数据交互和安全标准,强化设计、生产、施工各环节数字化协同,推动工程建设全过程数字化成果交付和应用的发展需求。

目前,工程项目设计各阶段各专业BIM技术应用还存在碎片化问题,BIM模型数据无法有效传递,形成信息孤岛,设计全流程数据无法贯通等问题依然存在。为实现高效率高质量地运用BIM技术完成工程项目设计目标,需构建专业完备、全过程覆盖的三维设计技术标准体系,包括三维BIM应用的技术标准、交付标准、数据交换标准、编码标准、建模质量标准、BIM软件应用建模导则等,对数据标准、设计过程、交付成果进行规范统一,为数字化设计多方面业务提供基础数据底版,为提升企业设计和管理效率奠定基础。

目前,数字化标准主要分为技术标准和实施标准两大类别:

1. 技术标准

技术标准的主要目标是实现建设项目全寿命周期内不同参与方与异构信息系统间的互操作性,并为BIM实施标准的制定提供技术依据。BIM标准体系的技术标准可分为数据存储标准、信息语义标准、信息传递标准。

(1)数据存储标准

主要包括BIM模型数据存储格式、语义扩展方式、数据访问方法、一致性测试规范等内容。

(2)信息语义标准

包括分类编码体系和数据字典两部分。

（3）信息传递标准

信息模型的交付标准。结合工程建设管理规定，定义预可行性研究、可行性研究、初步设计、施工图、竣工验收等主要成果节点的信息模型几何信息和非几何信息的精度要求。

信息模型的数据交换标准。目前在工程建设行业的设计、建造、运维等阶段，采用 BIM 技术的应用软件种类繁多，不同专业的设计软件有各自的存储方式，数据交换仍面临数据损失，数据可用性较差，以及难以兼容不同数据版本等问题，BIM 数据得不到有效的完整性利用。为实现数字化、智能化的规划建设，实现孪生数字的目标，需要建立一套基于统一格式的自主可控的数据交换标准，通过统一的数据接口标准实现数据的流转、融合、共享，实现对多种建设项目全过程、全要素的综合管控。

2. BIM 实施标准

实施标准是技术标准的使用规范，企业可根据实施标准对自身的工作程序、管理模式、资源搭建、环境配置以及成果交付物进行规范化。实施标准中一般包括：资源标准、行为标准、交付标准。

（1）资源标准

资源指各阶段工作中实施 BIM 应用所需要的条件和环境。资源标准是指资源组织和定义相关规范。如软件要求、硬件要求、网络要求、构件库要求等。

（2）行为标准

行为是指实施 BIM 应用工作中相关人员的活动和过程。行为标准是指规范行为的要求和规章制度，如建模、制图、协同规范。

（3）交付标准

交付物是指实施 BIM 应用产生的成果。交付标准是指定义、组织和管理交付物的规范规定。

二、建筑知识平台

1. 建筑知识平台概述

建筑市场的规模和复杂性都与日俱增，在数字和信息技术飞速发展的促进下，建筑市场的发展正在逐步走向信息化、智能化，与此同时建筑市场的数据体量也在随着其信息化水平的提高而飞速增长。当前，数据正在逐步成为驱动工程建设产业升级和转型的重要动力源泉。

建筑领域知识的体系庞大，涵盖各行各业的建设，同时又细分很多专业，专业之间既相对独立又互相交叉，传统技术难以有效组织知识体系和数据，行业知识应用面临诸多困难（图 11-1）。

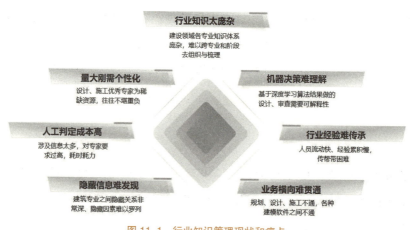

图 11-1　行业知识管理现状和痛点

AI・建筑知识平台利用建筑领域 AI 专项技术（建筑图像识别、建筑文字识别、建筑知识语义理解等）对规范、图集、图纸、模型、审查意见等进行提取及处理，形成结构化的标准数据，同时结合专家知识、设计经验，并对接其他业务系统，发现和获取知识间的关联关系，搭建建筑领域的知识平台，将行业数据、企业资产数字化、结构化、标准化，发挥建筑知识在规划、设计、审查、施工、运维等建筑全生命周期各阶段的应用价值，实现一站式智能检索、知识可视化查询、知识关联查询、智能语音问答等；同时提供相关知识数据的二次开发 API 接口，输出结构化的标准数据，赋能智慧审查、自动设计、竣工验收等各项业务应用。知识平台架构主要由五层组成，分别为标准层、数据层、能力层、平台层和应用层。

标准层为知识转化为数据统一格式提供依据。数据层包括工程设计标准、图集、图纸、BIM 模型等，为平台的运转提供行业原始数据支撑。能力层是对资源数据层中的原始数据进行加工处理，包括数据提取能力、知识图谱能力、数据库能力、在线协同能力。数据提取能力如 NLP 提取标准、条文的语义，CV/OCR 提取图纸中的图形/文字信息等。知识图谱能力可将标准/条文中知识点及知识点之间的关系进行可视化展示并可快速检索和查阅。数据库能力主要负责存储平台数据并为增删改查等事务提供支持。在线协同能力为数据共享和用户间的协同工作提供有效支持。平台层则是对能力层加工处理后的数据进行进一步的整合和梳理,紧密结合和理解行业规则和标准,将数据本身以及数据和数据之间的关系进行深度挖掘,形成标准化平台,实现知识、能力、信息的精准应用和高效周转,将知识管理数字化和生态化。应用层主要负责将核心数据以及如何使用核心数据通过各种方式/平台包装起来,紧接着结合业务层中的各项具体业务需求以及用户层中的各种用户,达到将核心数据真正应用到实际业务场景当中(图11-2)。

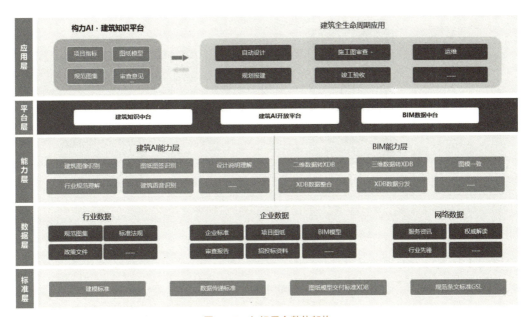

图 11-2 知识平台整体架构

2. 知识平台能力提供和核心技术

知识平台是一个集接收、处理、入库、搜索、分析、展示以及推荐为一体的全方位、多元化、智能化的建筑工程数据平台。在接收数据方面,用户可向知识平台上传建筑工程中的多种文件资料,如规范、图纸、项目资料、设计说明等,平台支持纸质扫描版和电子版格式传入,且支持其他外部文件系统的对接传入。在数据处理方面,平台能够将海量规范条文拆解为逻辑子句并对条文进行智能推理;能够对项目资料、设计说明进行解析并提取出关键指标;能够识别图纸图签内容并对图纸进行打标和分类。

在数据入库方面，平台具有设计结构优秀的知识平台，可以将处理后的数据快速、准确、层次分明地存入知识平台中。在搜索方面，平台配备了智能搜索引擎，可对知识平台中的内容进行多样化的搜索，如关键词搜索、模糊搜索、组合搜索等，并支持用户对搜索结果进行筛选和可视化展示，如仅展示某阶段的项目，某个地区的项目资料等；同时，平台还可对用户的搜索习惯、角色登记、兴趣等进行智能分析从而使得搜索结果更加贴近用户期望，并可推荐给出用户可能感兴趣的更多关联结果（图11-3）。

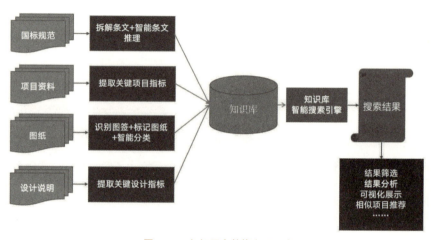

图11-3　知识平台整体实现思路

（1）自然语言处理技术

自然语言处理（NLP）是知识图谱的关键技术之一，是一门涉及语言学、数学和计算机科学的综合学科，主要研究人与计算机之间使用人类自然语言进行有效沟通的理论和方法。NLP技术包含非常广泛，最常应用于知识图谱中的能力是对于自然语言中信息的抽取，基本能力包括分词、词性标注和句法分析，通过词典法或统计法将文章中的词语进行分割，由最大熵、HMM或CRF等算法训练模型，对名词、动词、形容词、标点符号等词性类别进行识别和标注，再根据规则法或统计法对语句的主谓宾等句法结构进行分析，得到完整句式，最终产出一个计算机可识别的语料库，供后续需求调取。NLP技术是人工智能领域最具有挑战性的任务之一，2018年10月，谷歌公布的BERT模型在11项NLP任务中表现卓越，将下游具体NLP任务进一步推向预训练产生词向量环节，增强了NLP的泛化能力和自动化能力，为业界带来了新的思考方向，随着训练模型的不断探索与开源，类似深度神经网络与识别类任务的里程碑型训练算法终将出现，届时 NLP 训练成本将大大降低，从而真正走向产业化，开启认知智能的大门。

通过 NLP 技术对建筑行业规范进行解析，通过标注规范原文中实体（entity）、操作（operate）、方位（relation）、属性（attribute）、属性值（attrValue）、复杂要素（complex）六要素，抽取规范中文本和表格类的语义规则，转化成机器可识别和储存三元组数据，对三元组进行聚类合并、指代消解等整理，将文本数据转化为知识图谱。根据抽取效果进行知识增强等抽取效果优化，设计 if…then 子句表达方式，将建筑规范三元组转化为 if…then 逻辑规则；搭建人机耦合的建筑规范的标注与解析模型，形成规范标准 GSL 数据格式，为建筑知识搜索查询、智能推荐、辅助智慧审查及自动设计提供支撑（图 11-4、图 11-5）。

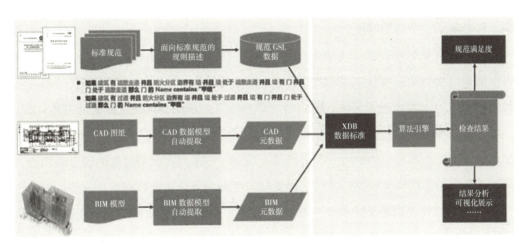

图 11-4　机器可读数据标准及应用

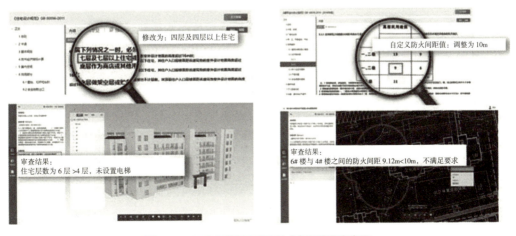

图 11-5　NLP 自然语言处理技术与智能审查应用

(2)知识图谱技术

知识图谱是一种用图模型来描述知识和建模世界万物之间关联关系的大规模语义网络，是大数据时代知识表示的重要方式之一。最常见的表示形式是RDF（三元组），即"实体×关系×另一实体"或"实体×属性×属性值"集合，其结点代表实体（entity）或者概念（concept），边代表实体/概念之间的各种语义关系。由于知识图谱富含实体、概念、属性和关系等信息，使机器理解与解释现实世界成为可能。

传统知识工程与专家系统解决了很多的问题，但是都是在规则明确、边界清晰、应用封闭的限定场景取得成功，严重依赖专家干预，一旦涉及开放的问题就基本不太可能实现，因此难以适应大数据时代开放应用到规模化的需求等问题。相对于传统的知识表示，知识图谱具有规模巨大、语义丰富、质量精良与结构友好等特点，宣告知识工程进入了一个新的时代。

通过建立从数据到知识图谱中实体、概念、关系的映射，使机器能理解数据，从数据中提炼出行业或领域内高精度的知识；通过利用知识图谱中实体、概念和关系来解释现实世界中的事物和现象，使机器能解释现象。让机器具备认知智能具体体现在让机器掌握知识，拥有理解数据、理解语言进而理解现实世界的能力，拥有解释数据、解释过程进而解释现象的能力，拥有推理、规划等一系列人类所独有的思考认知能力，而这些能力的实现与大规模、结构化、关联密度高的背景知识是密不可分的。

知识图谱通过对海量结构化和非结构化数据进行知识萃取并关联形成网状知识结构，对概念间的关系属性进行联结和转换，支持非线性的、高阶关系的分析，为描绘物理世界生产生活行为提供了有效的方法与工具，是认知智能的底层支撑。知识图谱帮助机器实现认知智能的"理解"和"解释"能力：通过建立从数据到知识图谱中实体、概念、关系的映射，使机器理解数据，从数据中提炼出行业或领域内高精度的知识；通过利用知识图谱中实体、概念和关系来解释现实世界中的事物和现象，使机器能解释现象。更进一步地，基于知识图谱和逻辑规则或统计规律，机器能推理出实体或概念间深层的、隐含的关系，实现认知智能的"推理"能力（图11-6）。

节点详情查看：通过点击图谱节点或图谱搜索的功能，可以快速聚焦到单个节点，显示当前名词的扩展信息，包含该节点名词的类型、所属专业和名词解释，以及当前这个词所在的国家规范。可进一步点击"查看更多"进行名词关联详情查看，点击名词解释来源与规范原文的链接进行跳转查看。同时可以延展到与该名词相关的其他知识点及所在规范的关联查看。对节点进行多选，关联到的规范条文会实时联动切换，

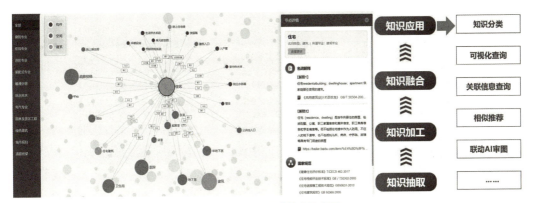

图 11-6　知识图谱技术及应用

实现知识内容的关联显示。

（3）建筑专项识别能力

光学字符识别（Optical Character Recognition，OCR）是指电子设备（例如扫描仪或数码相机）检查纸上打印的字符，通过检测暗、亮的模式确定其形状，然后用字符识别方法将形状翻译成计算机文字的过程；即针对印刷体字符，采用光学的方式将纸质文档中的文字转换成为黑白点阵的图像文件，并通过识别软件将图像中的文字转换成文本格式，供文字处理软件进一步编辑加工的技术（图11-7）。

图 11-7　OCR 建筑专项识别的整体流程

OCR 有两个关键步骤：文字检测和文本识别。文字检测即检测文本的所在位置、范围及其布局，通常也包括版面分析和文字行检测等。文字检测主要解决的问题是哪里有文字，文字的范围有多大。文本识别是在文本检测的基础上，对文本内容进行识别，将图像中的信息转化为文本信息。文字识别主要解决的问题是每个文字是什么，识别出的文本通常需要再次核对以保证其正确性。

建筑专项识别能力不仅通过识别图纸中图签、设计说明、表格信息等，对图纸中的重要信息进行提取和处理，形成结构化的数据，帮助图纸高效归档；也开发了对建筑图纸中轴线、柱、墙、门窗等图形信息的识别，逐步实现智能识图的目标（图 11-8）。

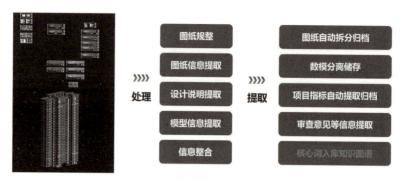

图 11-8　项目资料应用数字技术提取信息实现图档数字化

对于 PDF 图纸，利用 OCR 技术可以将图纸等项目资料进行识别，基于建筑行业文件的文字检测和文本识别有一定的特殊性，使用图像分割技术检测文本所在位置，将图纸中的文字按版式、行等关系提取出来。文字检测解决了所感兴趣的文本的定位问题，实现文字的分段、分块识别，降低了文本识别的难度。文本识别使用循环神经网络将提取的一小段图像识别为对应的文字。文本识别读取文字检测抠取的图像直接转换为文字，具有一定的通用性。此外，文本识别不同于单字符识别，并不是单字识别的堆砌，会同时考虑词语甚至句子级别的相关联，进一步保障了结果的正确性。

针对 DWG 格式图纸，利用解析技术对图纸进行自动识别。通过检测图框、定位图签区域以及图名信息分析，筛选出图纸中的设计说明。并利用 Objectarx 的 API 接口，对所有图纸中图签区域信息，以及设计说明部分的文本信息进行提取，之后将提取到的文件信息利用 AI 技术进行关键词分析与提取，获得项目的各种关键指标信息。

将 PDF、DWG 文件中识别到的文字进行一系列后处理，并利用"项目信息归档表"作为关键指标提取依据，按照下列步骤完成对各类关键指标的提取（图 11-9）。

第一步：对所有待提取的属性进行归类。

如项目属性，有：项目名称，设计单位，项目地址等；

如建筑属性，有：建筑面积，建筑类型，建筑高度等，建筑有主体地上，地下部分；

如电气属性，有：变压器台数，空调通风面积等。

第二步：待提取的文档进行拆分和分类。

对设计说明文档进行段落拆分，对每个段落进行属性分类，如：

一　项目概况

二　项目背景

三 建筑消防设计

……

如上"一""二"可以分类为项目属性,"三"分类为建筑属性,这里的段落分类使用的是 AI 文本分类算法,并且支持多分类,即一个段落同时涉及项目信息,又涉及建筑信息。

第三步:属性提取,如要提取上面段落里的:

地上层数,地下层数,地上建筑高度,地下建筑高度,地上耐火等级,地下耐火等级等。

首先这里属于建筑属性,需要到建筑相关的段落里做属性提取。

如给定的待提取的设计说明文档,建筑相关部分段落内容如下:

建筑消防设计:

地上部分:

地下建筑物耐火等级为一级,共四层,埋深 17.7m……

地下部分:

地上八栋为住宅,耐火等级均为一级,建筑高度 92.3m,共三十一层……

首先对标题进行语义解析,判断出 2.1 地上部分段落内容属于建筑主体 < 地上 >,2.2 地下部分段落内容属于建筑主体 < 地下 >。

根据属性名称,找到语义相似的语句,如埋深 17.7m,共三十一层,然后使用规则匹配的方式提取出里面的属性值 17.7m 和三十一层,最后进行单位归一化,其他属性同理。

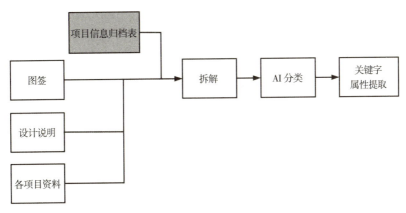

图 11-9　关键指标提取实现路径

建成统一的模板管理中心：依据国家、地方、企业等制图标准，灵活配置相应模板，对各设计阶段图纸、设计说明等内容进行拆分与提取，实现项目成果的数字化、结构化。高效实现对各类图纸的拆分及图纸中构件属性的提取功能，通过统一账号权限，将图纸、项目指标等各类工程资料同步到管理后台，极大提高图纸等资料的归档入库。

管理人员可以依据各企业不同的图签样式、图幅大小等信息，设置不同的拆分模板，后续设计人员可以通过直接调用模板的方式进行图纸的拆分等操作；可依据制图标准对各构件进行属性提取并记录相关构件的图层、线性、线宽及颜色，从而保证构件提取的准确性。

通过账户权限管理的方式可实现使用者快速仅能查看到自己权限下的项目，平台提供设计说明提取的功能，可以利用 NLP 解析能力自动提取设计说明文件中的项目通用信息，并完成对应指标值的替换，减少人为录入耗费的时间，并在此基础上，支持人工校对，确认无误后，完成项目创建，是后续项目信息的查看与搜索的基础。

项目创建完成后，系统会生成项目文件夹，并预设各个设计阶段的文件夹。分别为"方案设计""初步设计""施工设计""竣工验收"四个阶段，用于按阶段存放对应的图档资源。对于项目创建中上传的设计说明文件，也会生成"项目提取"的文件夹，用于对应文件的存储。用户还可以基于图档管理平台进行各种图档资源的上传，支持市面上的各种通用格式，如 .ppt、.xlsx、.doc、.dwg、.pdf 等。实现以文件或文件夹的形式进行上传导入与识别。

图档数字化以后，该平台可以对数据库中图档材料进行基础的关键词搜索。用户通过精准查询匹配到需要参考的项目和图纸，可以通过二维插件应用到设计阶段，实现企业级的项目经验沉淀和技术传承。

在项目图档查询方面，平台可以自动提取项目核心指标进行导入，结构化汇总各个设计阶段的图纸、设计说明，以及项目材料等归档数据，通过插件端自动生成结构化的图纸目录，批量配置图纸的命名规则，实现图纸文件与图签识别信息的在线查看。基于项目重要指标进行多维度检索，快速聚焦相关项目，提高项目检索与设计参考的效率。

（4）二次开发能力（API）

在进行二维图纸、三维模型、规范条文等数据的提取和处理过程中，通过定义相应的数据标准，将二维数据和三维数据转换成 XDB、规范条文转换成 GSL，形成结构化数据，并通过数据分发和整合，形成相关的数据接口，如设计说明 API、项目指标 API、规范条文 API 等，与数字化业务系统进行对接，赋能业务应用（图 11-10）。

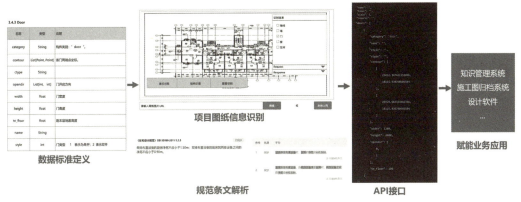

图 11-10　二次开发 API 接口及业务应用

3. 知识平台解决方案

知识平台将国家规范、国标图集、地方标准、设计图纸、工程模型、专家经验等建筑行业知识利用人工智能技术翻译成结构化、立体化的计算机可理解的语言，实现知识的精准查询、语音问答、智能推荐、专家解答等，服务于规划、设计、审查、施工、运维全生命周期，助力建筑行业由"数据管理"向"知识管理"升级。

建筑知识平台的主要功能包含规范标准知识搜索、图集搜索、知识图谱、智能问答、项目数字化归档、项目和图纸查询、专家解读、审查要点、视频文献、专业素材库、审查条文数据统计等，切实满足行业在生产、验收、使用环节的各种需求。

（1）实现技术传承和知识沉淀

建筑方案阶段，建筑方案构思过程需要大量的素材收集和成功案例的借鉴。很多建筑项目方案开展初期，建设方的意向和想法比较多，设计方需要提供若干建筑方案以及内涵，去挖掘和引导建设方的意向。设计院里之前优秀的工程可将方案阶段的中标方案和备选方案，包含手绘图、演变图、模型、效果图以及汇报的方案册，收录到知识库平台，形成方案沉淀；通过项目信息的提取形成重要标签，可供项目经理和方案主创设计师对项目快速检索，优秀方案和备选方案持续产生价值。

初步设计与施工图设计阶段成果的交付都需要及时存档，项目设计成果是设计院的核心资产，知识库平台可按项目设计阶段如方案设计、初步设计、施工图设计、竣工验收阶段分别归档。对外交付的图纸等资料有备案的必要，同时各阶段的互相提资对应项目设计进度安排，也应及时归档，达到真正意义上的协同设计。各项目的初设和施工图资料，在知识库平台信息识别提取，可根据项目级别选择开放给各层级的设计人员，达到技术资源共享，打破部门间技术的交流屏障，实现院级共同提升进步。

知识平台也可以与现有的图档系统实现数据对接，提取项目建设与技术的基础信息（工程概况、建设地点、业主、建设年代、各专业的主要技术参数）。对于设计人员及项目管理人员不需要重新归档，快速实现数据资产的数字化升级。对接后，各阶段设计师用户可以通过筛选建设地点、建筑面积、建筑高度、结构形式、基础形式等各专业的主要技术参数，定向搜索系统已有的项目说明及图纸等资料，实现按建设年代正向或反向排序，快速提取想要参考的技术资料，提高生产效率，持续沉淀知识和核心技术。

（2）规范条文解读与应对

各类规范和设计类书籍是设计师手边不可或缺的重要资料。纸质版规范或本机下载的电子版书籍，查阅时关联和对比查看不太方便。知识库平台将大量规范收录，并通过解析形成知识图谱，通过各种关联关系，把整个设计范畴内的各大知识点串联起来。同时将各类规范讲座视频、书籍、论证会等与对应规范条文链接关联。用户可以根据搜索知识点精准匹配到相对应的条文，同时可以延伸查看对应的规范条文说明、专家解读、专家论证会意见、工程案例等。实现在查阅规范时，立体获取相关维度的权威知识，青年设计师可以快速成长汲取专家经验，院内外领域的专家可以将自身知识发扬光大。

（3）积累项目疑难问题处理方案

项目在满足各类设计规范标准的前提下，难免会有突破规范的各种需求，很多时候正是因为打破常规、突破规范、解决难题，从而成就了优秀的项目。一般在面临难点问题的时候，会求助于公司总工乃至行业顶尖专家，进行专家论证和评审会，尤其目前专家会多为视频会议形式，可将视频资料及专家形成的意见单以项目概况和疑难问题为标签，存入知识库平台，作为专家库资料供更多的人学习和借鉴。逐渐使专家库成员形成各自擅长的专业领域，后期持续更好地为项目各类的疑难问题精准配备专家，并且可以参考以往的专家评审意见。公司内各类技术人员均可在平台专家库中学习和借鉴，技术提升。

（4）统一企业设计标准

项目设计阶段，素材的搜集、以往项目的图纸参考意义重大。设计师需要经常借鉴之前详图图纸中的节点做法大样，有些通用详图可以直接复用。知识库平台可以对已归档的每张图纸进行图纸信息和图签信息的提取，施工图设计人员不必通过各项目图纸目录对应打开大量的图纸去寻找节点做法大样，知识库平台可以根据需求精准推送节点图纸。同时通过记录用户的下载量及点赞量，根据热度排序推荐。逐渐实现全院的节点做法习惯趋于统一，提高设计质量和效率。

设计生产的成果不只有图纸、模型和效果图，为适应现在市场需求、客户习惯、政策导向、舆论宣传的逐步转变，还需要做各类的文本、视频、图片等文案。作为大型的设计集团，统一的文案模板，可以更好更高质量展现企业文化和底蕴。知识库平台可根据文案类型或面向对象分类，将汇报方案文本、公众号、朋友圈、峰会论坛展板、宣传视频等，统一模板。院内相关制作人员和设计师，可以确定下载模板，参考已有的文案资料，高质高效完成文案制作，达到预期的汇报效果和宣传影响。

统一设计说明和图纸图层管理，有助于科技质量部控制全院设计质量，促进整体形象的提升。离不开各专业标准图库的制作，知识库平台可承接院内现有的图库标准，按需求阶段和使用对象分类，将已有模块的技术知识内容，加快生成、动态更新，提高使用率。

（5）技术培训和人才培养

目前很多设计院面临技术人员老龄化、新进优秀人才短缺、人才培养体系不完善的问题。勘察设计人员的成长离不开规范图集的学习、设计项目的积累、处理现场问题的历练等。尤其建筑类设计工作离不开施工现场的配合，这些经验历来只有多去现场才能积累和丰富。具备扎实全面的理论体系和丰富的现场经验，是每位专业负责人和项目负责人的基本要求。对于刚入行的青年设计师，现场应对解决问题的能力相对匮乏，去现场的机会也相对较少。知识库平台将大量的施工现场的照片，与项目一起归档，同时将现场照片与相应图纸进行关联。设计师可以查看图纸的时候对应查看施工照片，立体全面认知设计。公司各专业总工在做培训讲座的时候，也可以快速获取图纸+现场照片。

公司内外组织的各种技术培训和知识讲座，收录的课件和视频也可以同时发布在知识平台，并且与规范、项目、设计模板、专题做关联，丰富的数据资料为人才培养提供坚实基础，可以分专业和工种在知识平台形成在线教学培养课程体系，高效高质量为企业培养输送新生人才力量。

（6）产品选型和成品构件库

建筑设计院各专业的设计，需要提供产品选型供建设单位参考比选，离不开设备厂家各类产品的参数和性能。知识库平台可将市面搜集、厂家提供的产品资料汇总起来，按设计专业、产品类型、品牌等标签进行分类，供设计师在各阶段进行对比和选型。例如建筑专业需要的各类电梯厂家参数和样本确定了电梯间设计，结构专业需要的减隔震阻尼器相关参数、设备专业需要的通风和空调设备参数、给水排水专业所需的水泵参数、电气专业变配电箱参数等。

企业也可以逐渐建立项目设计推荐选型、标准产品库、BIM构件族库等，实现资料的实时更新和快速周转使用，减少设计阶段对比选型、重复搜集素材的麻烦，提高设计效率和质量。

（7）审查要点和校审库数据统计

目前各地陆续推行建设项目审查制度改革，如湖南、广东等地推出BIM三维智能审查平台，北京出台建筑工程施工图事后抽查政策。住房和城乡建设部政策引导建立施工图数字化监管平台，实现施工图告知承诺、联合抽查全流程网上办理，抽查结果线上告知，存档备查施工图与相关行业主管部门实时共享共用，做到政府监督全过程无打扰。推广数字化协同设计，加快推进建筑信息模型（BIM）技术在工程勘察、设计、施工全生命周期的集成应用。积极推进人工智能审图系统研发试点，逐步形成可靠的智能审图能力，提升审查效率和质量。

知识平台结合已有的智能审查平台，分类储存住房和城乡建设部及各省市施工图审查要点文件，审查要点可以在线搜索查看或从校审库审查引用。同时对各地审查要点整理、设计院企业内审条文以及智能审查平台已实现的二三维审查条文统计。审图专家可以使用平台配套的CAD插件将图纸审查过程与校审库联动，将图纸错误记录在原图中的同时可以从系统中快速选择对应的规范条文与之关联。打开CAD软件，专家审图过程在错误节点处添加好批注。审查库可以对审查过程中引用或关联的条文次数做统计，以项目类型或设计部门维度统计审查违反情况的统计信息。统计信息对于设计院科技质量部内控、设计问题宣讲、审查方式提供重要参考依据（图11-11）。

4. 知识平台应用价值和案例

AI建筑知识平台解决数据资产分散、无序、管理难的问题，将历史纸质图档资料、分散在设计师手中的图档资料、新项目的全过程图档资料等进行统一储存和管理，将这些资产数据化、在线化、标准化，形成企业的知识平台，实现知识数据的精准查询、智能推荐，帮助企业实现数据资产的沉淀、共享、应用。

实际业务工作中，当需要查询资料时，数据众多、查找费时，通过对图档中的有

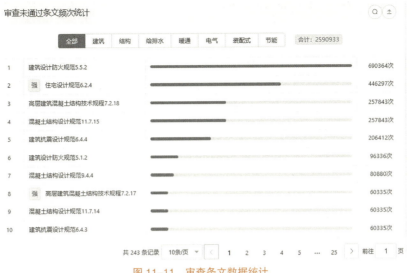

图 11-11　审查条文数据统计

效信息（项目所在地、项目类型、项目结构形式、是否为装配式建筑等）进行智能识别、提取、处理、应用，当需要查询图档资料时，能够提高查询的效率和查询的精准性。同时通过将提取的数据与其他业务应用关联融合，实现业务流程、职能流程等的知识化支撑，完善知识管理体系，为企业的人才培养和项目管理提供支撑。

目前知识平台已在多领域和企业开展探索和应用。湖南省 BIM 审查系统平台联合知识平台，实现报审项目的智能审查、审查要点查询、专家解读、校审数据统计等功能；中国建研院、广东省建筑设计研究院应用知识平台，探索设计生产中规范知识查询、图档数字化、人才培养和知识沉淀；中机中联工程有限公司基于知识平台规范解析功能，合作开发三维辅助设计和实时审查。

知识平台将为广大企业数字化转型提供数据支撑，建立统一的标准化数据格式，释放数据价值，在应用过程中对知识不断地迭代更新，让知识成为企业技术创新、管理创新、优化经营等的重要动力。

三、标准部品部件库

1. 标准部品部件库需求背景

作为新型建筑工业化的重要实现手段，早在20世纪50年代，我国就开始推广装配式建筑和预制构件，受限于技术水平，装配式建筑的发展一直呈现低迷状态。近十几年来，随着技术经济水平的快速发展，"信息化""工业化""绿色低碳"等理念的提出及劳动力成本的提升，人们再次集中视线到装配式建筑中来。国家和地方政府也相继出台各类政策与指导性文件大力推广和发展装配式建筑。

2016年《国务院办公厅关于大力发展装配式建筑的指导意见》指出要大力发展装配式建筑，坚持标准化设计、工厂化生产、装配化施工、一体化装修、信息化管理、智能化应用，提高技术水平和工程质量，促进建筑产业转型升级；"十三五"期间《国务院办公厅关于促进建筑行业持续健康发展的意见》指出要"推广装配式建筑和钢结构建筑"；《中华人民共和国国民经济和社会发展第十四个五年规划和2035年远景目标纲要》指出要推广绿色建材、装配式建筑与钢结构住宅、建设低碳城市；2020年《关于加快新型建筑工业化发展的若干意见》中指出，大力推广建筑信息模型（BIM）技术，加快推进BIM技术在新型建筑工业化全寿命期的一体化集成应用，充分利用社会资源，共同建立、维护基于BIM技术的标准化部品部件库，实现设计、采购、生产、交付、运行维护等阶段的信息互联互通和交互共享。

随着装配式行业不断发展与推进，构件数量、种类不断增多，构件信息深度不断增强，装配式部品部件在设计、施工、生产等全寿命周期的模数化、标准化需求也越来越高。各地区及企业创建一个综合性构件库实现设计、采购、生产、建造、交付、运行维护等阶段的信息互联互通和交互共享迫在眉睫。《住房和城乡建设部办公厅关于开展绿色建造试点工作的函》中指出要推广工程标准化设计，试点地区应完善模数协调、构件选型等标准，统筹建立本地区标准部品部件库。

建立装配式建筑标准部品部件库，可有效整合地区及企业建筑行业装配式构件信息资源，规范建筑行业装配式构件资源标准，推动装配式建筑向"标准化""规范化""信息化"发展，为广大企业员工及设计师提供优质、丰富的装配式标准构件参考资源，实现信息资源交互共享。

2. 标准部品部件库建设意义

（1）助力构件标准化设计

2016年《国务院办公厅关于大力发展装配式建筑的指导意见》中明确指出了装配式建筑发展要遵循的六大原则，即"标准化设计、工厂化生产、装配化施工、一体化装修、信息化管理、智能化应用"。装配式构件的标准化设计会对项目的生产、运输、施工等环节产生影响，从而影响整体工程造价。助力装配式建筑实现设计标准化，降低生产成本，实现提质增效是标准部品部件库建立的重要目标之一。

标准部品部件库旨在结合 BIM 技术，建立一个综合性信息数据共享资源库，整合行业信息资源，实现设计、采购、生产、建造、交付、运行维护等阶段的信息互联互通以及 BIM 信息模型、图纸、图片、文档等信息资源交互共享。标准部品部件库可汇总收集标准化构件的设计成果，设计人员可以选择库中的标准部品部件进行设计应用，一方面可以降低设计过程中预制构件选型时间成本的投入，另一方面以标准部品部件库作为构件使用的来源，有助于设计成果的标准化和通用化发展。通过对标准构件的设计选用及"少规则、多组合"的设计理念，可有效减少设计和生产成本，实现提质增效。

（2）促进信息资源交互共享

与传统的建筑行业相比，装配式建筑设计增加了构件深化设计环节，装配式构件种类多，数量大，深化设计图纸精度要求较高，极大地增加了设计人员的工作量。装配式建筑的建造过程包含设计、生产、运输、安装等环节，且各环节涉及不同的参与人员，各环节参与人员的工作协同与信息资源的传递共享对工程的整体进度、成本把控、工程的后期变更有很大的影响。借助统一的资源共享信息平台，统一平台数据标准，通过开放性的数据接口，实现标准部品部件库内构件资源与设计软件的对接应用，可实现信息资源的交互共享，有效减少设计工作量，使标准预制构件成为设计、生产、运输、安装环节使用的基础单元，降低工程成本，提高建设效率。

借助装配式建筑标准部品部件库的建设，可形成有效的标准构件信息数据采集、共享、更新的规范性平台，标准部品部件库可应用于设计院、EPC 单位等大型企业和政府机构。对于企业而言，建立企业标准部品部件库，有利于整合企业内部 BIM 信息资源，加快各专业信息的衔接，提升企业整体 BIM 应用水平，发展企业智能化生产与管理，助力企业数字化转型升级。对政府而言，标准部品部件库的建立可有效整合地区装配式建筑 BIM 资源，规范地区装配式构件信息标准，加快地区装配式行业规范化、标准化建设，推动建筑工业化发展。

（3）形成有效统计数据

近年来，装配式建筑发展迅猛，装配式建筑的发展呈上升趋势。2020 年，全国新开工装配式建筑共计 6.3 亿 m^2，占新建建筑面积的比例约为 20.5%。2021 年，全国新建装配式建筑面积达到 7.4 亿 m^2，占新建建筑的比例为 24.5%。装配式建筑的不断发展，装配式项目的持续增多，可实现项目数据的不断积累。通过标准部品部件库的建立,可开放企业标准构件项目使用情况的上传通道,通过对实际工程数据的汇总收集,可有效积累真实的项目数据。通过查看标准构件的使用数量和项目情况,可有效监管标准构件的实际应用情况。同时可积累非标准库内构件的需求情况,实时掌握装配式建筑行业对预制构件的实际需求,为标准库的迭代更新提供数据支持。

同时,以库内标准构件为基础数据的统计单元,统计库内标准构件的用户下载量及收藏量,并以下载量作为标准构件展示排序依据,便于用户直观便捷地查看使用度较高的标准构件,为设计人员的设计选型提供一定的指导。

3. 标准部品部件库建设内容

上述提到,随着装配式建筑行业的不断发展,装配式建筑产业"设计不标准、生产不统一、构件不通用、信息不共享"等问题也日益凸显。作为装配式建筑的基础生产单元,预制构件种类繁多,且建模系统各异,预制构件存储、维护和更新的工作量巨大。因此,标准部品部件库的建立应以共建共享为基本建设原则,以最终形成有效的数据采集、共享使用、更新运行管理模式为建设目标,建设一个数据共享交互平台,并规范用户使用标准,形成平台管理的规范流程。

(1)入库及管理机制

作为BIM信息资源的交互共享平台,标准部品部件库的建立应提供用户部品部件的上传机制。但由于对标准部品部件基本信息和属性信息的概括描述因人而异,因此有必要对标准部品部件的上传限定一个标准化的信息界面,保证标准库内的BIM构件模型按照统一的信息属性,进行信息的录入和提交。部品部件模型基于一定的上传规则上传到标准库中,需要借助统一的工作流,按照统一的审核标准,对标准构件进行审核。对于标准库中存在多名管理员的情况,可以规范审核规则,按照审核内容逐项审核,保证构件信息的完整性及准确性。审核构件模型的名称、型号、几何尺寸类基本信息和混凝土、钢筋及附件类属性信息等内容,查看模型的轻量化展示效果,按照规范的审核流程,完成最终的审核。对于审核不通过的构件,要形成审核人员审核意见填写和上传者审核意见查看的完整工作流,便于上传人员进行后期调整。

(2)分类与编码的统一管理

部品部件分类与编码应满足科学性、规范性、实用性与可拓展性的要求,同时编码应符合唯一性的要求。部品部件的分类与编码体系的建立是部品部件库建设的先行环节,可提供部品部件模型上传的关键信息内容,为部品部件的分类筛选提供依据。

建立部品部件分类编码体系，能够加强标准构件库的管理，规范构件的信息属性，统一构件分类原则，降低使用分歧。

部品部件库需建立部品部件分类编码的管理体系，由系统管理员统一设置部品部件分类与此分类对应的标准部品部件编码。建立部品部件的标准编码与部品部件分类的关联机制，提供分类标准码与自由编码结合的编码方式，设置部品部件编码唯一性逻辑，提供部品部件的唯一性标识，促进部品部件的全生命周期使用、传递和共享。

（3）快速查找与信息查看

作为开放的交互共享资源平台，标准部品部件库应具备用户快速进行资源查找，精准定位部品的功能。综合云端平台产品特点和部品部件信息属性，云端库关键字模糊查询、资源分类筛选、资源属性信息筛选及筛选条件叠加处理，可便于在海量构件中精准定位所需部品。

对于定位查找的部品部件，详尽的基本信息和属性信息的描述，可帮助判断构件深化程度是否满足设计需求。构件模型的轻量化效果展示，便于更加直观便捷地查看资源效果。

（4）部品部件应用与共建共享

标准构件的交互共享与生产应用是构件库建设需考虑的关键问题之一。BIM 软件建立的构件模型可视性强，参数化程度高，有利于信息及数据的共享。但共享的资源数据与信息模型如何投入到产业链中继续应用是一个急需解决的问题。

云端构件应提供开放性的服务接口，支持云端构件的下载。同时，云端平台与设计软件的直接对接下载，将云端资源下载到设计端，可有效提高云端标准构件的复用率，提高设计的标准化程度。后续还可以将标准构件应用于图纸、清单、生产数据对接等各环节。

装配式预制构件类型多样，数量繁多，尺寸和钢筋等附属信息录入工作量大，将用户完成深化设计的构件在设计端一键上传到标准库中，自动生成预览图片，读取构件属性信息，可有效减少用户在云端平台操作时的信息录入成本，提高资源入库的效率。

（5）部品部件库后台管理

对于开放性的资源平台，提供统一的管理功能，有利于维护资源平台的使用纪律，保障平台平稳运行。①用户管理：管理员对平台内用户账号的管理，如对用户信息的增删改等管理操作。②构件类型管理：开放构件管理，支持管理人员对构件类型的拓展管理，便于后期资源平台与技术发展的衔接。③构件属性数据管理：管理员可灵活配置库内资源属性信息，规范构件上传时填写的属性信息。统一构件信息属性标准，这些属性信息也可作为构件筛选的依据，方便平台管理的同时，提高用户使用便捷性。④构件审核管理：对于用户上传提交的构件，需按照统一的工作流程，提交到系统管理员审核。管理员可按照统一的审核标准，把控入库模型质量，同时避免构件模型的重复提交。⑤反馈意见管理：对于政府侧建设的地区标准部品部件库，涉及的入驻企业众多，形成一套完整的前端用户反馈，后台管理回复用户意见的流程机制十分必要，既能形成完整的沟通渠道，又便于平台功能完善升级。

4. 省级部品部件库应用平台实践

PKPM标准部品部件库已有多家政府及企业平台的应用，其中省级平台——湖南省装配式建筑标准部品部件库，是湖南省统一的基于BIM技术的装配式建筑标准化预制构件、配件及建材的统一管理平台，湖南省装配式建筑标准部品部件库分为装配式构件库，建筑及装修部品库和材料配件库，其中装配式构件库分为核心库和扩展库，核心库构件来源于湖南省装配式标准部品部件图集，扩展库构件涵盖湖南省各类构件体系。核心库已与装配式设计软件湖南专版PKPM-PCHN数据互联互通，设计师可从云端标准部品部件库下载核心库构件进行组装，软件自动优先选取云端核心库中标准化构件进行匹配，从而实现"少规格，多组合"的设计目标，减少非标构件，提升经济效益。

第十二章
设计企业数智中台

在数字化转型的大背景下，可采用 BIM 技术与建筑 AI 技术将行业知识与设计成果数字化，形成企业级数智中台，以实现建筑行业知识的数字化应用，更好地利用建筑设计企业的设计成果。同时，用以支撑设计企业进行知识查询、项目搜索、智能审查、智能设计等应用。本章简要介绍了设计企业数智中台的构建思路与关键技术，并重点介绍了基于数智中台的 AI 审查等应用。

一、数智中台建设的必要性与可行性

1. 企业数字化转型需求

建筑设计企业如何采用各类创新技术，更好地用行业知识和设计成果服务于生产活动，提升工作效率，促进数字化转型，已成为行业一大命题。本章基于 BIM 技术与 AI 技术，提出建筑设计企业数字化转型不应只专注于管理系统与业务系统的信息化建设，可运用数智中台的设计企业解决方案，采用数据与技术的双轮驱动，深入结合设计业务本质，发挥数据、技术价值，是一种转型思路。

2. 企业各方诉求

对于一线设计师而言，在生产过程中如何帮助其快速找到设计所需的各类资料，包含规范、图集、经验做法、参考项目、节点大样等，是设计企业信息化系统建设的一大命题。设计企业已有的各类知识管理、图档管理系统均有所涉及，但对数据信息的提取与利用稍显不足。

设计企业总工和各专业负责人则希望在内审阶段，可以采用数字化技术辅助其完成一些机械重复的工作，这与当前行业热门的 AI 审查、BIM 审查等思路一致，下文将详细展开。

而如何将包含校审意见在内的各类项目经验和行业知识结构化，并积累传承下来，则成为信息中心、技术质量部的一大工作重点。同时,如何进行多专业、多阶段间图纸模型的数据流转与数据对比,如何依据数据来提升生产效率拓展经营生产边界,亦成为其最关注的一些话题。

另外,部分设计企业为大力发展以 BIM 技术为主的各类新兴技术,纷纷成立了 BIM 中心、数创中心、数字研究院等部门,进行 BIM 技术研究与生产,或自主研发各类生产管理效率工具。亦有部分企业提出了实现全员 BIM 设计或大力发展 BIM 正向设计的目标。能否在数字化转型中进一步促进企业 BIM 设计发展,如何将 BIM 设计更好地融入生产,保证 BIM 模型质量,为企业培养数字化人才则是诸多中大型设计企业成立 BIM 中心、数创中心、数字研究院等部门的初衷。

3. 数智中台建设可行性

近些年,行业已达成"先有信息化,而后有数字化"的共识。当前,广大建筑设计企业业已开展或初步完成了信息化基础的建设。在系统建设层面,从最初的 OA、人力资源、财务管理系统,到 ERP 综合管理系统;从二维系统协同设计应用到二三维协同设计系统初探;从单纯的数字化签名出图与图档管理系统,到完善的知识管理系统。在不同企业间,信息化建设发展重点与应用深度虽有不同,但基础理念与大致思路得到了行业的普遍认可。

在此背景下,当基于企业当前信息化系统建设现状,融合 BIM 技术等多种新兴技术,深度结合企业业务需求,以数字化为企业发展注入新动能。

二、设计企业数智中台解决方案

设计企业数智中台解决方案,即通过建筑 AI 能力与 BIM 能力,对行业知识、设计成果等工程资料进行识别与提取,形成企业级数据中台,驱动企业侧设计师、专业负责人、管理人员进行知识查询与搜索、图档数字化管理、智慧审查、智能设计等应用。

由图 12-1 可得,数智中台可以看作设计企业 BIM 能力、AI 能力与数据整合能力的集成。由数智中台驱动企业侧各类业务应用,而业务应用所产生的数据则沉淀进入数智中台。以图 12-1 所示图档搜索为例。图档内容来源于设计企业现有的工程资料,通过 BIM 能力与 AI 能力提取工程资料,将设计信息结构化存储,在此基础上,设计师与设计企业各个管理部门可以进行图档内容搜索、查询,相似项目与图纸的参考。

图 12-1　数智中台技术路径

同时，设计师与设计企业各个管理部门在图档搜索中常用的搜索内容，重点关注内容，也可以记录下来并做分析统计，以此来为工程资料的 AI 提取和结构化存储提取新的要求与调整方向。

1. 数据中台

上述解决方案的核心是数据中台，对于建筑行业而言，数据中台的核心是以规范为首的行业知识数字化和以二三维设计成果为首的工程资料数字化。图 12-2 表述的数据中台框架可供参考。

构建设计企业数据中台，需解决工程不同阶段之间，不同专业之间，不同软件之间、二维成果与三维成果之间的数据格式统一。政府侧同样面临此类问题，雄安、厦门、湖南、广州等各地政府住房和城乡建设部门或规划部门在近年来牵头建设了基于 BIM

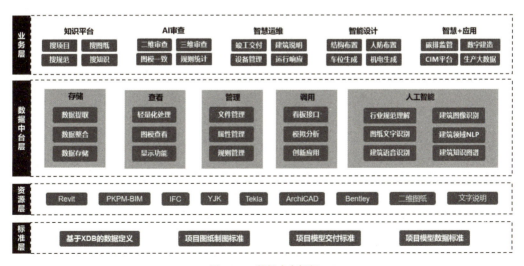

图 12-2　数据中台框架

的报建审查审批系统，为解决不同参与方的 BIM 模型统一问题，中国建研院与构力科技提出了 .XDB 或其同源数据标准。

基于 .XDB 数据标准，对不同的设计软件导出相同格式的数据文件，进行统一规格存储、查看、管理、调用，以此支撑不同参与方在不同设计阶段中数据整合、数据对比、数据流转、数据分发问题。

以图 12-3 为例，在不同的规划设计与施工图设计阶段，针对总图、单体图纸、单体模型、设计说明等不同的设计成果，均可通过 BIM 能力与建筑 AI 能力导出成为 .XDB 数据文件，用以数据存档和各类应用。同时，针对不同阶段的统一指标，只要保证 .XDB 数据格式的前后一致性，也可快速完成后续设计阶段关键指标与前序指标的对比。

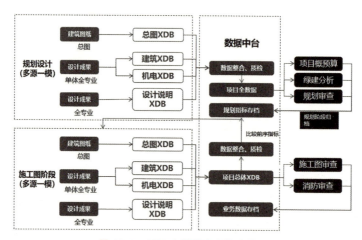

图 12-3　.XDB 与数据中台关系说明

2. 建筑 AI 能力

人工智能技术发展至今，广泛应用于生活生产的方方面面，包含计算机视觉、自然语言处理、语音识别、知识图谱等技术。本节只做简要说明。

就建筑设计行业而言，应用计算机视觉、OCR 等技术进行 DWG、PDF 等二维设计资料的图像识别。识别后的项目信息可进行结构化存储成为 .XDB 数据文件，可供项目信息、图纸信息查询参考使用，或将该 .XDB 与上述三维模型导出的 .XDB 进行图模一致性对比或二三维联合审查等应用。如图 12-4 为图模一致性对比功能。

应用自然语言处理技术理解设计说明与规范条文中的文字内容，并进一步采用知识图谱技术，针对规范条文等行业知识建立建筑行业知识图谱，可用以进行规范梳理、行业知识查询搜索与智能问答等。

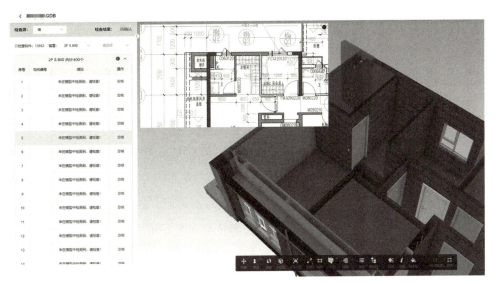

图 12-4　图模一致性检查

三、业务场景

1. AI 审查

（1）方案介绍

全国各地为开展优化营商环境和建设工程行政审批制度改革等工作出台了一系列政策，其中规模较大的项目，经方案审批后，取消总体审批流程，直接进入施工图联审平台，审查周期缩短，审查精度受限。规模较小的建设工程项目，无须审图机构审查，采取建设单位承诺备案制，建设单位只需在网络平台备案工程信息和设计图纸后即可施工。如建设单位备案图纸设计有误，因无须审图机构审查或审查机构出现疏漏未及时发现问题，施工单位按照有误的备案图纸施工，可能为日后该场所的使用埋下安全隐患。若建设工程备案系统及联审平台具备智能审查功能，源头把关设计图纸，将有效减少和预防安全隐患。

在此背景下，构建 AI 审查系统，基于二三维设计文件为信息载体，通过建筑规范描述语言和领域知识的语义和几何融合检查等技术，有效支撑不同行业领域和多业务规范的自动化智能审查已在多地试验落地。使用不同的二三维设计软件，使用 BIM 技术与 AI 技术，导出为统一的 .XDB 数据文件。同时，采用自然语言处理技术（NLP）对规范条文进行数字化后，基于相应的前处理计算器与规则计算器针对上述 .XDB 文件进行智能检查，以此实现 AI 智能审查。

虽然三维审图对于智能审查有着先天优势，但是二维图纸在甲方、设计院及施工单位中仍为主流设计成果。在政府对三维制图的强要求下，衍生了翻模的业务场景，更有甚者在审查系统上传的是统一的 BIM 模型，与二维图纸毫无关系，导致审图流程反复，消耗审图人员不必要的精力。因此，进行二三维图纸的图模一致性审查需求也很迫切。对于 AI 二维审图来说，二维 CAD 图纸与三维 Revit 模型不同。三维模型以族构成，含有较全面的信息，二维图纸主要是以线、文字构成，缺少像三维族全面的信息。所以对二维图纸要进行数字化审查的重点是对图纸信息的提取。

AI 审查的高效、精准必须建立在广泛数据的基础上，做好审查系统的大数据维护工作至关重要，审查系统内的规范标准和案例多而全是审查系统高效、精准工作的保障。审查系统具备自主学习能力，在运行过程中发现新的表达形式，系统自动写入学习数据库，始终不断完善数据库。如设计单位编制设计文件易口语化，设计文件内建筑面积的计量单位往往出现"平方米""m^2""m2"等多种格式，这就要求数据库内将"平方米""平米""m^2""m2"等单位统一归类为面积单位。又如规范条文使用"不低于"的表达方式，《中华人民共和国民法总则》对"不低于"的解释是包含本数和高于数，如"耐火等级不低于二级"该句，数据库内将"二级"和高于数"一级"均认定为符合要求。

（2）应用价值

AI 审查与传统人工审图相比，更为客观、高效、准确，不受人为及环境因素的影响和干预，能够更好地帮助设计机构和审图机构实现智慧化审图。AI 审查是不知疲倦的机器，替代人工自动处理完成繁琐、重复的计算任务，使设计机构、审图机构专业人员可腾出时间，专注于其他更能体现创造性劳动价值的工作，这从时间和消费比的角度来说很有意义。AI 审查采用客观统一的评判标准，将各设计机构及各审图机构不同执行人员对于规范的差异化理解统一在一个标准下，提高了建筑设计规范在执行层面的客观公正性。

AI 审查是面向政府侧和企业侧的二三维智能审查产品，支持不同的审查模式，同时支持二三维联审、图模一致检查。基于二三维设计成果和规范标准的数字化提取，而这些信息也会作为结构化数据存储下来，作为企业数字化转型的第一步。

（3）方案案例

当前，深圳市与北京市分别在运用 AI 技术研究基于二维图纸的智能审查技术，深圳市已上线了相关系统。在构力科技等企业有相关市场化产品推出。

2. 建筑知识平台

（1）方案介绍

建筑知识平台基于上述建筑 AI 能力中的自然语言处理技术、知识图谱技术、计算机视觉技术等对规范图集、图纸模型、审查意见等进行提取及处理，形成结构化的标准数据，搭建建筑领域的知识平台，实现一站式智能检索、知识可视化查询、知识关联查询、智能语音问答等。本节只做简单描述，具体内容参见第十一章数字化标准与共享资源库 - 建筑知识平台。

建筑知识平台一方面针对行业知识进行结构化提取，辅助设计行业各参与方进行规范查询，知识搜索，智能问答等；另一方面，将包含设计说明在内的二三维设计成果提取成为 .XDB 数据文件，对归档资料进行分类，搭建专业素材库：设计说明专篇、绿建专篇、详图库、电梯产品库、设备厂家资料等，帮助企业打造标准统一的设计平台，提高设计质量和效率。

（2）应用价值

构建住建知识平台，价值是为用户进行行业知识、专业领域经验进行充电，同时知识平台也从用户中实现自我充电，随着政策引导、顶层发展规划建设，数据将成为新的生产新要素，成为竞争力之一，已然成为共识，随着算力和技术的发展，大数据和 AI 技术融合下的数据智能，将逐渐带动工程建设在商业环境中应用，并间接创造价值。

（3）方案案例

湖南省已上线知识平台并与 BIM 施工图审查系统相结合。在企业层面，构力科技对此项技术研究较为深入，有市场化产品推出。

AI 审查可实现大数据分析功能。例如，审查系统定期智能分析审查过的建设项目并形成分析报告，分析报告内可包含各设计机构备案图纸通过率、设计人员图纸设计违规率、重复出现的设计问题等内容，通过技术手段做出提示，进一步提升行业设计质量。

通过对各个项目智能审查和人工审查引用的条文频次的统计，可以系统地了解到项目设计和审查的问题，同时依据审查结果与条文引用频次可对知识平台校审库内容进行迭代更新。实现知识平台内置数字化规范驱动 AI 审查，而 AI 审查的数据沉淀入知识平台，对企业应用进行数据驱动。同时 AI 审查系统支持自定义规则，自定义审查规则的应用情况也直接说明了该条文的应用价值（表 12-1）。

审查结果说明 表12-1

项目	审查次数多	审查次数少	采纳多	采纳少
内置智能审查规则	易出错／规则不合理	规则简单／设计未表达	重点关注	非重点
自定义审查规则			需推广	不宜推广
内置人工审查规则			重点关注	非重点

3. 智能设计

（1）方案介绍

建筑设计发展至今，如何进行智能设计成为建筑设计企业的一大命题。BIM技术将设计内容的信息结构化，将二维图纸中虚拟化的构件表示改进为实体化表达。而AI技术让智能设计具备了技术上的理论可行性。同时，如何为AI智能设计提供大量的设计素材即成为重中之重。

基于数智中台，针对行业知识与工程资料的数字化，将为设计企业积累的大量设计素材予以结构化的积累和沉淀，为AI智能设计提供了实现基础。基于AI的生成式设计方法，对于建筑强排方案生成、办公区域自动生成、地下室停车位等工程的自动生成已有一定研究成果；提供人机耦合的过程控制能力，使得生成式结果能够贴合实际用户的使用偏好。

（2）应用价值

AI对建筑设计的影响是巨大的，传统建筑设计过程会在前期调研分析、方案草图设计以及后期的施工图修改中浪费大量的时间，其中还不包括汇报方案中的文本制作等一系列时间、金钱、人力的无端消耗，建筑设计的制约因素过多，导致建筑设计虽有几十年的经验积累但仍感效率低下。AI介入以后，以人工智能建筑平台来说，我们需要的只是输入必要的设计参数，包含总建筑面积、绿地率、容积率、建筑密度等指标，一键就能生成建筑的设计方案，包含了该地块的调研分析报告、设计方案以及最终的文本汇报方案，这里的设计方案不止一种，可以人为选择几十种甚至上百种建筑方案。平台虽然已经拥有了成功的设计案例，但仍有许多不足，毕竟对于没有前人经验可以借鉴的新事物来说，需要探索的内容还非常多。平台当前的设计方案目前还仅仅是建筑强排，还没有进入到自主设计建筑的创意中，但不排除短期内平台革新效率的突飞猛进。

第十三章
EPC 项目全生命周期管理

一、EPC 总承包模式概述

1. EPC 总承包模式概念

EPC（Engineering Procurement Construction）模式即"设计、采购和建造"模式。在 EPC 模式中，Engineering 不仅包括具体的设计工作，而且可能包括整个建设工程中的总体策划以及实施组织管理策划和具体工作；Procurement 不仅包括一般意义上的建筑设备材料采购，还包括专业设备的选型和材料的采购；Construction 包括施工、安装、试运行等。在 EPC 模式中，业主与工程总承包商签订工程总承包合同，把工程建设项目的设计、采购、施工、试运行等实行全过程或若干阶段委托给工程总承包商负责组织实施，业主只负责整体的、原则的、目标的管理和控制。设计、采购和施工的组织实施是统一策划、统一组织、统一指挥、统一协调和全过程控制的。工程总承包商可以把部分工作委托给分包商完成，但是分包商的全部工作由总承包商对业主负责。业主介入具体组织实施的程度较低，总承包商更能发挥主观能动性，运用其管理经验可创造更多的效益（图 13-1）。

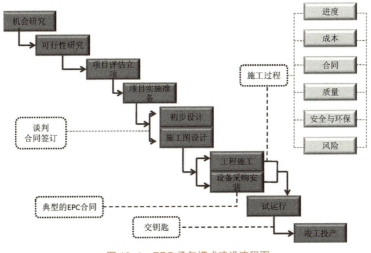

图 13-1　EPC 承包模式建设流程图

2. EPC 总承包模式优缺点

（1）EPC 总承包模式的优点

建设单位只负责整体的、原则的、目标的管理和控制，总承包商更能发挥主观能动性，运用其先进的管理经验为建设单位和承包商自身创造更多的效益。该模式提高了工作效率，减少了协调工作量；设计变更少，工期较短；由于采用的是总价合同，除了约定的可调价事由之外，基本上不用再支付其他费用；项目的最终价格和要求的工期具有更大的确定性，有利于控制投资和按期交工。

（2）EPC 总承包模式的缺点

总承包商对整个项目的成本、工期和质量负责，加大了总承包商的风险；由于合同性质的原因，承包商获得建设单位变更及追加费用的弹性很小，合同管理的难度一般都较大。

3. EPC 模式数字化管理现阶段的问题

EPC 并不是简单的"E+P+C"，它考验的是总承包企业的集成管理能力和资源整合能力，打造总承包企业的市场竞争力。建筑工程管理工作一体化是 EPC 项目模式的主要特点，该形式的管理工作更符合现代建筑行业的发展需求，有助于提升建筑行业管理工作的水平，保证建筑工程的建设质量。

目前，国内 EPC 企业的工程项目管理数字化水平较为落后，计算机应用技术和数字化管理技术处于较低水平，高水平的辅助设计系统和集成化的项目管理系统往往得不到广泛应用。这就造成工程项目的设计和管理没有强大的基础数据库作支撑，造成设计与采购、施工工作相互脱节。设计、独立信息太多，导致信息传递不畅，使信息难以共享。因此，如何利用数字化技术，打造工程全寿命周期信息管理平台，包括将设计与采购、施工数据科学合理地相结合，提高管理水平，创造更高的经济效益已成为时下 EPC 行业面临的一道难题。数字化管理系统的建设可降低 EPC 项目管理工作的开展难度，完善的系统设计能够提升管理系统的实际应用价值，充分发挥数字化管理系统在 EPC 项目中不可忽视的作用。为谋求承接项目的高质量和高效益持续发展，EPC 企业在数字化浪潮下，也纷纷进入业务转型升级的探索及实践阶段。

二、EPC 项目组织模式

目前，矩阵组织理念已经为业主和总承包企业普遍接受，EPC 项目组织基本模式包括三个层次和两个矩阵结构（图 13-2）。

1. 企业支持层、总承包管理层和施工作业层

企业管理层及总部职能部门构成企业支持层，向总承包管理层提供管理、技术资源以及指导监督职能；总包管理层是指 EPC 项目的实施主体总承包项目部，总承包项目部的团队组建和资源配置由企业总部完成，代表企业根据总承包合同组织和协调项目范围内的所有资源实现项目目标；施工作业层由各专业工程分包的项目部组成，根据分包合同完成分部分项工程。

企业支持层和总包管理层之间的主要组织问题是企业法人和项目经理部之间的责、权和利的分配关系，企业组织是永久性组织，项目组织是临时性组织，企业为项目经理部提供资源支持，项目经理部为企业创造利润，并且通过项目实施过程积累经验，为提升企业项目管理水平和专业技术优势作出贡献。

2. 资源配置矩阵和业务协同矩阵

企业支持层和总包管理层之间除了业务上的指导和监督外，存在资源配置矩阵。具体而言，项目上人力资源和物质资源都是企业配置的，项目部只拥有使用权。管理视角的矩阵组织结构就是指项目部的管理人员和专业技术人员要接受双重领导：职能部门经理和项目经理。资源配置矩阵结构有效运行的目的就是保证项目实施的资源需求和为企业的发展积累人才资源、管理和专业技术经验。

总包管理层和施工作业层之间存在业务协同矩阵，各专业工程分包商的施工作业在总承包系统管理下展开。从理论上讲，业主方、总承包商和分包商的目标是一致的，都是为完成项目目标。但是，在工程实践中，由于各参与方来自不同的经济利益主体，会因为各自的短期利益目标而产生矛盾和冲突。因此，业务协调矩阵的有效运行取决于总承包商的协调管理能力。

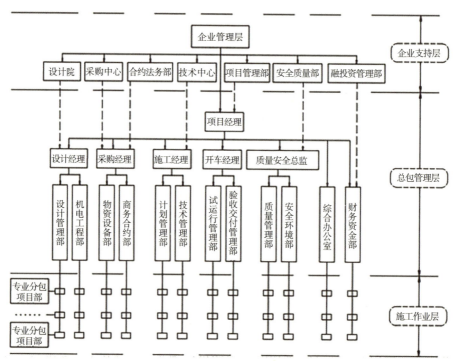

图 13-2　资源配置矩阵和业务协同矩阵

三、EPC 能力建设

工程公司要想成功推行 EPC 总承包管理、提升项目管理水平、打造成熟的管理模式，必须要着力打造和提升五种核心能力：策划管理能力、设计管理能力、招采管理能力、专业管理能力、数字化应用能力。以上五种能力之所以称为核心能力，主要是和传统的项目管理经验相比的，也是推行工程总承包管理必须具备的、是目前大多数工程公司非常欠缺的、又是成功推行工程总承包管理亟须迅速提升的五种能力。

1. 提升策划管理能力

结合项目实际，以精细管理为指导思想，对项目进行统筹策划管理，以降低工程成本、减少项目风险，引导项目管理规范化发展。

2. 提升设计管理能力

设计是工程总承包的"龙头"，对整个建设工程的质量、进度和投资控制都有着直接的影响，因此设计管理应作为工程总承包项目管理的重中之重。

3. 提升招采管理能力

积极推动"采购引导设计、采购指导施工、采购保障质量、采购控制进度、采购提升效益",从"节约管理创效"向"采购管理创效"转变。

4. 提升专业管理能力

通过培养岗位多面手,完成从"管理赢得效益"向"服务+管理赢得效益"转变。

5. 提升数字化应用能力

将数字化深度融入 EPC 项目管理中,利用数字化技术能够更好地在实施过程中充分考虑功能、设计、商务、采购、施工等各方面的因素,充分发挥出 EPC 模式的优势,提升工程整体价值。EPC 工程模式,为数字化技术的实施提供了载体;数字化技术,为 EPC 工程的管理提供了工具和资源整合的平台,两者相辅相成,在数字化技术的深度应用下,就可实现 EPC 工程的价值创造。通过基于数字化的项目全生命周期过程管控及参与诸方的信息共享,消灭项目不确定性,增强项目可视化管理,提高信息传递效率,降低出错概率,从而保证 EPC 管理项目的经济价值和社会价值(图 13-3)。

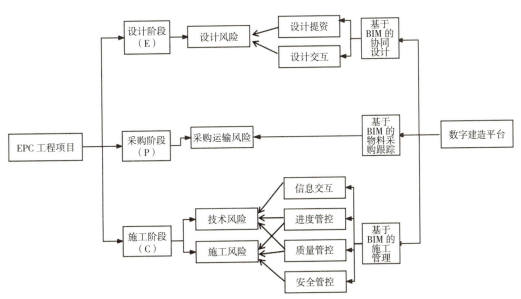

图 13-3 基于 BIM 的数字建造平台在 EPC 项目的解决方案

四、EPC 项目全过程管理

1. EPC 项目策划管理

EPC 项目的策划管理重点内容包括目标管理、组织策划、设计管理策划、数字化策划、采购策划等内容。

（1）目标策划

质量目标：施工质量目标应满足一次性验收合格并达到合同要求的施工规范标准。工期目标：工期目标满足合同工期要求。合同一般规定总工期，设计工期和施工工期。成本目标：成本目标满足业主投资需求，遵循设计概算控制原则。安全目标：符合职业健康安全管理标准要求。

（2）组织策划

以设计合理为重点，以投标概算为核心，以计划管理为主线，以目标管理、过程管理、合同管理、平衡协调管理、信息化管理为手段，紧紧围绕工程的重点和关键点，通过程序化、标准化、规范化的项目管理，最终实现工期、质量、成本、安全等目标，向业主交付满意工程，完美履约。

（3）设计管理策划

工程总承包项目的设计必须由具备相应设计资质和能力的企业承担，设计应遵循国家有关的法律法规和强制性标准，并满足合同约定的技术性能、质量标准、工程的可施工性、可操作性及可维修性的要求。设计管理由设计经理负责,并组建项目设计部。设计计划应在项目初始阶段由设计经理负责组织编制，经项目经理和工程总承包企业有关职能部门批准实施。设计计划编制的依据应包括合同文件、本项目的有关批准文件、项目计划等。设计计划应满足合同约定的质量目标与要求相关的质量规定和标准，应明确项目费用控制指标和限额设计指标，设计进度计划应符合项目总进度计划的要求，充分考虑设计工作的内部逻辑关系及资源分配、外部约束等条件，并与工程勘察、采购、施工、试运行等的进度匹配。

（4）数字化管理策划

EPC 模式下的组织结构能够更好地和数字化技术相匹配，将传统的设计、采购和施工过程与数字化技术整合。基于数字化技术搭建工程建设协同管理平台，可以使工程项目在设计、采购、施工、试运行及运营等各个阶段，都能够有效建立资源计划、控制投资风险、节约能源、节省成本，提供可视化和流程化管理，提升参建各方的沟通效率及协同管理能力，实现各项业务数据可追溯，从而加快决策进度、提高决策质量和项目质量、降低项目建设成本。基于以上优势，越来越多的建设方在招标阶段就明确要求建立数智化协同管理平台（图13-4）。

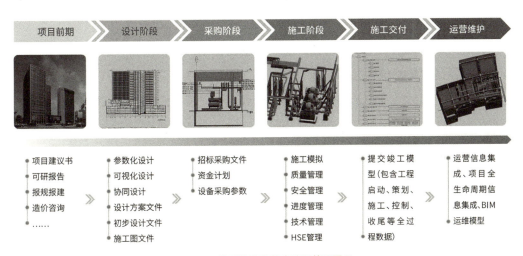

图13-4 基于数字化的全流程管理图示

在选择具体项目开展数字化设计前，策划先行。平台主要对工程项目的规划阶段、设计阶段、采购阶段、施工阶段进行管理，主要包括驾驶舱、综合规划、协同办公、设计管理、采购管理、投资控制、进度管理、质量安全管理、智慧工地等系统功能。数字化团队首先要为项目确定数字化目标，这些数字化目标须具体、可衡量，并有可以实施的具体操作办法。数字化目标可以分为项目目标和团队目标，项目目标与项目整体有关，涉及项目的计划管控、成本算量、质量提升、物业管理等，如BIM设计时构件中通过录入算量信息，通过与算量软件接口互通，实现利用BIM模型成本算量的功用。团队目标是与团队经营发展有关，涉及经济效益、课题研发、公司战略等方面，包含利用BIM模型进行效率研发，提升BIM设计效率，降低人力投入。

（5）采购策划

采购策划主要分选型策划、品牌策划及采购范围策划。EPC项目组建后，项目采购部门应立即进行所有材料的策划工作，结合项目实际情况对项目物资管理中的风险点、盈利点、亏损点进行识别，并根据风险辨识情况制定物资管理目标和措施，做好责任分工，通过可行性的措施规避亏损点，降低风险点；在每种材料招标前，采购部门协同技术部门针对选型材料进行技术、成本分析，确定招采要点。

2. EPC 项目设计管理

（1）EPC 模式与传统模式在设计管理上的区别

设计管理作为工程项目全生命周期管理的一个环节，在传统模式下与采购、施工环节是脱节的。设计人员只关注项目的设计，交付设计图被视作设计任务已经完成，在设计阶段鲜有机会与施工方对接，对工程后续在采购、施工、投产使用阶段可能出现的问题往往欠缺统筹考虑。而 EPC 模式则要求设计人员必须具备站在工程总承包方立场上去处理问题的能力，将设计理念延伸到项目建设的全过程，不仅需要为整个项目提供设计图和技术文件，还需要在项目的实施过程中为采购、施工和调试等环节提供强有力的技术支持和服务。

在传统模式下，设计图的审查工作包括设计人员的自查、设计负责人的审查、政府部门的行政审查，以及在工程开工前对设计图的施工图会审。多个层次全方位的审查可以避免设计因"错、漏、碰、缺"等失误而影响工程施工。在 EPC 模式下，承包商需要对项目全生命周期负责，从项目设计开始，直至项目结束，一旦设计资料审查出现失误，给承包商自身带来的经济效益影响将更为直接。因此 EPC 模式要求总承包商在设计资料审查过程中更加谨慎。审查内容不仅包括设计技术的可行性，而且对项目选用材料是否经济、施工手段是否合理等方面进行分析。前期充分详细的设计图审查能够缩减返工数量，进而减少工程延期的风险，避免出现材料过度浪费的现象，对节约工程成本有很大的帮助。除了对设计成果进行审查之外，EPC 项目中的设计审查还需要重点关注设计过程的质量控制，包括前期设计人员的资格是否符合要求、设计标准的选取是否统一、设计开工报告是否通过、设计过程的中间评审、分级评审、文件校审会签以及设计更改和输入输出的控制。规范的设计管理流程和制度可以提高设计成果的一次性出图质量，以便尽早发现并解决问题，避免后期产生大量的设计修改工作。

（2）设计管理流程的变化

EPC 模式与传统模式的设计工作流程不同，不再采用原本"先设计后施工"的工序，而采用设计、采购、施工三位一体，相互交叉的方式，因此 EPC 项目需要多专业协同才能完成。设计工作贯穿于项目的整个过程，而不是传统意义上的三段式，即方案设计、初步设计、施工图设计管理。EPC 项目的设计管理是一个循环的过程："设计（计划）– 实施 – 修正 – 再设计（计划）……"

（3）EPC设计管理的职责范围

EPC总承包管理设计管理的职责范围包括：参选勘察设计单位。参评项目设计方案，优选出不超过合同技术要求、技术先进、经济合理，既能满足业主功能和工艺要求，又能降低工程造价的技术方案。监督初步设计和施工图设计的执行，控制设计质量并对其进行审核。控制设计进度以满足建设进度，根据项目的进度要求，平行交叉安排设计、采购、施工工作，实现三者早期结合和平行作业。审核设计概预算，实施投资控制。参与主要设备选型，参与设计交底和竣工验收，协调设计与有关各方的关系。

（4）数字化技术在设计管理中的应用

在EPC模式下，借助BIM软件对建筑物的各类方案进行分析、模拟，从而为客户筛选合理方案。此外，利用BIM模型可以对各阶段及相关性能（噪声、潮湿度、能耗）的设计进行性能模拟和改善，保证设计质量。通过BIM技术进行碰撞错漏分析、机电深化设计、结构留洞复核、可视化交底等内容，减少设计图纸的失误率，提高图纸设计质量和精细化程度，完善项目功能、提升项目品质、控制造价，实现精细化设计和设计协调。

3. EPC项目采购管理

项目采购管理是整个EPC过程的另一重要组成部分，是项目建设的物质基础。它能否经济有效地进行，不仅影响着项目成本，而且也关系着项目的预期效益是否能充分发挥。采购工作应遵循公平、公开、公正的原则选定供货商。保证按总承包项目的质量、数量以及时间要求，以合理的价格和可靠的供货来源，获得所需的设备材料。很多时候设备材料价格占总承包合同价格的比重超过一半。而且，物资设备采购涉及面广、技术性强、工作量大。不同的项目对材料和设备也有不同的要求。对于总承包商来说，这项工作具有很大的挑战性，稍有差错不仅影响工程的质量和进度，而且可能造成损失。

（1）采购管理与设计管理的融合

建设项目的工艺流程、材料设备等，在可行性研究和设计阶段基本确定。施工过程中发生的现场签证和设计修改，很大一部分是由于设计深度不够、考虑不足、设计文件粗糙等问题造成的。因此，在EPC项目的项目管理中，应将设计、采购、施工统筹安排在项目进度计划中，将采购纳入设计程序，同时进行采购。将部分专业分包提前招采，提前介入，与设计充分对接，利用专业能力开展材料比选、大型设备选型及参数确定、特殊专业深化设计等。特别是对生产周期长的关键设备，要提前采购，有效控制工程造价和工期；在材料设备采购过程中，通过设计提供的技术规格说明书，参与编制采购计划和采购进度计划，负责物资设备供货、试验、检验等技术指标的评审。

（2）投标阶段物资采购管理

EPC项目是一个总价合同。在前期无施工图纸、招标时间有限的情况下，方案设计的重点是充分了解设备材料的功能要求、设备负荷程度，对设备材料进行全面询价，防止投标缺项和相关设计不符合技术要求，避免不必要的投资。同时分层级梳理分供方资源分类分级，增加品牌信息、规格型号、参数性能、采购价格等指标。完善采购团队，培养精通各类采购业务，具备发标、评标与合同谈判能力的采购工程师；完善资源信息收集，及时收集不同分供方、设备数据信息，持续满足项目多样化招采需求。

（3）施工阶段的采购管理

一是严格控制设备采购进度、检验和数量控制，避免积压和浪费。

二是明确设计单位职责，分担相应风险。因设计变更引起的采购变更，按有关变更程序办理，责任由设计单位承担。

三是加强资金管理，根据当时资金情况、汇率和利率，选择合理的支付方式和货币。

（4）数字化技术在采购管理中的应用

推动商务信息系统管理平台的应用，确保商务体系数字化转型进程，提高采购管理效率。同时将数字化技术应用于EPC项目采购阶段中，可以有效规避不同的参与方在工作期间所存在的协调、索赔问题。在采购管理过程中，管理人员可利用数字化信息协同优势，实现对采购管理工作的全周期管理。在设计阶段可以通过数字化方式生产技术规格说明书，自动提量给采购人员。在施工阶段，管理人员可以对材料和机械设备等进行调研分析，并根据分析反馈结果对工程项目所需的资源进行总结归纳，利用数字化技术的可视化分析功能，动态掌握项目施工建设所需要的资源。除此之外，管理人员可根据设计与采购工作对施工可行性的影响进行充分的研究与分析，并将分析反馈结果传递到采购管理中，对现场所需的资源情况进行明确掌握，以避免出现采购成本费用增加问题。

4. EPC项目施工管理

在施工和试运行管理过程重点做好质量控制、安全、职业健康和环境保护控制、进度控制、合同及费用管理、档案（信息）管理、风险管理和沟通协调管理等。

（1）全面兑现履约的原则

以科学的管理、良好的信誉、一流的质量、高起点开局、高标准推进、高质量完成承建工程，全面履行合同各项义务和投标承诺。

（2）保证工期的原则

施工中将保证足够的技术装备及人员投入，科学编制施工组织设计，合理安排施工工序，充分考虑气候、季节、交叉施工对工期的影响，确保合同工期。

（3）坚持以人为本，安全生产的原则

始终把人的健康安全放在首位，认真编制施工安全技术方案，加强过程控制，落实保证措施，保证安全生产投入，实现安全生产。

（4）坚持文明施工，保护环境的原则

实现文明施工，合理规划临时用地，厉行节约原材料消耗，精心组织，严格管理，把施工生产对环境的影响降到最低程度，使工程施工达到一流的资源节约型、环境友好型要求，创建文明施工标准化工地。

（5）数字化技术在施工管理中的应用

利用数字化协同化管理可以实现对项目施工进度及资源计划的整合分析与虚拟施工，有利于帮助管理人员实现对施工各个阶段成果及成本问题的统计分析。结合以往的工作经验来看，EPC总承包项目的部分工作内容处于重复进行的状态，而对于这些重复性较强的工作，项目管理团队可以利用数字化协同平台进行有针对性的处理，以减少工作人员的劳动强度。除此之外，数字化技术可以迅速提取各个阶段所用的材料用量，并对其进行模拟化分析，根据分析反馈结果制定科学合理的材料计划，以避免材料资源浪费问题。

利用数字化技术，打造智慧工地管理平台，应用 IoT、BIM、大数据、AI 等核心技术，实时采集建筑过程中的生产数据，进行数据汇聚、分析建模、智能决策、科学评价，采用主流的微服务框架搭建基础平台，实现机关与项目的分级管控，形成一套数据驱动的新型管理体系，为数字建造、施工管理赋能。管理平台架构包含 IoT 监测终端设备、基础支撑平台、数据中心、垂直应用以及支撑移动 APP 端、PC 管理后台、大屏数据看板三端管理。覆盖"人、机、料、法、环"各环节项目管理应用，以数据驱动质量、安全、效益的管理（图 13-5）。

图 13-5　某项目智慧管理平台

智慧工地管理平台是以 IoT 智能设备监管为核心，制定统一的物联总线标准，采集各智能设备的安全、生产数据，进行实时的监控及管理；智慧工地管理平台将智慧工地各系统逐步沉淀于项目施工过程的数据，以大数据为基础，云计算及深度学习为手段，实现施工过程中智慧化管理、智慧化生产、智慧化安全、智慧化绿建四化目标（图 13-6）。

图 13-6　智慧工地管理目标

5. EPC 项目运维管理

在工程项目交付以后，数字化技术在 EPC 项目中依旧有比较重要的应用。总承包方在对数字化模型进行针对性的调试和调整之后，将其交付给业主或者是运营单位，从而能够实现设计、施工、运维三方的数据交互作业。在数字化模型中，包括施工记录、设备调试和使用记录、材料使用记录等全方位的信息，可以为运维方提供信息支持。运维方可以将其作为运行管理平台或者数据支持使用,通过其将建筑物的空间信息、设备信息等信息进行整合,并在其基础上制定运营、管理和维护等计划,提供这些计划的合理性。此外,应用数字化技术还能够建立维护记录,实现对设施、设备状态的跟踪,对于重要设备,可以对其使用状态进行提前的判断,从而进行及时的维护,保证其正常运行。同时,还能够实现对故障设备维修、验收和回访等的自动化管理。从而有效地提高运维管理的水平,提高建筑工程的使用效率和效果(图13-7)。

图 13-7　某项目运维管理平台

第四篇　专家篇

专家视角
——肖从真

肖从真

全国工程勘察设计大师

中国建筑科学研究院有限公司副总经理、专业总工程师、首席科学家

问题一：请问贵单位在数字化转型方面有哪些思考和部署？数字化技术对建筑结构设计的机遇与挑战有哪些？

肖从真：当前，我国正处于数字经济与传统产业深度融合阶段，随着我国经济步入"高质量发展"和"双循环"阶段，建筑业正在发生从粗放式发展向高质量发展的转型，全面的数字化转型已经成为新时代经济发展的大趋势。

中国建研院在充分研究国家、行业有关政策的基础上，结合公司业务特点，主要从以下四个方面开展数字化转型工作：

（1）在战略层面谋划数字化转型总体布局。结合公司"十四五"规划编制，开展公司数字化转型的顶层设计。近期在公司层面设立了"建筑领域数字化技术应用与示范"专项科研项目，聚焦数字化技术在公司内部业务领域的应用与示范，探明数字化技术应用方向，推动公司业务在建筑规划设计、生产、施工、运维等方面转型升级，形成适应数字化转型的业务流程和组织方式，为公司发展提供驱动力，为行业发展提供支撑力。

（2）强化数字化转型技术支撑作用。公司全面推进BIM核心技术攻关，已初步形成完全自主知识产权的BIM图形平台和软件成果，为建筑行业的数字化转型提供基础条件。同时，积极响应"双碳"目标，结合IoT、云计算等新技术，深入开展智慧运维、

智慧能源相关技术创新，推进智慧能源服务数字化。

（3）推进行业数字化转型标准化支撑。要充分发挥公司科研标准优势，面向BIM技术、智慧园区等行业热点，积极响应城市更新行动，服务城乡建设绿色发展，开展系列标准化研究工作，提升数字领域技术进步及标准化水平，不断为公司及行业数字化转型提供标准化支撑。

（4）拓展外部企业协同创新发展。依托公司科研优势，拓展外部企业合作伙伴，充分发挥公司学协会资源，激发公司数字化产品用户潜能，探索共建数字化转型共同体，实现数据充分共享，为构建竞合共生的数字生态奠定基础。

以云计算、大数据、人工智能、BIM等为代表的新一代数字化技术的飞速发展，给建筑结构设计带来了新的机遇与发展方向，数字化、智能化将成为未来建筑结构设计发展的主流方向，可助力建筑结构领域新的结构体系、精细化的设计方法等的产生，为行业发展注入新的活力。

在数字化技术带来新发展动力的同时，也将给建筑结构设计带来一系列挑战。首先结构工程师需要尽快转变传统的设计思路，提高数字化工作能力，逐渐适应不断发展的数字化工作新模式。其次，确保数字化、智能化建筑结构设计方法的可靠性、安全性。

问题二：当前新的结构技术不断涌现，请您分享下实际运用到项目上的数字化方向的前沿技术？

肖从真：据我了解，目前在项目中实际应用到的前沿技术包括3D打印技术、虚拟现实技术、群智感知技术等。

国内已有不少成功使用3D打印技术建造的混凝土结构建筑，据了解，3D打印机可在24h内完成10栋200m^2的单层建筑，具有智能化、高精度、免模板、工期短、污染小等特点，建造过程中能耗大幅降低。

国外已有部分项目使用了虚拟现实技术，通过与BIM技术的结合，可实现高仿真度的交互作业，大幅减少人力资源消耗、降低成本、减少施工返工、有效提升工程质量，应用前景广阔。

此外，遥感、无人机、健康监测等以数据收集处理为核心的群智感知技术在土木工程防震减灾领域也积累了较多成功的工程应用案例，相信未来随着相关技术的不断成熟、普及，城市的风险管控与震后的损失评估工作将不再是一个难题。

问题三：从业以来您承担了大量超高层、复杂高层结构的咨询和试验研究工作，可以通过一些具体的案例谈谈连体复杂结构设计心得吗？

肖从真：随着数字化技术的快速发展，建筑设计也从功能单一化逐渐向多功能、多用途、综合性方向发展，新型的复杂建筑结构形式也在不断涌现，给建筑结构设计带来了诸多挑战。

当代 MOMA 工程由著名建筑师 Steven Holl 设计，是由 7 座空中连廊将 8 幢塔楼首尾相连而成的建筑群。工程面临高烈度地区多塔楼大跨度连体结构的世界性难题和挑战，提出了多塔楼滑动连体设计方法，国内外首次实现了高层连体结构的滑动连接，提高了连体和塔楼抗震安全性。项目荣获世界高层都市建筑学会（CTBUH）2009 年度唯一的"全球最佳高层建筑奖"。

深圳万科总部也是由著名建筑师 Steven Holl 设计，上部建筑 4~5 层结构，整体延伸长度超过 600m，称为"平躺的摩天大楼"。设计中创造性地提出了落地钢筋混凝土筒体、墙 + 斜拉索 + 首层钢结构楼盖 + 上部钢筋混凝土框架混合结构体系，首次将用于桥梁的斜拉索技术用于建筑。

北京丽泽 SOHO 由著名建筑师 ZAHA 设计，拥有世界最高的中庭，结构被通高的中庭分为两个反对称的单塔，每个单塔只有单侧弧形框架，单塔结构难以成立。设计中创造性地在两个单塔之间设置了 4 道环形箍，形成一个反对称复杂双塔的结构体系，完美解决了复杂建筑效果和结构合理受力的统一问题。

通过这么多的连体结构的设计，我们发现，有时候连体结构互相扶持反倒成了整体结构成立的有利条件，这时候连体结构不再是结构工程师的麻烦，而是结构工程师的手段了。

问题四：勘察设计行业的数字化竞争力应该从哪些方面培养？对建筑结构设计领域的数字化转型发展有何展望？

肖从真：面对数字化转型的重大需求，勘察设计行业应抓住重要发展机遇，以数字化技术为支撑，培养行业核心竞争力，促进行业高质量发展。

（1）鼓励企业加快培育具有多学科技能的综合型数据人才。目前土木工程领域急需培养具备多学科、多领域素质技能的综合型数据人才，企业可以通过长期战略规划、政策支持等手段，加强数字技能的教育培训、促进数据型人才队伍建设。

（2）重视数据价值、搭建勘察设计行业数据库。2020 年 4 月，中共中央、国务院发布《关于构建更加完善的要素市场化配置体制机制的意见》，意见中提出要加快培育数据要素市场，将数据列为生产要素之一，与劳动力、土地、资金等并列，这足以说明数据的重要价值。

目前勘察设计行业还缺乏构建贯穿全生命周期的建筑数据库，这已经成为阻碍勘察设计行业数字化转型的重要原因之一。

从现在的发展情况看，未来建筑结构设计领域的数字化转型可以从以下几个方面开展：

（1）以数字平台为支撑的智能化协同设计。通过智能化协同设计，可进一步规范设计流程、保证设计质量、提升设计效率，同时，大幅提升信息化管理水平和信息安全级别，实现跨地域协同工作，文件随时存储、可追溯，为设计业务高质量发展提供重要技术支持。

（2）以人工智能为核心的智能化设计与优化。数字化、智能化将会成为未来建筑设计方法发展的主流方向，而机器学习是人工智能的基础，通过运用计算机强大的计算能力，深入挖掘并解析数据信息，从统计意义上拟合复杂函数，从而得到最优解。采用机器学习技术可为建筑结构进行精确、量化设计提供有效途径。

（3）基于BIM的施工图智能审查。人工施工图审核制度存在效率低、规范差别理解、审查尺度难统一等不合理现象，不仅不利于政府监管，还易造成工程质量安全隐患。

施工图智能化审查可以显著提高施工图审查效率和质量。同时，基于BIM的审图技术打破传统二维审图模式，以三维建筑模型为基础，可快速、全面、准确、高效地发现项目中的问题，不仅大幅减少审图成本，还可有效减少施工中的返工，提高建造质量。

专家视角
——王广斌

王广斌
同济大学教授、博士生导师
同济大学建筑产业创新发展研究院院长
国家土建结构预制装配化工程技术研究中心
装配式建筑集成管理技术研究室主任

问题一：您认为数字化转型应如何定义？

王广斌：数字化转型（Digital transformation）是建立在数字化转换（Digitization）、数字化升级（Digitalization）基础上，进一步触及公司核心业务，以新建一种商业模式为目标的高层次转型，进而构建一个富有活力的数字化商业模式。数据、信息和知识是数字经济价值创造的主要生产力和生产要素。将数据、信息和知识融汇在产品与服务的全过程、全环节、全要素中，为客户创造更多价值，是数字经济和数字化转型的出发点和突破口。

问题二：您对建筑产业数字化转型发展有哪些思考？

王广斌：《"十四五"数字经济发展规划》提出全面深化重点产业数字化转型，推动传统产业全方位、全链条数字化转型，提高全要素生产率。建筑业数字化转型的最终目标是提高绩效，增加价值，按价值形式划分的颠覆性商业模式有三种，分别是成本价值、体验价值与平台价值。对于成本价值，以波士顿咨询公司发布《Digital in Engineering and Construction》为例，不同类型建筑在数字化转型作用下全生命周期成本均有降低，预计到2025年，全球建筑业数字化转型将节省设计与建造成本7000亿~12000亿美元（13%~21%），运维成本节省3000亿~5000亿美元（10%~17%）。随着中国经济工业化阶段基本完成，开始逐步向后工业化阶段过渡，物质产品进入到需要结构性调整的时代，客户的体验价值凸显，不同于工业化时代的标准化与去个性化，个性化定制、柔性化生产开始成为企业的发展目标。建筑业企业应当顺应数字化转型趋势，以客户需求为导向，满足客户个性化需求，优化客户体验。数字化转型也提供平台价值，串联全产业链企业的数据与信息，打造集成化、协同化的业务生态系统，构建全数字化市场。按价值形式划分的商业模式如图1所示。

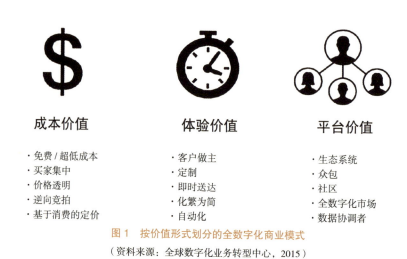

图1　按价值形式划分的全数字化商业模式

（资料来源：全球数字化业务转型中心，2015）

建筑业企业是实现建筑业转型升级、实现高质量发展的微观基础，通过打造一体化数字平台，全面整合企业内部信息系统，强化全流程数据贯通，加快全价值链业务协同，可形成数据驱动的智能决策能力，提升企业整体运行效率和产业链上下游协同效率。建筑业企业数字化转型的基本特征有三点。一是产品数字化。主要目的是产品的服务和创新，向制造业强国转变必须依靠产品和服务的创新能力。建筑业企业向数字化转型，需要且必须利用数字化业务模式带来的新价值主张，形成新能力和竞争力。二是企业敏捷性。敏捷性包括超强感知能力、明智决策能力和快速执行能力，是实现组织转型的基本保证。只要拥有良好的敏捷性，企业就能通过迅速调整来适应不断变化的市场形势，甚至提前预知市场变化，抢得先机。企业也可以洞悉颠覆者如何攻击自己的核心市场以及如何主动向客户提供更有吸引力的价值主张，在激烈竞争中求生存。三是人员数字化。人员数字化旨在提升企业里每个员工的思维范式、积极性和生产力，这对于高语境（High Context）、尊重层级文化的国家地区和行业而言，尤其具有挑战性。

建筑业数字化业务转型涉及组织、流程、人员和战略变革。建筑业企业数字化转型过程中，战略制定是最先的一步，也是最关键的一步。建筑业企业数字化转型的核心是组织和人员的数字化建设，制造业的经验表明，企业数字化转型常常会使传统企业陷于组织惰性这一"陷阱"，企业在追求数字化转型时会面临组织运营、制度环境和文化三大挑战，转变思维模式是企业数字化转型成功的重要因素。

我国宏观政策环境为建筑业数字化转型提供了有力支撑，《中华人民共和国国民经济和社会发展第十四个五年规划和2035年远景目标纲要》将新型基础设施建设提上日程，"新基建"涉及5G基建、人工智能、大数据中心、工业互联网、城际高速铁路和城际轨道交通、特高压和新能源汽车充电桩等，前四者重创新，后四者补短板，赋能智能建造发展。以5G基站为例，工信部《通信业统计公报》统计数据显示，截至2020年底，新建5G基站超60万个，已开通5G基站超过71.8万个，覆盖全国地级以上城市及重点县市。《"十四五"数字经济发展规划》提出优化升级数字基础设施，包括加快建设信息网络基础设施、加快建设信息网络基础设施、有序推进基础设施智能升级。住房和城乡建设部等13部门联合印发的《关于推动智能建造与建筑工业化协同发展的指导意见》强调加快推动智能建造与建筑工业化协同发展，打造全产业链融合一体的智能建造产业体系，走出一条内涵集约式高质量发展新路。在国家宏观政策方向与行业变革方向共同作用下，建筑业有需要、也必须向数字化转型，这既是建筑业企业应对变革的内在要求，也是建筑业实现高质量发展的必经之路。建筑业企业需要抓住新一轮科技革命的历史机遇，全面认识建筑产业变革，打造数字建造新范式和新框架体系，聚焦产业数字化转型，准确把握行业发展痛点，高度重视数字化、网络化、智能化对工程建造的变革性影响，推动建筑产业由碎片化、粗放型、劳动密集型生产方式向集成化、精细化、技术密集型生产方式转型。

建筑业数字化发展可分为三个阶段。第一阶段为项目数字化，基本特征是基于BIM的项目生产与管理环节数字化。项目数字化阶段以加强生产指挥能力建设、提升精益化项目管理能力、建设智慧工地等为主。第二阶段为企业数字化，基本特征是基于BIM与ERP系统的项目管理与企业管理数字化。企业数字化阶段以提升战略绩效管控能力、建设全面预算管理能力、加强一体化建造能力提升、提供特色业务服务等为主。第三阶段为产业数字化，实现基于BIM、GIS、ERP、IoT等数字化技术的产业互联网。在产业数字化阶段，建筑业企业依托数字化平台，对建筑产业链上下游业务流、信息流、数据流进行一体化和智能化管理。建筑业数字化发展的三阶段如图2所示。随着数字

图 2　建筑业数字化发展的三阶段

化转型发展阶段的提升，建筑业将逐步走向数字化、在线化和智慧化。

从具体内容上讲，建筑行业数字化转型包括两部分，一是基于 BIM 技术建设项目全生命周期的项目数字化，通过数字技术的增强、拓展和进一步地重新定义，重塑建设项目交付模式，通过项目生产和管理的数字化实现价值的交付；二是在建筑业企业运营中，以 ERP 系统为中心，通过数字技术与运营模式的紧密结合，创建、利用和整合，重塑企业数字化运用新模式，实现价值的交付。两方面的协同集成进展，逐步实现企业生产和运营双向集成变革，从而实现整个企业数字化转型，并进而实现整个建筑产业互联网的发展，形成整个行业的价值共创的全新生态系统。如图 3 所示。

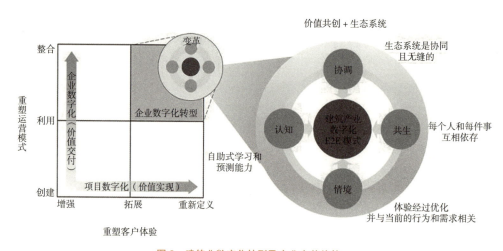

图 3　建筑业数字化转型及产业变革趋势

当前建筑业相关体制机制、生产流程、专业化人才、工人素质等呈现割裂的特点，难以从建筑全生命周期打通建设项目各个环节之间的信息交互，信息孤岛依旧存在。解决割裂的问题，除推动数字技术研发和深化应用外，还应紧密结合现有行业环境、组织流程、管理模式以及人员知识技能，对现有规范、标准、政策做出相应调整。

建筑业数字化转型是大趋势，是绿色可持续发展和建筑业高质量发展的必由之路，在工程建设全产业链上，工程勘察设计企业一直发挥着知识积聚、创新引领的作用，拥有工程建设最为丰富最为全面的数据信息，这些资料数据是建筑产业互联网发展和应用的基础。因此，工程勘察设计行业数字化转型对整个建筑行业的创新发展及范式变革起着至关重要的作用，作为建筑工程从投资到产品的"承前启后"前端环节，工程勘察设计行业应当成为工程领域数字化转型的带头人，其数字化发展的内涵是构建新的商业模式，实现组织变革，提高绩效；数字化转型的技术体系涵盖企业和供应链上BIM与其他数字化技术的集成应用，BIM是数字化转型的关键抓手和技术主线。从长远来看，工程勘察设计企业数字化转型是思维模式、技术创新、生产管理方式以及商业模式的系统性变革，是一条长期持久的变革之路。

专家视角
——王翠坤

王翠坤
全国工程勘察设计大师
中国建筑科学研究院有限公司副总工程师 首席科学家
中建研科技股份有限公司结构首席专家

问题一：请问您如何看待数字化应用对建设行业未来发展的影响？

王翠坤：我国已经步入城镇化发展的中后期，城市发展由大规模增量建设转为存量提质改造和增量结构调整并重，建设行业的数字化转型势在必行。党的十九大报告在论述创新型国家时，提出了"数字中国"的概念，"十四五"规划指出，加强数字社会、数字政府建设，提升公共服务、社会治理等数字化智能化水平。

在数字化变革的大趋势下，建筑行业作为国民经济支柱产业，面临大力推动互联网和实体经济深度融合的机遇。我国建筑业企业发展在数字化转型的潮流中进入新阶段，通过数字技术赋能建筑产业已变得迫在眉睫。

2022年住房和城乡建设部发布了《"十四五"建筑业发展规划》和《"十四五"住房和城乡建设科技发展规划》，都把数字技术的应用和数字化转型放到突出位置。通过新型信息技术推动智能建造与建筑工业化协同发展，通过全流程数字技术应用推进数字城市建设和智慧城市管理，数字技术已成为转变发展模式、实现转型升级的核心动力。

在"万物互联"的时代，工程建设行业进行了积极探索，伴随着人工智能、工业互联网、物联网、5G等新一代信息技术的普及，行业数字化应用拥有广阔的前景。展望未来，数字技术将推动建造方式的工业化、数字化、智能化升级，数字设计、智能生产、智能施工、装配式建造技术将广为应用，高品质的绿色低碳建筑将大为普及，通过产业互联网整合工程全产业链、价值链和创新链，以此催生建造全过程各类新技术的集成与创新应用。

随着数字城市建设的逐步展开，未来的新建建筑要全面采用数字化建造，这将引发建造方式、管理方式和运营方式的全面变革。城市信息模型平台的建立将改变为未来建筑、社区、城区及城市的管理模式，数字技术将让管理者为人们提供更加智能、更加便利和更加舒适的服务。

问题二：您认为勘察设计行业数字化的发展趋势有哪些？

王翠坤：勘察设计行业面临数字化的新机遇，也面临工作方法、工作习惯和工作流程的变革，从传统的设计施工过程，转为三维模型设计、模型审查、依据模型施工、三维模型交付运维等。另外建筑全生命周期的数据进行了联通，以前的生产关系和生产制度也要发生较大的变化，影响建筑工程各参与方的分工和分配。

企业可持续发展需要技术创新、技术革新，我认为企业技术创新要着重考虑以下三个方面：首先，技术创新要围绕国家战略发展需要，集中力量解决制约行业发展的痛点、难点问题；其次，要紧紧围绕主业，集中资源实现突破；最后，企业要建立与市场相适应的成果转化机制，将创新技术成果尽快在市场中得到应用。

中国建研院近几年在软件与信息化、建筑工业化两个方面进行了以下技术创新：

（1）软件与信息化

构力科技是中国建研院在信息化方面的专业软件公司，在计算机软件技术革新方面具有优良的传统。20世纪当国内设计院还在"趴图板"绘制图纸的时候，中国建研院就率先采用CAD进行二维平面图的绘制。当结构设计师还在手算配筋的时候，中国建研院就自主研发了结构计算软件，是时代浪潮中的行业领头羊。

近几年，在建筑行业数字化转型方面，构力科技积极承担关键核心技术攻关工作，自主研发国产BIM平台BIMBase，在"新基建"和数字城市领域推动数字化应用。推出了几十款基于自主平台的国产BIM软件，例如装配式混凝土结构设计软件PKPM-PC，为装配式建筑结构设计、工厂加工、现场施工提供可靠的技术支撑；此外，主导或参与了雄安新区BIM管理平台建设、湖南省BIM智能审查平台、广州市CIM平台、南京市BIM审查平台等10余省市地区"新城建"试点，积累了宝贵的经验和基础数据，为行业转型升级作出了积极贡献。

（2）建筑工业化

中国建研院是国内最早一批进行建筑工业化领域研究与实践的单位，具备标准编制、科技研发、工程设计、工业化产品生产全套技术力量。公司主编或参编了《工业化建筑评价标准》《装配式混凝土建筑技术规范》《装配式建筑评价标准》《装配式混凝土结构技术规程》等一系列标准；积极承担国家科研课题，开展了装配式建筑混凝土框架结构、框架－剪力墙结构以及新型预制装配式混凝土建筑技术研究与示范等工作；自主研发了成套的建筑结构工业化体系以及配套产品，如可拆卸钢筋桁架楼承板、外保温－装饰一体板、装配式钢筋连接接头等专利产品，市场反应良好。

问题三：在数字化转型趋势下，未来工程勘察设计行业的格局会发生哪些变化？

王翠坤：我国正处于"十四五"规划开始的关键节点上，中国经济正从"高速增长"向"高质量发展"转变。我国已经进入了城市化中后期，城市发展进入城市更新阶段。就建筑行业而言，主要有两个重要特征：一是城市由大规模增量建设转为存量提质改造和增量结构调整并重。二是从"有没有"转向"好不好"。具体有以下两点思考：

（1）更加注重绿色可持续的发展理念

习近平主席在联合国大会期间表示，"中国努力争取2060年前实现碳中和"，这一目标对建筑业发展带来很大的挑战。建筑领域的节能减排是助力实现碳达峰、碳中和链条中非常重要的一环，国家相继推出关于"双碳"政策的一系列决策部署，推动建设行业在能源、生态、气候等方面满足社会高质量发展的需求。

当前全国各地都在部署绿色建筑的发展规划，尤其是在新建建筑和政府投资的建设项目中更加强调绿色建筑的占比。随着政策标准的不断完善，工程勘察设计行业应从方案设计、建筑材料生产、施工建造、运营维护全生命周期推动建筑业全产业链绿色低碳化发展，需大力发展装配式建筑、绿色建筑、超低能耗建筑。

（2）数字化、智能化技术将更加广泛深入地应用

建筑行业数字化转型，逐步实现数字化设计、数字化生产加工和基于模型数据的智慧施工运维，同时建立健全数字化审查制度，为行业转型保驾护航。对于"新城建"，以应用创新为驱动，充分运用"新基建"发展成果，提升城市管理水平和社会治理能力的信息数字化城市基础设施体系。随着人工智能技术的快速发展，有望解决建筑行业"设计费用低廉"和"劳动力短缺"的困局，智能化建模、智能化加工制造和智能建造为建筑行业注入新的血液。

建筑行业大数据的积累可以有效加速行业资源整合，大数据加快了建筑产品化、工业化的发展，让业主真正参与到建筑的设计和施工中来，提升行业产出效率和工程质量。建筑运维大数据的持续积累和反馈，可以促进建筑行业技术进步，有利于标准

规范水平的进一步提升。

问题四：您对行业主管部门加快推进数字化建设有哪些建议？

王翠坤：（1）宏观引领强化数字化顶层设计

工程建设项目的数字化是数字城市的重要基础，新建建筑通过数字化模型交付可直接进入到城市模型，行业主管部门做好统一信息数据平台的顶层设计，把握以数字化、网络化、智能化为特征的转型机遇，加快推进行业创新发展，统筹推进重大工程实施。

（2）加强统筹打造国产软件生态环境

加强统筹协调行业加快转型升级，指导相关企业发挥科研应用优势，要重点打造国产BIM软件生态环境，制定政策鼓励应用国产软件，促进国产软件的持续迭代和优化，推动自主可控的BIM工程软件研发与生态建设。

（3）加快数据流转，助力智慧城市建设

加强有关行业和部门的联合，自上而下打破"信息孤岛"，形成多行业数据互联互通的数字城市底座，再利用大数据和人工智能的优势，辅助科学决策，提升城市治理能力。

问题五：请您谈一谈数字化时代的结构设计价值创造。

王翠坤：结构设计是建筑的骨骼和重要环节，不仅决定了建筑安全、空间和使用功能，还决定了建筑施工成本、质量安全、施工进度以及能耗等。结构设计是工程项目建设的前提和依据，两者相辅相成。随着行业的发展，我国建筑结构的复杂程度不断提升，对结构分析技术的要求也日益提高。

数字时代BIM、4G/5G、IoT、AI等现代数字技术和机器人等相关设备的快速发展和广泛应用，催生传统产业的新业态。数字化结构设计价值创造主要有以下三个方面：

首先，带动国内工程设计软件行业的整体技术提升，控制结构建造成本，可即时调整结构方案，成为应对复杂结构形式等问题的重要解决途径之一；其次，对建设工程的性能提升以及特殊情况的灾害评估和预防都有重要作用。最后，国产数字化软件应用有助于从国家层面实现智能建造、智慧城市以及其他工业领域的数据安全。

专家视角
——朱春田

朱春田
教授级高级工程师
中国石化工程建设有限公司资深管理专家
中国石化集团计算机应用技术中心站技术委员会主任委员
中国勘察设计协会信息化工作委员会副主任委员兼秘书长

问题一：如何看待数字化应用对建筑企业未来发展的影响？

朱春田：在国家层面，经过多年来推进和深化"两化融合"工作，各行各业的信息化都融入了企业的核心业务，为企业发展提供了重要支撑。近年来，数字化进入快速发展时期，部分头部企业在实现集成化设计的基础上，积极推进数字工程建设，尤其是 2020 年，国务院国资委印发了《关于加快推进国有企业数字化转型工作的通知》，从政府层面明确提出企业数字化转型工作，也将企业数字化应用推向了一个新阶段。通知中提出，要打造建筑类企业数字化转型示范，重点开展建筑信息模型、三维数字化协同设计、人工智能等技术的集成应用，提升施工项目数字化集成管理水平，推动数字化与建造全业务链的深度融合，助力智慧城市建设，着力提高 BIM 技术覆盖率，创新管理模式和手段，强化现场环境监测、智慧调度、物资监管、数字交付等能力，有效提高人均劳动效能。《工程勘察设计行业"十四五"信息化工作指导意见》中也提出了主要目标和重点任务，包括 BIM 技术在建造全过程的集成与创新应用，研究建立面向建筑全生命周期的协调工作模式，建立一体化工程数据库，推动建立以设计为核心、以标准部品为基础的专业化、规模化、信息化生产体系。探索建筑工程数字孪生模型的典型场景应用，推广基于同一数据模型的多专业协同设计，结合施工工法设计、运行策略规划等信息，有效缩短施工图深化设计周期，加强跨阶段数字化交付质量控制与数据验证研究,实现工程全生命周期的数字化贯通,建立基于信息模型的新业态。

可以判断,随着 BIM、IoT、AI 等新技术的应用落地,随着机器人等设备的快速发展和广泛应用,建筑企业的生产方式、组织方式、作业模式将会发生深刻变化,数字工程与物理工程交融发展,传统经济与数字经济相互促进,高水平的数字化赋能将驱动建筑业向绿色低碳和工业化发展。

问题二:如何看待信息化建设是勘察设计企业数字化转型的重要一环?

朱春田:谈到信息化建设和数字化转型,有两个基本概念:一个是信息化,一个是数字化。关于信息化,首届全国信息化工作会议给出的定义是"信息化是指培育、发展以智能化工具为代表的新的生产力并使之造福于社会的历史过程"。这个定义是非常具有前瞻性的,涵盖了我们当今大力推进的智能化的范畴。信息化是一个过程,其核心三要素是硬件、软件和服务。关于数字化,我认为有传统定义和现代含义两个层面,传统的数字化是指利用信息技术将物理世界中的信息转变为一系列二进制代码,形成计算机可识别、可存储、可计算的数字或数据的处理过程。数字化的现代含义是指通过互联网、云计算、大数据、人工智能等新一代信息技术,对企业、政府等各类主体的组织模式、生产模式、运营模式、营销模式等各个层面,进行系统性的变革,形成以信息技术为支撑、以数字化平台为特征的新型商业模式的过程。数字化的现代含义要与数字化转型结合起来理解。

关于信息化和数字化,业界有很多见解和认知,我个人认为,数字化是信息化的新的发展阶段,二者没有领域上的界别。企业的信息化建设不仅是数字化转型的重要一环,而且是推进数字化转型的基础,数字化转型是企业信息化建设发展到较高水平的产物,是企业打造数字化组织、变革业务模式、适应发展趋势、提升市场竞争力的选择。中央网络安全和信息化委员会印发的《"十四五"国家信息化规划》中,开头第一句话就讲道:"十四五"时期,信息化进入加快数字化发展、建设数字中国的新阶段。高屋建瓴地指出了信息化建设与数字化发展的关系。

关于数字化转型,本身是舶来语,业界有着各种各样的理解,我比较赞同中国石化集团李剑峰博士给出的定义,即企业数字化转型是"以价值创新为目的,用数字技术驱动业务变革的企业发展战略",该定义明确了数字化转型的驱动力、明确了需要变革、明确了目的、明确了性质。还有其他理解,例如数字化转型是打造数字化组织和数字化运营模式;数字化转型是基于业务目标,是面向全社会、面向外部应用、连接内外部关系的一套数字技术体系。

问题三：BIM 技术对设计企业数字化能力建设赋予哪些价值？BIM 软件国产化的使命、挑战和机遇有哪些？

朱春田：设计企业的核心业务是工程设计，其业务拓展以工程设计为基础，可以向 EPC、向全过程工程咨询发展，设计企业的数字化建设要与其核心业务相融合，其方向是智能设计与数字工程建设。回顾过去二三十年设计企业信息化的发展，其中一个重要里程碑就是从二维 CAD 发展到了三维模型设计，实现了设计的可视化，尤其是工业设计企业取得了很好的应用效果，三维设计已经成为多专业协同设计的平台，对于主体专业已经成为其赖以开展设计工作的平台，显著提高了工程建设的设计效率、设计水平和工程质量。BIM 技术是建筑业设计企业数字化能力建设的方向，这是共识，也是明确的，其作用类似于工业设计企业的基于三维模型的数字化工厂建设。BIM 技术对提升设计企业数字化能力建设，其价值主要体现在以下几个方面：一是使得工程设计成为基于三维模型的可视化设计，使得多专业实现基于同一模型的协同设计，提高空间布置的数字化能力；二是建立规范的、标准化的工程数据库，规范数字化设计基础；三是不断提高数字化设计的自动化和智能化水平，实现出图和开料的自动化，实现部分设计工作的智能化和错漏检查的智能化；四是实现全生命周期信息共享和工程管理的基础，在建筑生命期的不同阶段模型信息是一致的，同一信息无须重复输入，信息模型能够自动演化，模型对象在不同阶段可以进行修改和扩展而无须重新创建，同时，也是数字工程下优化业务模式的载体。五是建筑工程数字孪生和智慧管理的核心，是数字工程新业态的基础。总之，BIM 应用是建筑业数字时代的标志，BIM 技术的集成应用水平的高低直接反映出设计企业的数字化能力建设的水平。

目前，在工程设计和建设中，大多使用的是国外进口软件，面临进口软件的一些共性问题。BIM 软件国产化承担着实现科技自立自强、软件及其承载信息自主可控、智慧城市建设安全可靠、推进数字经济良性发展的使命。同时，也面临跟国际同行相比起步晚、成熟度相对低、用户数量少等挑战，但我们也要看到 BIM 软件国产化也有着很好的机遇，首先是国家和行业的政策支持，当前正是国产化工业软件发展的最佳机遇期，其次是国产化软件有着成本优势、有着客户化开发便捷、技术服务便捷的优势，还有就是有很多客户渴望能应用国产化的软件。希望国产 BIM 软件开发商能够加大力度，提供优秀的 BIM 解决方案，助力行业发展。

问题四：勘察设计行业数字化转型应如何抓住国家战略及政策红利？

朱春田：据国家网信办发布的《数字中国发展报告（2021 年）》，2017 年到 2021

年，我国数字经济规模从 27.2 万亿增至 45.5 万亿元，年均复合增长率达 13.6%，占国内生产总值比重从 32.9% 提升至 39.8%，成为推动经济增长的主要引擎之一。有机构预测，到 2025 年，占 GDP 比重将提升到 50% 以上。进入"十四五"后，国家印发的《中华人民共和国国民经济和社会发展第十四个五年规划和 2035 年远景目标纲要》的第五篇做了"加快数字化发展 建设数字中国"的专门规划，随后，中央网络安全和信息化委员会印发了《"十四五"国家信息化规划》、国务院印发了《"十四五"数字经济发展规划》、工业和信息化部印发了《"十四五"软件和信息技术服务业发展规划》、住房和城乡建设部印发了《"十四五"工程勘察设计行业发展规划》，其中提出"推动行业数字转型，提升发展效能"。在国家战略的大背景下，建议从以下几个方面抓住发展机遇。

第一，学习领悟，提高认识。要主动学习领悟国家各层面发展战略，学习掌握新一代信息技术，切实认识到数字化转型的重要性、必要性、迫切性、复杂性，真正做到一把手工程，作为企业战略性工作来推进。

第二，建立理念，积极探索。要建立数字化转型理念，突破传统思维模式，破除 IT 只是工具的认知，用 IT 思维、数字化思维、系统思维规划部署工作。数字化转型没有现成模式，需要积极探索实践。

第三，科学投入，保障发展。投入包括资金、人力等各种资源投入，形成协作奋进的良好文化，落实激励机制，建立人才成长通道，科学利用社会资源，融入生态，保障数字化转型可持续发展。政策红利总是青睐先行者，要勇做开拓者。

问题五：在数字化转型趋势下，未来工程勘察设计行业的格局会发生哪些变化？

朱春田：数字化转型是行业发展的新趋势，已经形成共识，也是行业转变生产经营方式、实现高质量发展的必然选择，是工程勘察设计行业发展生产力、改变业务模式、提升价值创造、为客户提供增值服务的发展路径。随着企业数字化转型的深入和价值释放，行业格局也将发生深刻变化。

第一，设计效率和质量大幅提升。成功实现数字化转型后，数据成为重要的生产要素，基于数据库、知识库、可视化的多专业协同设计模式形成，专业间协调时间大幅减少，设计变更大幅减少，设计文件自动化生成率逐渐提高，设计周期进一步缩短。利用数字孪生技术，对施工和运维的全过程进行模拟，提前预见并解决设计、施工、运维中出现的问题，进一步提高设计水平。尤其是随着机器学习的逐步实践和应用、人工智能的逐渐应用，大量工作将被人工智能所取代，设计效率和质量将大幅提升。

第二，工程企业交付的产品发生变化。以数字化设计为源头，促进相关产业链和工程建造的数字化，在交付物理工厂、物理建筑等实物工程的同时，向业主交付与之相对应的数字化工厂、数字建筑等数字孪生产品，为智能工厂、智能建筑、智慧城市建设奠定基础，数字孪生技术充分展现，数字孪生价值充分释放，促进实体产业与数字经济相融合，数字工程的优势充分体现。

第三，工程设计与建造形成基于BIM的新业态。源于设计的BIM技术应用，贯穿于施工、运维全过程，BIM的全过程集成应用，有效支持面向建筑全生命周期的工作模式，结合施工工法设计、运行策略规划等信息，有效缩短施工图深化设计周期，建设过程管理数据与建材供应链物料信息、智慧工地实时数据的集成应用，以及工程全生命周期的数字化贯通，有效提升工程建设数字化水平，带动全产业链的数字化发展，形成产业数字化和数字产业化的新业态。

第四，勘察设计行业生态发生变化。随着数字化转型的深入，全生命周期的数字化设计、建造和运维模拟将成为现实。将来有两类勘察设计企业会有较好的发展前景，一类是技术先导型，即拥有自己的核心技术，这类企业通过核心技术研发和深耕加上数字化转型的实现，会在市场中占据其他企业可望而不可即的地位；另一类是通过数字化转型的成功，成长起来的数字化设计院或平台企业，数字化设计院或以云设计院的形式呈现，通过互联网获取社会上能够利用的更多资源，突破设计院本身资源局限，多快好省承接更多项目。平台企业以设计为源头，整合建设方、施工企业、供应商、运维商等上下游产业，构建起工程协同云平台，将业主、设计方、施工方、分包方、供应商、生产商、项目管理方、监理方等各参与方连接在一起，实现多参与方的异地协同。而平台的构建可能是设计院、施工方，甚至是第三方软件公司。与此同时，行业头部企业将不断集聚壮大，越来越多的优质资源会加速集聚，落后企业将被淘汰，行业分层分级态势会不断扩大。

专家视角
——何关培

何关培
广州优比建筑咨询有限公司 CEO
中国建筑学会 BIM 分会顾问专家
中国图学学会土木工程图学分会副主任委员
广州市建设科学技术委员会建设信息技术专委会主任委员

问题一：您认为我国在推动行业 BIM 应用发展上主要分哪几个阶段？这些发展趋势各有什么特点？

何关培：近 10 年，我国 BIM 应用整体上呈现和经历从技术应用到管理应用、从模型应用到信息应用、从 BIM 应用到集成应用、从辅助交付到法定交付为特征的发展趋势和阶段。

第一个发展趋势是从技术应用到管理应用，即从技术团队应用到管理团队应用、从技术人员应用到管理人员应用。目前 BIM 在技术层面的应用已经开始进入日常普及状态，但 BIM 在管理层面的应用仍处于早期摸索阶段，主要表现为 BIM 应用主体仍为一线生产人员，项目或企业管理层和决策层应用的人员数量仍然比较少，这也是 BIM 应用和项目管理不能有效结合的主要原因，需要通过推动企业和项目管理层掌握 BIM 应用来实现这个转变。

第二个发展趋势是从模型应用到信息应用，即从几何信息应用到非几何信息应用。目前 BIM 几何信息应用的覆盖面比较大、成熟度和普及度也都比较高，但 BIM 非几何信息应用还局限于部分场景，数据持续应用在法律和技术层面都存在障碍，需要扩大 BIM 模型中的信息在项目建设和运维活动中的应用场景。

第三个发展趋势是从 BIM 应用到集成应用，即从 BIM 单一技术的应用到 BIM 与其他信息技术的集成应用。目前不同信息技术在建筑业的应用成熟度处于不同阶段，BIM 与不同技术的集成应用存在不同的问题，处在不同的成熟度，需要逐项解决 BIM 和不同技术的集成应用问题。

第四个发展趋势是从辅助交付到法定交付，目前 BIM 应用为辅助应用而非生产性应用、BIM 模型为辅助交付物而非法定交付物，图纸为法定交付物，需要同时准备技术和法律条件使 BIM 成为和图纸具有同等法律地位的法定交付物，其中技术条件是基础。

问题二：在"数字中国"和"数字化转型"的时代背景下，勘察设计行业 BIM 技术应用对推动建设行业数字化转型有哪些意义？

何关培：勘察设计行业是工程项目数据的源头，工程项目的创意和表达均完成于设计阶段，就交付成果的数字化而言，勘察交付成果的数字化程度要比设计交付成果的数字化程度高，现阶段勘察设计行业的数字化转型主要工作是设计企业的数字化转型，而设计企业数字化转型的核心和基础则是设计产品即设计交付成果的数字化。

数字建造、智能建造、智慧建造、城市信息模型（CIM）、数字孪生城市、智慧城市是目前建设数字中国和建筑业数字化工作的关键词，其中数字建造是其他工作的基础。数字建造的源头数据形成于设计阶段，现阶段主要承载形式是项目 BIM 模型，但设计成果的法定交付物仍然是工程图纸，因此项目 BIM 模型成为法定交付物的技术基础是"图模一致"，即模型承载的项目信息与工程图纸一致。

理论上虽然通过人工和软件工具辅助检查等这些方法也可以做到图模一致，但真正实施起来需要花费的投入经济上很难承受，技术上也无法保证。要从技术上保证图模一致，目前能够找到的有效办法就是基于模型设计、图从模出，也就是行业习惯所说的 BIM（正向）设计。

"BIM 正向设计"的说法理论上不够准确，准确的说法应该是"基于 BIM 的设计"，可以简称为"BIM 设计"，相对于目前普遍使用的"CAD 设计"而言。BIM 正向设计的说法有其发生和发展的过程，区别于 BIM 按图建模检查图纸和进行专业协调，是指以 BIM 技术作为设计工具进行项目设计，项目全部或部分图纸从 BIM 模型导出的设计方法。鉴于这种说法业界已经普遍接受，并且能够准确传递其表达的真正含义，因此 BIM 正向设计这种说法也是一种可以接受的表达。

也有部分同行认为 BIM 设计有模型就可以了，不一定需要由模型出图，这个说法的真正成立需要一个前提，那就是模型成为设计成果的法定交付物。在此前提尚未成立的今天，我们认为用模型出图仍是 BIM 设计的必要环节。

工程项目源头数据的可靠性是数字中国建设和建筑业数字化的基础，现阶段实现 BIM 模型数据可靠的有效方法是 BIM 设计、图从模出、图模一致，这是设计行业 BIM 应用需要达成的主要目标，也是建筑业数字化转型得以成功实现的技术基础。

问题三：2022 年发布的《广州市数字经济促进条例》第三十三条规定"与法定工程技术图纸信息一致的建筑信息模型一并用于审批和监管"。这条规定会对工程项目的审批带来什么影响？

何关培：《广州市数字经济促进条例》（以下简称《条例》）第三十三条规定"与法定工程技术图纸信息一致的建筑信息模型可以一并用于工程建设项目审批，与法定工程技术图纸一并进行监管。通过审批的建筑信息模型应当在城市信息模型平台汇聚，实现数据融通联动"。

研究确立模型法律地位的提议基本上是与 BIM 技术推广应用同时发生的，但截至目前尚无实质性进展，主要原因包括技术和法律两个层面。技术层面，目前的法定交付物是工程图纸，如果要把 BIM 模型也确定为法定交付物，就首先要解决模型信息和图纸信息的一致性问题，因为当模型和图纸对项目同一个内容的描述出现不一致时，现在的体制只能以图纸为准；法律层面，需要规定在什么样的技术条件下 BIM 模型（模型包含的信息）具有法律地位。

《条例》在法律层面为解决模型法律地位提供了一种可操作的方法，技术层面要解决的是模型可一并审批和监管的前提条件，即如何定义和审核模型包含的项目信息与工程图纸一致的问题。在 CAD 设计阶段，工程项目建设的交付物只有图档和工程实体两类，现在增加了 BIM 模型这一类新的交付物，要使《条例》落地，模型、图纸、实体三类交付物的一致性和之间的关系就必须要有清晰的定义和检查的方法。

与《条例》三十三条要求有关的问题包括下面几个：

（1）模型与图纸信息一致；

（2）模型审批；

（3）模型监管；

（4）模型汇聚。

上述问题中模型与图纸信息一致是其中的关键问题，是解决其他问题的基础。如果模型与图纸信息不一致，后面模型审批、模型监管、模型汇聚的合理性与可行性就成了问题。与法定图纸信息一致的 BIM 模型可一并用于审批、监管并汇聚到 CIM 平台，其核心工作是对模型本身和基于模型的各项审核、检查,审查的手段包括机器审查和人工审查,审查的内容包括是否合规以及有哪些优化可能两类。

模型审查需要从模型和图纸信息是否一致开始,如果模型和图纸信息不一致,那么对模型的后续审查就没有继续的必要,如果两者信息一致,那么在项目是否合规这个问题上审核模型和审核图纸应该得出同样的结论,而在存在哪些优化可能性的审查上,由于模型信息的丰富和结构化程度高可能会得出比图纸审查更多或更深的结果。

实施《条例》三十三条需要进行一系列技术准备工作,至少包括以下几个方面:

(1)模型与图纸信息一致的保障办法

1)明确模型和图纸信息一致的定义:模型和图纸均可能包含对方没有的信息,需要基于数据和应用场景定义图模信息一致;

2)普及图模一致设计和应用方法:设计企业和设计人员掌握基于模型的设计,产业链其他企业掌握基于模型的管理和技术应用;

3)确定图模一致审核方法:研发机审软件,建立人审规章,研究图模结合审核方法;

4)明确什么机构、什么人、什么工具进行图模一致审核,包括审模和审图的界面与关系。

(2)模型审批、监管、汇聚实施方案

1)明确模型审批、监管、汇聚的具体范围和内容:模型和图纸各审什么,机器和人工各审什么;

2)确定模型审批、监管、汇聚和图纸审批、监管、存档的关系;

3)明确进行模型审批、监管、汇聚的机构、人员、工具;

4)建立模型审批、监管、汇聚的流程制度和成果效用:模型审核成果有什么效用。

(3)模型审批、监管、汇聚的产业链各个环节工作量变化研究,研究结果决定实施模式、范围、时间表

1)产业链各个环节工作量变化;

2)产业链需要的软硬件投入;

3)产业链人员能力培训投入;

4)帮助产业链缩短学习曲线的措施:建立个人能力提升方案和企业转型实施体系。

问题四:您认为企业 BIM 应用决策考虑的影响因素有哪些?可以提供一些企业

BIM 应用决策的建议吗？

何关培：现阶段 BIM 软件功能不完善、人员 BIM 能力不足、BIM 应用资源没积累、BIM 管理制度不匹配等因素之间互相制约、互为因果最终都会影响 BIM 应用的投入回报，企业要找到一个风险小、投入产出比好的 BIM 应用决策和落地方案并不是一件容易的事。

可以预见，在未来相当长的时间内有关 BIM 应用不同技术路线和实现方法的探讨甚至争论还会继续，理由很简单，因为至今为止全球工程建设行业都还没有找到一条能够充分实现 BIM 应用目标和价值的明确的路线图，总体上 BIM 还处于边研究探索、边阶段性应用的阶段。

但如果站在企业生存和发展的角度而言，显然也无法等到上述研讨或争论都尘埃落定以后再来应用 BIM，道理不言自明。只不过这样一来，就要求企业决策层和管理层能随时根据市场、企业和 BIM 技术的发展情况及时做出和调整企业 BIM 应用决策以及根据决策采取切实的行动。

要做出好的企业 BIM 应用决策有两个方面的困难，一方面如上所述 BIM 应用本身也还没有完全成熟，存在着各种困难和不确定因素；另一方面，在企业内部通常决策层和管理层对 BIM 的了解相对比较少，而对 BIM 了解相对比较多的作业层对企业运营和管理又缺乏相应的战略和经验，因此这样的决策也不可能完全由企业一线作业层做出。也就是说，事实上大部分企业在 BIM 应用决策这件事情上是面临不小挑战的。

"什么样的 BIM 应用决策对企业来说是最佳决策"这个问题本身也不存在标准答案，因此企业 BIM 应用决策层或许可以从另外一个角度着手，即逐一分析和解决那些如果考虑不当一定会影响 BIM 应用决策水平甚至导致决策失败的关键因素，虽然局部最优之和不一定等于系统最优，但一个考虑了所有关键影响因素的决策一定会是一个比较合理的决策。以下是企业 BIM 应用决策过程一定会遇到同时也必须要解决的主要问题：

（1）如何把握 BIM 原因现状和发展趋势？

（2）应该建立什么样的 BIM 团队？

（3）选择使用什么样的 BIM 软件？

（4）配置什么样的 BIM 硬件和网络？

（5）采取什么样的培训方式？

（6）如何避免 BIM 决策风险？

（7）选择什么样的试点项目？

（8）开展哪些BIM应用？

（9）采取什么样的BIM实施模式？

（10）使用什么样的BIM标准？

（11）共享什么样的BIM信息？

（12）交付什么样的BIM交付成果？

（13）如何计算BIM应用效益？

专家视角
——马智亮

马智亮
清华大学土木工程系教授、博士生导师
中国土木工程学会工程数字化分会顾问专家
中国图学学会常务理事兼BIM专业委员会主任委员
住房和城乡建设部科技委绿色建造专委会委员
Automation in Construction（SCI检索期刊，影响因子10.2）副主编

问题一： 现阶段BIM应用的发展主要呈现哪些特点，哪些是现阶段阻碍BIM应用发展的主要问题，应如何应对？

马智亮： BIM技术在我国建筑工程中的应用已经有十几年的历史。目前，总的来说，设计、施工、运维各阶段BIM技术应用已经全面展开。主要特点如下：

（1）从应用对象来看，在公共建筑项目中的应用多于在其他建筑中的应用。主要因为，公共建筑一般较为复杂，需要先进技术的支持，同时，在资金方面有条件采用先进技术。

（2）从应用阶段来看，在施工阶段多于在其他阶段中的应用。主要因为，在设计领域，CAD技术发展和应用比较成熟，现阶段的BIM技术相比之下并未带来竞争优势。而在施工领域，一方面计算机应用基础薄弱，另一方面，特别是在大型复杂工程中，BIM的应用可以在减少返工，降低成本等方面带来立竿见影的效果。

（3）从应用软件来看，建模工作多采用国外软件，而应用工具多采用国内软件。主要因为开发建模软件的技术门槛比较高。

但是，总的来看，BIM应用还没有充分普及，虽然BIM技术有取代CAD技术的潜力，但还没有变成现实。所以，BIM应用的发展还在路上。目前存在的主要问题包括：

（1）软件问题。一方面，目前BIM软件对国内规范的支持还不够。这导致，尤其

在设计领域，应用 BIM 软件并不能带来工作效率的提高。这与目前建模软件用的还是国外软件也有直接关系。另一方面，在 BIM 软件方面，我国面临"卡脖子"问题，即，在建模软件方面过于依赖国外软件，如此一来，如果美国像制裁俄罗斯一样制裁我国，我国的 BIM 应用就会面临无建模软件可用的困局。

（2）标准问题。从理论上讲，BIM 支持在建筑工程全生命期中实现信息共享。这需要相关标准的支持。几年来，我国 BIM 界通过努力已经编制发布了一些不同层次的 BIM 标准：有国家标准、地方标准以及团体标准，但存在不全、不深等问题，以至于这些标准尚未有力支持建筑工程全生命期信息共享。因为，这个问题的解决难度很大，标准工作尚待继续努力。

（3）利益问题。这个问题在设计领域尤其严重。因为设计单位若采用 BIM 技术进行设计，工作量会显著增加，但会带来质量更高的设计，设计结果中也会包含更多有价值的信息，其受益者是业主方，但业主方尚未接受应为此付费的现实，从而未形成"谁受益谁投入"的格局，这使得 BIM 应用在设计阶段形成"梗阻"。

我认为，为了发挥 BIM 的潜能，使之更好地起到推动工程建设高质量发展的作用，以下 3 点工作十分重要。

（1）软件研发应继续努力。特别是自主可控软件的研发。应该研发出更加有效的 BIM 软件，特别是需要结合国家规范，具有易用性，让用户喜欢用。同时，需要尽快发展自主可控的 BIM 软件，破解"卡脖子"问题。后者也会促进前者。

（2）标准研究应持续改进。应提高标准质量，并促进已发布的标准的应用。标准应该重点在广度和深度上下功夫。同时，也要研究相关的共性技术，例如标准符合性检查技术。

（3）利益调整方面应首先从公共工程取得突破。应该形成一定的机制，使得业主容易进行 BIM 应用方面的支出。具体的方法例如，可以在基建投资中计入数字化投资。

问题二：BIM 技术如何助力建设行业数字化转型？国产 BIM 如何在数字化转型时期树立自身特色与优势？请您谈谈 BIM 技术国产化对行业发展的意义。

马智亮：数字化转型目前已成为企业发展的必然趋势。数字化转型意味着企业通过应用数字化技术促进企业业务增长，BIM 技术就是这样的技术，因而它提供了促进增长的可能性。为把可能变成现实，需要充分地、开创性地利用 BIM 技术。

（1）"充分地"意味着拓宽 BIM 技术的应用面。应该开发利用 BIM 技术，使得它能够更好地覆盖建筑工程全生命期，更加方便用户的利用。

（2）"开创性地"意味着挖掘 BIM 技术的潜能。应该看到，BIM 技术在发展过程中，还存在很多应用潜能，而这些潜能的发挥，有赖于 BIM 技术的进一步发展。

我认为，形成国产 BIM 软件特色的关键有两点：

（1）在思想上树立"后来居上"的意识。一定不要跟在国外软件后面亦步亦趋，而应充分分析已有软件，总结它们各自的优势和劣势，然后在国产 BIM 软件研发过程中努力做到扬长避短。

（2）在行动上应重视国内用户的操作习惯，结合国家标准，大胆开展技术创新，并相对 CAD 软件形成优势。

相对于国外软件，国产 BIM 软件的主要优势有：

（1）可以得到国家政策的支持。

（2）更加了解用户需求。

当然，也应看到劣势，主要有技术积累不够，投入不充分，开发应用时间紧迫。在发展国产 BIM 软件时，应充分借助优势，避开劣势。

BIM 软件国产化对行业发展主要有以下意义：

（1）破解西方国家"卡脖子"问题。

（2）成为新的经济增长点。我国目前的建设规模和市场都很大，完全可以支撑"又大、又强、又全"的技术发展格局。只要施策得当，完全可以做好，并进入良性循环。

（3）更好地满足我国建筑行业的需求，加快 BIM 技术的应用发展。例如，在性能、价格和时间上不用再受制于国外厂商。

问题三：您认为应该如何衡量 BIM 应用的效益？哪些是提高 BIM 应用效益的关键途径？

马智亮：BIM 是一种技术。同其他技术的应用类似，我认为它的应用效益主要有以下 3 点：

（1）缩短工期。例如，通过"先试后建"，可以避免返工，从而缩短工期。

（2）提高质量。例如，利用 BIM 模型，多方充分讨论确定设计方案；在设计过程中，进行多方面的性能化分析，并根据分析结果及时调整设计方案，从而提高设计方案的质量。

（3）降本创效。例如，通过 BIM 进行方案比选，可以确定更适合的施工方法；通过利用 BIM "先试后建"，可以大幅度减少返工和浪费，从而降低成本。

毋庸置疑，目前 BIM 应用的水平并不高。关于提高 BIM 应用水平，我的建议是：

（1）在软件一定的前提下，用在适当的应用点上。不要为了 BIM 而 BIM，追求"高大全"。过度"高大全"造成浪费，不能说是高水平的 BIM 应用。

（2）持续改进 BIM 应用。及时总结应用规律，逐步提高 BIM 应用水平；及时总结 BIM 应用经验，形成内部应用手册，使得在常见类型的项目中，即使没有专家指导，同样可以达到较高应用水平，从而让 BIM 技术变成不再那么神秘的技术。

（3）发展 BIM 软件。一般地，为了提高应用水平，需要进行软件研制或二次开发；对于有条件的单位，还应开展基于 BIM 和其他新兴信息技术集成的技术创新，并朝着实现全生命期应用的方向努力。

问题四：您认为未来 5 年我国建筑业的 BIM 技术将向哪些方向发展？业界各方企业应做好哪些准备？

马智亮：BIM 技术在我国的应用已有 10 多年的历史。CAD 技术的普及应用花费了 20 年，考虑到 BIM 技术的复杂性，BIM 应用可能花更长时间。未来 5 年 BIM 技术仍然有很大的发展空间。与之前的发展同样，在未来 5 年，BIM 技术同样需要在以下 3 个方面不断发展。

（1）应用模式。也就是应用点，即让 BIM 技术应用到更多的场景中。在这方面，最有发展潜力的方式是，BIM 技术与其他新兴信息技术的集成应用。

（2）应用软件。BIM 软件是 BIM 应用的核心。它以应用模式为基础，为用户提供 BIM 应用工具。未来 5 年，在这个方向上，当务之急是解决 BIM 软件的"卡脖子"问题。另外，提高 BIM 应用软件的广度及深度，也是重要的发展方向。

（3）应用标准。需要进一步提升当前的 BIM 标准的质量，使之能够承担起支持建筑信息模型全生命期共享应用的重任。

对此，我认为，无论是业界的应用方、技术提供方，都需要做好以下准备：

（1）不要被动等待，要主动出击。有的应用方在等技术成熟，这样会错失技术发展机会。

（2）大力提倡新技术的应用，突破新技术应用的瓶颈。应用方自不必说，技术提供方也应该研究基于 BIM 技术的新技术，不断进行技术创新。

（3）进行相关技术培训。一旦确定了即将应用的新技术，需要提前进行培训。

专家视角
——夏绪勇

夏绪勇
中国建筑科学研究院研究员
北京构力科技有限公司党委书记、总经理
中国建筑学会 BIM 分会理事
中国工程建设标准化协会建筑与城市信息模型专业委员会常务副秘书长
国家科技专家库在库专家

问题一：请您谈一谈为什么说 BIM 是建筑业数字化转型关键技术？

夏绪勇：《建筑工程信息模型应用统一标准》GB/T 51212—2016 中 BIM 的定义：建筑工程及其设施物理和功能特性的数字化表达，在全生命期内提供共享的信息资源，并为各种决策提供基础信息。

从 BIM 的定义描述中可以看出，BIM 最基本的特征就是数字化特征。建筑业数字化转型，首先是对建筑工程及其设施物理和功能特性的数字化表达，这离不开 BIM 技术。

BIM 的第二个特征是管理特征，基于其数字化特征，在全生命期内提供共享的信息资源，并为各种决策提供基础信息，实现管理的数字化、智能化。

BIM 的第三个特征是工业化特征，BIM 理念来自制造业，天生具备工业化特征，是 CAD 向 CAM 过渡的最佳途径。建筑业实现智能建造与新型建筑工业化协同发展，离不开 BIM 技术的支撑。

另外，BIM 与现代信息技术衔接的优势，BIM+互联网、BIM+大数据、BIM+AI、BIM+云服务，可以形成很多的数字化、智能化应用场景。

从 BIM 的基本特征与应用场景分析，建筑业数字化转型是离不开 BIM 技术的，必须以 BIM 技术为支撑。

问题二：请您谈一谈自主 BIM 研发的必要性，以及构力科技 BIMBase 研发与发布进展情况。

夏绪勇：BIM 技术是工程建设行业"数字化"的关键核心技术，房屋、市政基础设施等需要通过 BIM 技术进行数字化，用于工程建设全过程数字化、智能化应用，并对接到城市信息模型 CIM 基础平台，构成城市数字空间基础细胞级数据，支撑"数字城市"与"数字中国"战略。

但是国内长期以来严重依赖欧美 BIM 软件，存在软件断供带来的"卡脖子"问题，也存在信息安全风险问题，制约了我国工程和软件企业创新引领能力的提高。采用自主可控的 BIM 技术将对保证工程建设行业的可持续高质量发展和工程数据安全具有重大意义。

中国建研院在 30 多年国产 PKPM 自主图形平台与国产软件研发的基础上，2019 年承担解决了我国建筑信息化领域"卡脖子"问题的国产 BIM 攻关项目，全面推进 BIM 核心技术攻关，开展国产 BIM 体系生态建设。2021 年正式发布商用化完全自主可控的国产 BIMBase 软件系统，在建筑行业 BIMBase 已率先实现 BIM 核心产品国产化替代和升级，基于 BIMBase 平台的商品化 BIM 系列软件陆续发布，并在建筑、电力等行业推广，已有过千家设计单位应用。中国建研院构力科技承担建设的 BIM 报建审批系统已经在湖南省、湖北省、雄安新区、广州市、南京市、厦门市等 10 多个省市上线应用，助力"新城建"CIM 平台建设。

自主 BIMBase 系列软件已可以满足国内量大面广工程项目的建模和设计需求，已经具备大范围推广的条件。

问题三：请谈一谈"新城建"提出的背景与重要意义。

夏绪勇：说到"新城建"，咱们需要从"新基建"提起，国家在大力推动"新型基础设施建设"（简称"新基建"），"新基建"包括三个方面的内容：（1）信息基础设施；（2）融合基础设施；（3）创新基础设施。"新基建"的核心特征是"数字基建"，"新基建"与"新型城镇化"建设场景相融合，就是我们提的数字化、网络化、智能化的新型城市基础设施建设（简称"新城建"）。

"新城建"的正式提出是在 2020 年 8 月，由住房和城乡建设部、中共中央网络安全和信息化委员会办公室、科技部、工业和信息化部、人力资源和社会保障部、商务部和中国银行保险监督管理委员会 7 部门联合印发了《关于加快推进新型城市基础设施建设的指导意见》（建改发〔2020〕73 号），目的就是要以"新城建"对接"新基建"，引领城市转型升级，推进城市现代化。

"新城建"的重要意义在于，运用大数据、云计算、区块链、人工智能等前沿技术推动城市管理手段、管理模式、管理理念创新，从数字化到智能化再到智慧化，让城市更聪明一些、更智慧一些，是推动城市治理体系和治理能力现代化的必由之路，前景广阔。城市是我国经济社会发展的重要引擎，也是扩大内需的主要战场。城市为新一代信息技术提供了最广阔的应用场景和创新空间。

问题四：如何推动智能建造与新型建筑工业化协同发展？

夏绪勇：智能建造与新型建筑工业化协同发展是建筑业下一步发展的方向。科技部"十四五"国家重点研发计划项目新型城镇化领域一个重要方向就是"智能建造"，也列入住房和城乡建设部《"十四五"建筑业发展规划》中的重点任务。

要实现智能建造与新型建筑工业化协同发展，就是要通过新一代信息技术、先进制造技术与建筑业的深度融合，推动建筑业工业化建造方式的变革，助力建筑业转型升级。我们一定要借鉴工业界"工业互联网"的思维，打造建筑产业互联网，通过BIM、物联网、云计算、大数据、移动互联、人工智能等前沿信息技术对建筑产业链上全要素信息进行采集汇聚和分析，实现全过程、全参与方、全要素的信息互联互通与信息共享，并结合先进制造技术，对于数控自动化生产线的研发与施工机器人的研发，实现以BIM数据为驱动的数字设计、智能生产与智能施工。

住房和城乡建设部通过树立典型案例与设立智能建造试点城市，带动我国智能建造产业的发展，2021年7月住房和城乡建设部办公厅发布了《智能建造与新型建筑工业化协同发展可复制经验做法清单（第一批）》，同年12月又发布了《智能建造新技术新产品创新服务典型案例（第一批）》。最近住房和城乡建设部也在遴选智能建造试点城市，有40多个城市报名。

问题五：您对行业主管部门加快推进数字化建设有哪些建议？

夏绪勇：勘察设计行业历经70年的发展，从小到大，从弱到强，特别是改革开放以来发生了巨大的变化。最近几年，BIM、云、大数据等数字化技术应用的持续落地，使传统的勘察设计行业正在悄然发生新的变革，这些变革、创新、发展离不开行业主管部门的支持与推动。为此，应深入推进建筑产品数字化和建筑产业数字化；努力打造数字化商业生态圈；构建数字化转型应用生态。同时，建议行业主管部门出台相关政策鼓励企业大力引进数字人才，加快人才基地建设，开展数字化转型学科体系和人才培养体系建设。发挥社会组织作用，积极引导行业组织和联盟（协会、学会）作为政府与企业之间的桥梁纽带作用，促进资源整合，推进技术交流与合作。

专家视角
——赵月松

赵月松
天强 TACTER 副总经理
国际管理咨询师（CMC）
美国项目管理协会 PMP

问题一：天强公司在支持勘察设计企业数字化转型工作过程中的痛点和堵点体现在哪些方面？

赵月松：全面数字化转型时代已经到来，但勘察设计企业数字化转型仍非易事。本身工程建设行业就具有产品形式个性化和多样化、生产地点不固定、机械化程度低、人员多变、管理模式多样、管理灵活度高等特点，管理颗粒度粗糙。纵向角度的投资、设计、施工、监理、运营维保等各单元之间的数字鸿沟问题以及行业间（建筑、市政、交通、水利等）规范标准不统一造成的横向壁垒问题，致使产业数字化的"碎片化"与"系统性"的矛盾十分突出。

从天强支持服务勘察设计企业数字化转型工作来看，痛点和堵点普遍存在于以下几个方面：

（1）数字化转型目标不清晰、价值效益不易显现。对内，设计院普遍缺乏清晰的数字化战略目标、实践路径和实施步骤，没有从发展战略的高度进行系统性谋划，内部中高层管理者之间难以达成共识。对外，数字化价值效益未充分显现，客户端需求有待激发，客户难以对BIM设计产品给予更多的价值认可，某种程度上影响了设计院数字化转型的信心。

（2）技术导向型的数字化模式难以适应发展要求。大部分设计院数字化推进工作仅围绕现有业务架构和管理架构展开，聚焦现有的设计业务体系和管理流程，缺乏足够的新模式和数字业务运营经验，无法有效支持业务模式创新和跨组织协作创新，难以实现新商业模式的突破。

（3）数据要素的驱动作用尚未充分发挥。设计院管理信息化平台大多停留于线上管理阶段，主要满足管理审批等基本需求，不同管理模块大多采取"补丁式"建设，数据孤岛情况突出、系统覆盖面不足、使用效果不理想，标准与数据基础较为薄弱，导致数据模型在应用的过程中有很大的困难。

（4）数字化组织能力存在明显差距。大多数设计院都面临数字人才紧缺、能力不足、结构失衡的挑战。缺乏既懂设计或工程业务，又了解数字化 IT 技术的复合型人才，也没有建立数字化人才的培养、发展、激励机制，难以支撑企业数字化转型。

（5）数字化设计软件的集成与应用能效低。目前工程勘察设计行业尚未形成成熟的数字化转型技术、产品和服务生态，核心设计平台、设计工具等对国外产品依赖较为明显，相关设计软件碎片化、零散化现象较为突出，软件综合度与集成度较为薄弱。

问题二：您对大型、中型、小型设计院的数字化建设起步工作有什么建议？

赵月松：首先工程勘察设计企业数字化转型路径是有迹可循的，大概可以划分为四个阶段：基础信息化、应用数字化、全面系统化、智慧生态化阶段，这四个阶段不太可能跨越，所以对于不同规模的设计企业目前可能所处的阶段也是各有差异的。

对于中小型设计院而言，大部分目前正处于基础信息化阶段，这个阶段主要以工具数字化为主，开始推进 BIM 等数字化技术的试点使用，数字化业务开始初步尝试涉及，数字化技术主要支持和优化工程设计业务范围内的生产经营管理活动。建议可以从几个方面着手：

（1）夯实基础的管理信息化，对原有运作和管理流程进行优化改造，加强运营精细化管理，减少重复提升效率，利用数字化方法努力实现业务流程化、行为标准化、控制过程化、决策程序化，推动业务规范化建设。

（2）以应用数字技术手段工具为主，通过试点项目逐步使用 BIM 技术实现二维和三维的协同设计，能够实现单个项目或者部门间的数据流通和融合，提升此环节相关人员的数字化基本认知以及对数字化工具和设备的使用能力。

（3）初步搭建与数字化转型相匹配的组织或人员，主要以数字化部门或数字化人员的个体实践为主要驱动，在业务数字化或者数字化业务方面先行先试。

对于大型设计企业而言，大部分已经进入到应用数字化阶段，基本完成了管理信息化覆盖，核心的设计业务已经基本完成信息化覆盖，系统间的集成互通也达到一定基础，正在逐步通过数字化技术获取、开发和利用业务数据，提升企业管理运营的规范性，但整体数字化处于起步阶段。建议可以从几个方面着手：

（1）强化数据中台建设，通过数据中台作为打通内部经营生产数据，实现对外全过程产品与能力输出的重要工具、方法、路径，以及架构，通过"数据仓库 + 数据服务中间件"的形式，将底层庞杂的数据库和上层的管理数字化体系链接起来，形成稳固的中台支撑。

（2）重点针对数字化业务的流程进行数字化打通，以业主需求为导向，提升数字化业务的增值空间，能够通过数字化业务从原有设计端拓宽服务价值链到工程端甚至运营端，为设计院的业务转型升级提供新模式，发展新业态。

（3）要建设一支数字化专职与兼职相结合的人才队伍，专职队伍一方面对兼职人员进行赋能，另一方面又能够聚焦精力进行数字化创新业务突破，而兼职队伍则聚焦于利用数字化技术推动传统勘察设计业务的升级。

（4）积极构建数字化资源生态，立足所处的细分产业，如钢铁、冶金、水利等，采取合作联盟等形式整合相关的数字化资源，共同探索产业数字化转型。

综上，不管是大型还是中小型设计企业推进数字化转型，都需要对投入产出有理性客观的预期，至少以 3~5 年为一个周期进行目标设定、路径设计、阶段审视评估等，从而实现螺旋式上升。

问题三：勘察设计企业 BIM 全过程交付能力目前的整体态势是怎样的？您有什么建议？

赵月松：我将勘察设计企业 BIM 全过程交付能力划分为四个发展阶段：文件交付阶段、产品交付阶段、工程交付阶段、资产交付阶段。从目前行业企业整体态势来看，80% 以上的企业处于或尚未达到文件交付阶段，10% 左右的企业具备产品交付的能力，而具备工程交付和资产交付能力的企业可能不足 5%，甚至更低。

所谓的数字化文件交付主要是 BIM 翻模套模，通过软件将二维图纸转化成三维形态，主要解决向业主进行方案展示的需求，更进一步的是解决设计文件的"错、漏、碰、缺"问题，复核施工图的设计错误和不足，提高图纸的准确率，实际上无法准确有效地指导工程建设。数字化产品交付阶段，不仅是模型文件，能够交付包括由模型所产生的模拟仿真结果、分析结果和量价计算结果等一系列成果，同时直接生成与模型关联的二维图纸，基本形成了 BIM 正向设计新模式以及基于"数字孪生"的精细化设计产品，可以直接应用于工程建设阶段。数字化工程交付阶段，核心是以 BIM 赋能工程全过程管理，主要体现为 BIM+EPC 工程总承包业务、BIM+ 工程全过程咨询业务，通过 BIM 技术应用，将建造工程进行数字化改造，实现设计阶段与施工阶段有效衔接与信息共享，提升工程参建各方的体验感，助力发挥设计咨询的龙头作用。数字化资产交付阶段，是将施工阶段的数字化价值延伸到运营阶段，核心是依托 BIM 为核心的信息技术搭建工程运维大数据平台，推动建筑工程从物理资产到数字资产的转变。

我认为勘察设计企业如果仅是将目光聚焦于 BIM 设计本身，那它就是一个设计工具而已，对于客户而言是没有感知到具体价值的，需要坚持"以终为始"。一是要树立未来在数字化资产至少数字化工程的发展目标，让广大设计人员理解 BIM 设计的终极目标。二是明晰确定 BIM 发展的路径和具体路线图。三是主动探索若干试点项目，通过全咨或者 EPC 项目将 BIM 进行拉通，让员工和业主看到 BIM 对全过程、甚至全生命周期的价值点。以数字化工程交付为例，第一步是搭建企业级 BIM 平台，打通设计、采购、施工环节，支撑全产业链数据共享；第二步是建立基于 BIM 平台的全专业协同设计系统；第三步是建立基于 BIM 平台的分阶段管理系统，包括设计管理、采购管理、施工管理等；第四步是实现全产业链数字化集成应用，建立企业级 EPC 总承包管理系统。只要方向正确，慢一点也可以接受，最坏的结果是没有方向，缺乏路径，始终原地踏步。

问题四：您认为在数字化转型趋势下，未来工程勘察设计行业的格局会发生哪些变化？

赵月松：当下及未来一段时期，行业所面临的跨周期压力会持续存在，大量传统的工程设计企业生产工具、业务模式、运营体系等依然还是 10 年前的状态，既无法通过数字化手段降低成本，又无法通过数字化技术武装或升级业务服务模式，等待他们的要么陷入更加内卷化的竞争中，要么直接被市场所淘汰。

目前行业内一定规模以上的勘察设计企业都在通过不同的策略方式推动自身的数字化转型，从天强的视角来看，设计企业的数字化转型并不是投入了财力人力，就一定能成功实现转型。如果对行业数字化转型趋势没有准确的判断、没有清晰的目标、没有合理的路径和路线、没有适宜的策略手段等，转型之路将难以为继。

天强基于近两年对行业数字化转型的持续研究作出一个判断，"十四五"过后，行业可能出现明显的数字化鸿沟，跨越了鸿沟的勘察设计企业，其业务模式、组织模式将会呈现出新的特征，其核心竞争力得以全面强化，如中电建华东勘测院，他们在城建市政领域已经通过数字化能力超越了一大批的同类型竞争者。

第五篇 实践篇

案例1：打造行业领先的智能制造整体解决方案
——中冶南方工程技术有限公司

项明武

中冶南方工程技术有限公司董事长

中冶南方工程技术有限公司（简称"中冶南方"）是集雄厚的专业技术实力、工程实施能力和资源整合能力于一体，在钢铁、基础设施建设、能源环保、民用建筑、智能制造与智慧城市等多领域协调发展的综合型工程公司。作为冶金建设"国家队"，近年来，中冶南方紧紧抓住新一代信息技术带来的契机，加速布局智能化钢铁制造，紧跟新时期钢铁行业发展趋势和钢铁企业客户转型升级需求，矢志打造行业领先的智能制造整体解决方案，推动互联网、大数据、人工智能和钢铁工业深度融合，进一步构建生产全流程、管理全方位、产品全生命周期的全新绿色智慧制造集成技术体系。

1. 数字化建设痛点、难点、堵点

中冶南方面向钢铁、城市基础设施、能源环保等多个业务领域，对企业设置数字化发展目标带来较大挑战，数字化建设需兼顾总体目标的长期性、包容性及结合各业务领域的可操作性。具体到业务层面，业主需求痛点在项目数字化应用及保工期的取舍与平衡上表现尤为明显。

新一轮科技和产业变革正向纵深迈进，各传统产业正加速拥抱新一代信息技术，在这一情形下，高素质数字化人才引进是主要难点，且这一趋势在短期内难以改变。

数据孤岛的打通表象是技术问题,但实际上是业务模式的重构和管理的流程再造,这需要在战略层面进行部署,在策略层面进行全方位统筹和推进。

2. "十四五"数字化转型设想

"十四五"时期,将着力推进"数智南方"建设工作:

管理智慧化:推动智慧管理,建设系统化数智管理平台,以数据赋能精益管理;

服务敏捷化:稳步推进数据中台建设,形成市场、项目、资源体系的高效协同;

产品数智化:推进数字技术与工程、城市场景融合,攻关智慧钢厂核心技术,布局城市智慧管理与服务平台;

数据资产化:总结提炼数十年冶金国家队积累,挖掘并发挥钢铁、基础设施、能源环保等多领域协同发展优势,赋予传统工艺与工程数据新的生命力,不断深化项目运营数据分析,实现数据的资产价值。

3. 已有数字化、智能化成效

"十二五"期间完成 ERP 系统建设,"十三五"初期提出信息技术应用到位的目标,着力推进生产组织、运作全流程的信息化再造,依托开发具有自主知识产权的工程全生命周期管理系统,打通设计策划、资源分配、设计校审、档案归档、文印加工及图纸外发全流程。积极运用 AI、ICT 最新技术不断迭代升级,在 2020 年初疫情封锁、居家办公期间顺利启动应急预案,快速从线下切换到线上,确保进度不耽误,发挥了至关重要的作用。

在智能化方面,着力打造面向钢铁生产全流程、多维度的整体解决方案,实现作业维度的智能化、无人化,管控维度数字化和决策维度的智慧化,通过推动核心工艺技术和智能化技术的深度融合,在智能料场、高炉感知及操作系统、转炉全过程智能炼钢技术、冷轧数字孪生等关键环节不断提升技术优势,打造多个第一,凭借领先技术赢得市场,为客户节省成本、提升效能、创造更多价值。

4. BIM 全过程交付能力及赋能价值

在设计交付方面,钢铁工程、环保工程、基础设施工程和建筑工程几大业务板块均建立了统一的 BIM 协同设计平台和数字化交付平台。

在施工方面,建立 BIM 施工管理协同平台,实现对施工现场进行全过程信息化管理,包括工程进度、安全、质量等管理。

在运维方面,开发 BIM+GIS 运维平台,打造集合企业智慧工地平台、BIM 施工管理平台及三维化运管平台为一体的运维平台。

BIM 对设计业务赋能,在近期主要体现在改善业务及其他相关方沟通、设计方案对比与优化、工程量统计分析、空间与性能分析等方面;在中期将通过业务标准化和基础模型编码的不断完善,逐步实现三维数字化设计效率的提升、设计方案的智慧化辅助设计,促进工程设计技术人员的分层并聚焦设计方案;在远期将有望推动设计业务的模式重塑和价值重构。

5. 数字化人才激励及文化重塑

数字化已成为企业战略层面的必答题,在机构设置方面,要建立完善的机制,实现资源的适度集中配置,并在实践中不断调整优化;在激励考核方面,在考核机制中应嵌入数字化内容,体现出导向作用,在推进中保持定力。

对于高素质数字化人才的招聘、培养和使用应从多方面入手。首先是加大高素质数字化人才的招聘力度,为吸引一流人才中冶南方设置千万元招才基金,启动卓越计划。同时,在全公司范围内营造关注数字化、参与数字化的导向和氛围,在待遇、职称、培养等多方面倾向于愿意投身数字化研究和数字化业务工作的员工,大力培养本企业内熟悉业务的设计师转型为具有数字化能力和业务能力相结合的设计师,引导和推动各业务部门培养业务与数字化能力兼具的复合型人才。

案例2：聚焦"绿色智能"，全面建设"智慧六院"
——机械工业第六设计研究院有限公司

孟庆利
机械工业第六设计研究院有限公司董事长

机械工业第六设计研究院有限公司（以下简称"中机六院"）是拥有工程设计综合甲级资质的国家大型综合设计研究院，隶属中国机械工业集团有限公司。"十四五"期间，中机六院将抢抓产业数字化和数字产业化机遇，坚定绿色智能发展方向，着力发展绿色智能技术和绿色智能业务，全面建设"智慧六院"。

1. 管理数字化建设痛点、难点、堵点

中机六院管理数字化的探索始于2010年公司自主研发上线的EEP管理平台，经过十余年的不断迭代优化，形成了拥有综合办公、党工团、人力资源、经营管理、财务管理、生产管理、科技质量、知识管理等涵盖公司全部管理工作的信息化管理系统，该定制化管理系统具有跨部门的信息互通、数据信息互联、没有数据孤岛等特点，但从企业数字化转型的视角，仍面临一些痛点、难点和堵点，主要体现在：一是数据的分析利用能力有待进一步提升。数字化是基于信息化系统记录的数据，对企业的运作逻辑（管理经验）进行数学建模、优化，反过来再指导企业日常运行，即系统反复学习企业的数据和运营模式，然后变得更专业和更了解企业，并反过来指导企业运营。公司管理信息化在十几年的发展过程中，已积累海量数据，虽然已经开展数据分析利用工作，但仍有大量数据未得到充分挖掘和利用。二是信息标准体系建设有待完善。

案例2：聚焦"绿色智能"，全面建设"智慧六院"——机械工业第六设计研究院有限公司

公司虽然制定了信息安全标准、信息技术标准、基础设施标准和企业BIM标准等，但仍需进一步完善。同时，标准体系的执行和后续修编也需要扎实推进。

2. 数字化建设促进数字化组织发展

设计院的管理数字化建设如何促进数字化组织的发展，我认为：一是要不断强化顶层设计。通过整体策划数字化转型目标和系统实施，逐步推进公司管理形态呈现数字化组织架构，使相关岗位员工能够知悉公司数字化转型的目标和自己在数字化转型过程中的任务，不断强化内部相关岗位员工的主动执行与实施力度，促进数字化组织的发展。二是要不断提升全体员工的数字化意识。通过加强企业数字化知识培训和交流，借助鼓励政策推动管理数字化的创新应用，营造管理数字化的参与氛围，促进数字化组织发展。三是要不断优化完善数字化人才引进、培养与激励措施。系统全面集成、精细化管理、移动高效办公等管理数字化目标都需要数字化和管理人才的支撑，因此要采取有效措施，使既懂管理又懂数字化技术的复合型人才引得来、留得住、敢创新。

3. "十四五"数字化转型设想及推进策略

围绕"十四五"总体发展战略，公司将牢牢把握新一代信息智能技术融合发展的趋势，抢抓产业数字化和数字产业化机遇，坚定绿色智能发展方向，着力发展绿色智能技术和绿色智能业务，聚焦产品服务、工具手段和运营管理的数字化转型升级，全面建设"智慧六院"。

（1）"十四五"期间数字化转型的重点工作

1）不断完善公司办公区域的智慧管理平台，打造办公生活一体化的绿色智慧高科技信息园。充分发挥公司BIM及智能技术优势，遵循平台化、统一化和服务化的原则，夯实园区数字化运营管理基础，破除传统智慧园区建设只为管理人员服务的弊端，不断挖掘园区智能化系统为普通员工提供服务的潜力，持续完善安全管理、人员管理、访客管理、空间管理、设备管理、能耗管理等应用场景，让员工获得最好的体验感和参与感，为公司的数字化转型提供基础设施支撑。

2）管理数字化方面，依托公司的管理经验，充分利用数字化技术，持续打造公司EEP平台成为涵盖管理全过程、易于使用、具有扩展性、具有分析能力、可以复制经验的数字化管理平台，为公司管理工作的持续提升提供保障。

3）业务数字化方面，一是工业业务领域将聚焦先进制造、高端制造、智能制造，

大力发展企业绿色与智能制造系统解决方案、绿色与智能工厂系统集成、智能工厂全生命周期数字化服务，推动企业实现工厂建设绿色化、产品制造智能化、生产组织精益化、物料供应网络化、运营管理智慧化。二是民用、市政领域将聚焦智慧城市、高端民用、生态环保、基础设施，大力发展基于 BIM 技术的工程全过程数字化咨询服务。

（2）具体的推进策略

1）管理数字化方面，紧紧围绕管理提升需求，强化公司 EEP 平台数据的挖掘和应用，实现管理的数字化转型。一是持续推进信息标准体系建设，为公司的数字化转型提供支撑。二是充分挖掘和利用公司 EEP 平台积累的数据，对公司的管理经验进行数学建模，不断优化管理流程，持续推动管理质效提升。

2）业务数字化方面，紧紧围绕业务升级需求，强化数字化技术应用，实现业务的数字化转型。

一是围绕全过程咨询、EEP 总承包等新业务模式，构建业务实施全过程的信息化平台，基于信息化系统的数据，对项目实施的经验学习并迭代，不断优化项目的实施过程，提升项目的实施质量，增强业务的核心竞争力（图 1）。

二是加快推进绿色智能优势技术与主营业务融合，聚焦绿色智能工厂、绿色智能物流、绿色智慧医院、绿色智能建筑、绿色智慧园区与绿色智慧城市建设，统筹公司技术与人才资源，发挥绿色智能品牌工程示范引领作用，快速扩展绿色智能业务市场，快速做强绿色智能业务。

图 1　数字化全过程工程咨询项目

案例2：聚焦"绿色智能"，全面建设"智慧六院"——机械工业第六设计研究院有限公司

三是加快发展以 BIM 技术为支撑的工程建设全生命周期数字化服务，大力推进信息模型、数字孪生、仿真、GIS、AI、IoT、云计算、大数据等数字化技术在工程建设全生命周期各阶段的集成应用，创新设计建造手段和沟通管理方式，持续提高工程设计与建设的效率、水平和质量，提升全员劳动生产率。

四是聚焦数字化产品市场变现，坚持价值导向，在明确商业模式、经营模式和产业生态蓝图的前提下，统一调度内外部资源，制定专项推广转化方案，开展关键目标绩效考核，确保重点产品按时推出或上线。五是抓住行业数字化转型机遇，持续服务行业信息化，聚焦专业领域数字化共享服务，拓展行业用户市场，基于公共服务平台，推出企业端数字化共享服务平台化产品，培育拓展行业客户数字服务业务增长点，实现数字产业化发展。

4. 已有数字化、智能化成效

（1）数字化智能化产品推广应用

公司研发了窑炉装备的数字化联网报警推送系统、数据中心智能配电柜及 IoT 数据采集装置、基于数字模型的设施运营系统等智能化产品，在三井金属特种陶瓷（苏州）有限公司、郑州市城市大脑一期（城市数据运营管理中心）等项目中推广应用，提供数字化、智能化服务。

自主研发的 BIM 与 CIM 轻量化引擎取得阶段性突破，在武汉卷烟厂三维可视化动力管网设备故障诊断管理系统中成功落地；MR 智能人机交互及数字孪生软件系统在国家智能制造专项任务"个性化订单管理及生产运行管控系统"项目中得到应用；"专精特新"成套装备企业数字化转型升级解决方案成功入选工信部"中小企业数字化赋能服务产品及活动推荐目录"，专精特成套装备企业数字化转型平台获批河南省服务型制造示范平台，相关项目获批河南省制造业与互联网融合试点示范项目。

公司研发的"河南省勘察设计质量监管平台"自 2020 年 9 月正式上线以来，建设单位自主注册企业数 384 家，勘察设计单位自主注册企业数 388 家，省、市、县三级监管人员用户 213 个，全省审查机构人员用户 685 个，全省勘察设计企业及人员用户 1976 个。公司研发的"河南省智能制造服务平台"目前注册企业用户 3374 家，覆盖全省 18 个地市及直管县，行业专家用户 226 人，部门主管用户 211 人（包括省、市、县区），已支撑现场诊断服务企业 576 家，已上报智能制造项目 2262 个。

（2）数字化智能化技术助力公司业务发展

依托公司智能工厂设计新模式云服务平台，着力探索新一代信息技术和先进制造技术在智能工厂全生命周期中的创新应用，在智能工厂、数字化车间、智能产线建设方面取得了显著成效。先后承接了太重智能高端装备产业园、白鸽集团年产4万t棕刚玉段砂和粒度砂智能生产线、山西煤机智能高端煤机装备基地、宁夏维尔铸造智能制造产业园等一批代表性项目。

依托公司自主开发的工程全生命周期数字化平台，为客户提供包括基于三维信息模型的基础设施工程总体布局模型设计、专项仿真分析、机电管线综合深化设计和专项优化、竣工模型数据移交、工程建设可视化项目管理等工程全过程的技术服务。先后承接了海南省政务服务中心二期项目BIM咨询服务、郑州市东三环L3级智能网联快速公交示范工程、彭山江口水镇（沉银博物馆、会议中心、洲际酒店群及商业配套）项目BIM咨询服务、恒大新能源汽车集团中央电机贵阳基地项目、江苏新世嘉家纺高新科技股份有限公司高端家居纺织品智能工厂建设项目等多项工程全生命周期数字化项目。

积极为客户提供智慧园区服务。智慧园区采用IoT技术、BIM技术和大数据分析技术，将智能化系统通过统一的信息平台实现集成，以形成具有信息汇集、资源共享及优化管理等综合功能的系统，可为园区内人、车、空间、安全、能源、设备等管理提供科学的技术手段和决策依据。承接的长垣市产业集聚区智慧园区建设项目顺利通过验收。

深度参与智慧城市建设。公司依托在信息化领域的丰富积累，致力于打造从终端到网络、再到平台业务应用的完整"智慧城市"解决方案。先后承接了河南省"互联网+监管"系统建设与集成项目、郑州一体化在线政务服务平台对接项目、郑州市公安局交通警察支队公安交通集成指挥平台升级项目、洛阳市应急指挥平台项目、林州产业集聚区智能管理综合服务系统实施方案等智慧城市设计咨询项目。

5. BIM全过程交付能力及赋能价值

公司自2009年开始承接基于BIM的工程全生命周期数字化业务以来，完成了200余项BIM专项咨询服务和BIM设计融合项目，具备面向工程全生命周期的BIM数字化交付能力。在设计阶段的施工图交付、机电专项深化交付以及施工阶段的咨询交付和竣工交付方面都有相关的应用成果和案例经验。BIM成果的交付方式也由初期的

BIM 模型和图纸的电子文件交付、模型+图纸的 CS（桌面端应用程序）交付，发展到目前网页端基于云的模型图纸一体化交付。在面向工程全生命周期的数字化专项咨询业务方面，正在开展面向运维的工程数字化交付应用（图 2）。

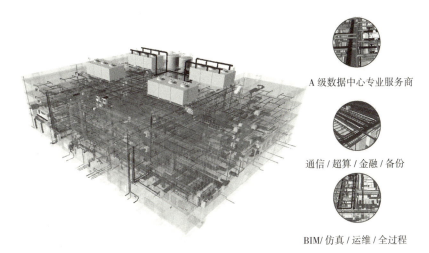

图 2　某数据中心 BIM 设计融合项目

对传统设计业务的赋能价值主要体现在：一是市场方面，提高了设计业务的市场竞争力。市场上对 BIM 技术的认可度正在加强，越来越多的大型复杂项目采用 BIM 技术，具备 BIM 全过程交付能力，增强了企业传统设计业务的竞争力。二是传统业务数字化转型的有力抓手。BIM 技术作为工程数字化的重要手段，是公司传统业务实现数字化转型的重要抓手，具备全过程 BIM 的交付能力，为此项转型工作提供了保障。三是促进产品质量提升的有效手段。BIM 技术的应用使仿真、碰撞检测等成为可能，在助力设计方案优化的同时，避免了错漏碰等质量问题的产生，尤其是对于复杂公建和工业工程，使用该技术后工程质量得到明显提升。四是服务和客户满意度提升。区别于传统的图纸单一交付，综合采用 BIM+图纸云交付、云展示、移动查看等多种交付方式和手段，极大地提高了客户的参与感和体验感，客户满意度得到有效提升。

6. 行业主管部门助力行业数字化建设

行业主管部门具有促进和推动企业数字化发展的影响力，应从以下方面推进行业数字化建设：一是从行业发展战略高度，发挥在数字化建设方面的指导和服务职能，加强统筹协调，有效促进企业间的交流学习，为企业排忧解难，进而促进行业数字化的快速发展和整体水平提高。二是从数字化、网络化、集成化、智能化等多方位形成细分行业数字化转型解决方案，并持续优化和发展，以此指导勘察设计企业数字化转型发展，切实有效地解决企业在数字化转型过程中的实际问题。三是推进 BIM 技术在设计、施工、运维中的应用，研究面向建筑全生命周期的协同工作模式，建立贯穿设计、施工、运维全过程的一体化工程数据库，提高全产业链协同生产效率。

7. 数字化人才激励及文化构建

（1）对数字化部门和数字化人才激励考核的主要措施

数字化部门和数字化人才是设计企业数字化转型的探路者、排头兵，是企业打造未来数字化产品和服务的重要战略性投入。因此，设计企业首先应从公司战略层面对数字化部门和数字化人才进行定位，以此定位为出发点，制定相关的激励和考核政策。

公司目前的做法：一是为充分发挥公司在数字化方面的技术和人员优势，发起成立了独立法人的国机工业互联网研究院（河南）有限公司（以下简称国机互联），并在生产、经营、管理多方面给予政策支持，正在探索员工持股等有利于其健康发展的运行机制。二是制定出台了《BIM 与信息技术融合补贴办法》等，鼓励国机互联利用其 BIM 与信息技术在经营、生产阶段向各生产部门提供技术服务，对市场开拓性项目、品牌项目以及合同金额较大的项目公司分阶段（经营阶段、生产阶段）进行补贴。三是委托国机互联开展 BIM 及智能化技术应用等定制化培训，按市场价格支付报酬。四是公司规定非住宅项目的智能化设计必须由公司的数字化团队完成，按市场价拨付报酬。五是支持公司数字化团队和国机互联开展政府重大科技专项研究和标准编制工作，积极提供配套资金。六是对数字化人才的激励考核，在公司层面建立了信息化和 BIM 专业高层次人才队伍及后备梯队，打通了数字化人才的上升通道；在部门层面区分对待数字化人才，不使用公司的统一岗位标准进行考核，将相关权限下放给部门，并给予足够的工资总额支持，由部门自行设置岗位及匹配市场的薪酬标准。

（2）关于构建数字化文化

数字化文化的构建并不是一朝一夕的，每个企业的数字化基因、数字化的敏感程度也不尽相同。公司在数字化文化方面正处于一个构建过程，相对一般的设计企业来说，属于有一定信息化、数字化基因的企业，从很早的计算机室，一直保留发展到智能所、智能与信息工程院，到现在的数字化工程院、国机工业互联网研究院，相对来说，公司数字化文化的构建有先天的优势。

在构建数字化文化等方面的主要做法：一是做好顶层设计。企业发展战略是企业

案例2：聚焦"绿色智能"，全面建设"智慧六院"——机械工业第六设计研究院有限公司

行动的最高纲领，数字化技术是企业实现发展战略的重要支撑。只有从战略的高度，从业务发展的高度，梳理清楚数字化的价值和定位，才能在后面的发展中坚定的执行。公司目前的愿景是打造"国内一流的绿色与智能工程服务商"，将数字化列入了公司发展战略。二是加强公司的信息化建设。公司目前自行开发有EEP协同管理平台、EEP协同设计平台、工程在线平台、效率助手APP、智慧园区APP等，覆盖了经营、生产、管理、学习的方方面面，有的可以优化运营流程，有的可以促进生产经营，有的可以提高服务创新，有的可以赋能员工成长，让员工身处一个数字化的世界，自然而然衍生出数字化文化。三是与时俱进，主动学习。数字化包含的BIM、大数据、云计算、IoT等都是新兴技术，必须不断学习才能跟上时代的进步，公司每年都会结合各部门的需求举办丰富的新技术培训，保证设计人员了解熟悉掌握最新的前沿技术，营造数字化文化氛围。

案例 3：BIM 技术应用协同正向设计，引领水运工程设计企业数字化转型
——中交第二航务工程勘察设计院有限公司

宋文涛

中交第二航务工程勘察设计院有限公司党委书记、董事长、总经理

中交第二航务工程勘察设计院有限公司（简称"中交二航院"），是隶属中国交建的全资子公司，先后多年被住房和城乡建设部评为中国勘察设计综合实力百强单位。中交二航院坚持贯彻"数字中交"战略，全方位多层次深度应用云计算、大数据、物联网等新一代信息技术。在行业内率先开展 BIM 等数字化技术应用和开发，引领水运工程"数智化"转型。

1. BIM 协同正向设计，引领水运工程"数智化"转型

在产业数字化方面，中交二航院在行业内率先开展 BIM 等数字化技术应用和开发，2007 年成立了技术开发中心，开展参数化设计工具研发；2009 年起探索数字化技术研究；2011 年，将基于 BIM 等数字化研发的技术在水运工程领域进行应用和探索，2014 年公司设立了以 BIM 为核心的技术研发中心，2017 年获交通运输部认定交通运输行业建筑信息模型（BIM）技术应用研发中心（行业研发中心）；2018 年成立的智慧工程事业部和 2021 年成立的信息化研发中心、标准化设计研究中心联合开展水运工程领域数字化工作，重点培育自主创新能力。经过十余年的发展，中交二航院在水运工程的国际国内标准制定、指南规范、知识工程体系、技术创新、产品工具、成果应用转化等多方面取得了显著成绩，以 BIM 方式运行的项目覆盖 100% 的工程可

行性研究项目、90%以上的初步设计项目和80%以上的施工图设计项目，90%技术人员具备用BIM技术完成工作的能力，走在了行业前列，为行业内企业转型升级做出了表率，带动了水运工程建设产业共性技术的研究，结合工程项目的实施加快了科研成果向现实生产力转化，促进了行业科学技术进步和本单位的核心竞争能力的提高。在水运数字化领域培育了60人以上高级专职技术研发和实施人员，为中交二航院开展水运工程建设产业数字化奠定了根基。

（1）标准指南引领行业

在标准方面中交二航院在水运行业起步早，并已走到了行业前列：主导编制水运IFC国际标准（计划2023年发布为ISO 16739）和1项国家标准（《工程信息存储标准》），主编3项水运行业、2项集团BIM标准，4项地方、团体BIM标准，为中交集团牢牢占领水运工程BIM标准话语权高地提供了支撑。中国交建、中交二航院、卡迪夫大学和大连理工大学组建的BIM技术研究团队在2017年出席了在巴塞罗那举办的BuildingSMART BIM技术国际峰会，在峰会期间，中交二航院代表中国交建与BuildingSMAR、卡迪夫大学就水运基础设施BIM技术IFC国际标准的研究与制订签订了合作备忘录，并被BuildingSMART授权主导开展水运基础设施IFC标准研究，研究成果获得BuildingSMART组织的认可。

在应用层面，配套发布了多项公司级BIM指南、导则及作业文件，从模型应用公共数据环境、软硬件资源配置，到模型体系层级、协同工作规则，直至族创建、模型配色、材质、出图线宽等基础设定，满足了公司各生产单位BIM技术应用的需要，推动了BIM技术在水运工程各阶段应用的落地。

（2）平台工具系统成型

在数字化协同工作平台方面，自主开发了BIM协同设计平台并配套BIM设计管理系统，支持并覆盖水运工程BIM正向设计的各类应用场景，基本实现了从结构计算、模型创建、设计出图、计量到数字化交付的全流程数字化设计和基于BIM技术的工程设计、管控一体化运作。

在数据贯通方面，发挥水运工程EPC特色，依托公司主导的EPC项目，已基本实现设计阶段向施工阶段的模型交付，同时研发了水运工程数字化EPC管理平台，目前已实现对项目进度、质量、安全、成本数字化、可视化管理；在数字孪生及交付方面，依据行业标准，研发了建模类、标准配套类、应用类三大类数字化工具，建设了族库资源管理系统（包括3200余个自建专业族）、5大主体专业快速建模工具，BIM标准配套类工具（3类，共计9项）、BIM出图（近百个钢筋零件级标准出图模型）、模型计量、计价统计3类系统化工具等，同时研发了"BIM设计模型交付平台"，实现了工程数字孪生建设和产品的双交付。在数据资产沉淀方面，正在开展"水运工程勘察设计成果数字资源"建设，即将建立起成体系的水运数字资源库、知识管理系统等（图1）。

图1　工程数字化运维管理平台

（3）应用转化成果颇丰

自2015年开始，中交二航院结合主责主业，在海港、河港、航道、船闸等领域上百个项目逐步推进BIM正向设计，取得了显著的应用成效，获得国际BIM大奖2项，行业BIM大奖80余项。

同时依托数字化方面的经验和成果，孵化成立了智慧工程事业部，为各类业主、企业提供全过程BIM咨询服务，代表项目有水运工程BIM全过程服务第一标——珠海港高栏港区集装箱码头二期工程、京雄高铁、长江航道整治工程、广西柳江红花水利船闸工程等BIM技术服务。近两年，公司在水环境等领域积极推动基于BIM运维管理，在雄安孝义河等项目成功实施BIM水环境运维管理平台，为水环境运维管理提供数据支撑和决策工具。

中交二航院始终坚持走管理信息系统自研路线，自2000年开始就基于同一平台自主研发企业一体化协同办公平台，经过二十多年的不断迭代发展，形成了以财务全面预算管理和项目生命周期管理为双主线的企业ERP系统，实现企业两百多个流程在同一流程中心的统一审批、统一搜索、统一监控、统一分析，提升了业务和决策效率。

2."十四五"期间数字化重点工作

中交二航院"十四五"时期数字化发展的总体目标是：坚持贯彻"数字中交"战略，云计算、大数据、物联网等新一代信息技术得到全方位多层次的深化应用，人工智能、区块链等技术得到创新应用，数字化支撑能力显著增强；公司信息化应用水平大幅提升，数字化体系日益完善，业务和管理过程主要数据实现共享、共用，BIM、GIS、仿真分析、数字孪生、数字化勘察测量等技术在公司的经营生产活动中充分发挥作用，基于云平台的内外部协作、数字化交付得到普遍应用。

（1）完善企业数字化体系建设

加强数字化顶层设计，建立和完善企业信息化和数字化体系，推进企业信息系统的移动化、集成化和智能化升级。完善企业运营决策、生产业务、知识管理等平台建设，提升协同办公、资源管理、服务共享建设。加快大数据应用和管理，发展人工智能应用，形成满足企业转型升级和创新发展的较为完善的信息化技术体系和管理体系，进而实现赋能企业新动力。

（2）打造企业数字化管理平台（EDMP）

完善全过程工程咨询管理信息系统和工程总承包项目管理系统建设，深化集成应用，提高项目管理水平。融合设计、服务和管理，优化从客户到客户的端到端流程，深化服务和产品的数字化建设。推进完善项目管理、档案管理、产品交付、现场服务、知识库服务等信息系统建设。

（3）形成健康自主的软件体系

推动自主知识产权的国产工程软件应用，推广一批具备基础功能以及专项应用条件的国产工程软件，逐步突破制约企业软件使用安全的关键技术瓶颈，打破可能被"卡脖子"的技壁垒；建设中交二航院专业软件引进和评价技术体系；进一步完善BIM模式下的企业标准产品、应用软件体系，提升设计系统的集成化与智能化水平，整体提高设计的效率、水平和质量，推进工程设计产品全生命周期和全产业链的信息化和数字化，提升主体专业的BIM辅助设计手段，自主知识产权的应用软件较大程度地覆盖公司主体专业工作，能够充分满足公司BIM应用业务的使用需求。建设适应BIM模式的质量控制和成果管理作业软件体系。

（4）建设工程决策支持知识中心

加强知识管理体系建设，包括知识管理战略、知识管理文化、知识管理技术、知识来源、知识使用、知识质量、知识管理的流程等。开展企业非结构化数据的结构化建设，加强企业显性知识和隐性知识的沉淀，整合内外部来源的知识资源，打通知识采集、整合、加工、组织、管理及服务的全流程通道，构建知识分类体系、标签体系，完成知识自动分类、自动标签及挖掘分析。探索工程项目AI决策技术，建设企业知识资源库、知识标签和知识地图，研究工程技术知识管理的方法，形成工程决策支持知识中心，实现"人""知识""场景"的深度融合。

（5）推动新信息技术研究和转化

一方面深入推动公司的数字化转型，另一方面也更加深入地参与智慧城市深度发展，加强物联网、BIM、GIS、大数据、北斗、AI等新技术的研究和转化，以问题、需求和自主为导向，开展智慧建筑、智慧市政和智慧环境等领域的研究与实践，加快推进"智慧引擎"的落地应用，实现信息化新技术的反哺和赋能，促进新供给，创造新需求，培育新动能。

3. 中交二航院的数字化转型实践启示

（1）数字化顶层设计需要全面

企业数字化转型不仅仅是技术手段的革新，更是管理方式的革命，需要企业从自身战略目标出发，以云计算、物联网、人工智能等前沿技术为支撑，通过优化完善公司现有流程、数据标准，构建包括经营、生产、财务、项目、人力资源、知识管理、智慧决策等于一体的全方位数字化管理体系，需要公司从顶层设计上进行部署，需要公司各个职能部门的全面参与、全面策划。

（2）数字化转型理解需要升维

数字化不是信息化，信息化是将企业的生产过程、管理事务、资金财务流等业务过程用信息系统管理，使企业各层次的人了解业务的当前状态，从而做出有利于生产的决定，提升效率；但是数字化主要是基于大量运营数据，对企业的运作情况进行全局分析、优化，用数据而不是经验来指导企业运作，是一个反复学习和指引的过程，当前部分企业对数字化转型的理解还停留在信息化和数据化的层面，制约了数字化转型的推进。

（3）数字化转型过程需要系统

数字化转型是一个需要长期投入的过程，短期内很难对其产生的业务价值进行有效衡量，而其中又涉及管理体制、组织方式的变革，势必对现有模式造成冲击，需要企业自上而下的支持。

案例4：以"双中心驱动、三数字赋能"助推企业数字化转型发展
——云南省设计院集团有限公司

李跃虹

云南省设计院集团有限公司党委副书记、副董事长、总经理

云南省设计院集团有限公司（以下简称"云南省院"）成立于1951年，是国内最早成立的大型综合性勘察设计单位之一。随着行业从高速发展转向高质量发展，市场竞争日趋激烈，结合市场形势，云南省院提出三方面的转型发展，即由传统单一的勘察设计咨询模式向全过程咨询模式转型，由传统的勘察设计业务向工程总承包转型，由传统基建领域向新基建领域业务转型。同时，云南省院积极响应"数字中国""数字云南"和省属国有企业数字化转型建设，从战略高度部署企业数字化转型，抓住契机，从传统勘察设计企业转换为覆盖新基建与传统基建全领域的信息化、数字化的全过程咨询服务商。

1. 传统勘察设计企业转型的机遇与挑战

数字化是全国乃至全球发展新趋势，党中央、国务院在"十四五"规划中将数字中国建设的战略部署及要求放在了至关重要的位置。云南省为助力数字经济发展，保障数字经济相关项目落地，推动"数字云南"建设，先后发布了推动数字云南发展的发展规划、三年行动计划及若干政策措施，引导省属国有企业把握数字经济发展机遇，加速提升企业创新能力，建设世界一流企业，组建协同创新平台，开启了国有企业数字化转型的新赛道与新征程。

案例4：以"双中心驱动、三数字赋能"助推企业数字化转型发展——云南省设计院集团有限公司

云南省院已历经70多年发展历史，是面向新型城镇化发展、工业与生态环保领域的全过程咨询服务商；面向乡村振兴和建设最美省份的高端智库、技术平台与空间数据中心；面向南亚东南亚以创意设计、技术服务带动产业输出的行业排头兵。主要承担传统基建项目的规划勘察、设计和咨询等业务，对于数字化转型面临的挑战主要是：通过内部数字化转型如何让一个传统勘察设计企业适应数字化企业的运行节奏；外部数字化业务拓展所涉及各行业各领域的广泛技术服务支撑与覆盖。数字化转型将会涉及：企业内部管理机制的流程简化与标准量化、原有服务的升级与转型、人才梯队的重构优化及形象重塑，泛领域服务下的技术体系改革与探索等，这些都是数字化转型期所带来的严峻挑战。

2. 云南省院数字化转型探索

数字化企业应该有三大数字化特征：第一个特征是数字化的企业管理，第二个是数字化的生产经营，第三个是数字化的企业战略发展和商业模式。基于这三方面思考，云南省院提出了"双中心驱动三数字赋能"的数字化转型发展模式，即成立研发中心、数创中心驱动数字化转型，致力于管理数字化、项目数字化和数字化项目，为数字化转型赋能。

（1）管理数字化方面

2002年云南省院自主研发了企业信息化管理系统，与企业管理制度精准匹配，解决了管理中涉及的复杂数据处理问题和协同问题。发展到2020年，再次对整个管理系统进行了重构，实现了对云南省院业务的全覆盖，做到所有审批管理流程的无纸化、办公的移动化。结合云南省院多年沉淀的协同设计经验，实现图层级协同设计。通过对系统中各类数据进行分析和挖掘形成企业数据资产，满足业务管理的统计分析要求，逐步实现为领导层决策提供辅助支持。通过构建数字化管理系统，让生产更高效，让管理更智能，真正让数字来驱动新的生产力。

（2）项目数字化方面

单一的勘察设计向工程全过程咨询转型在业界已形成共识，全过程咨询业务的优势在于把产业链拉长、把项目做深、把项目完成度做实、把收入的费率提高，同步向建筑师负责制转型，以实现高质量发展需要。云南省院比较典型的是援老挝铁道职业技术学院项目，我们通过数字化手段实现精细化项目管理和资源整合，完成了全过程工程咨询服务（图1）。

图 1　援老挝铁道职业技术学院项目

工程总承包是国家倡导的与国际接轨的新的工程建设实施模式，云南省院从 2016 年开始承接与脱贫攻坚等相关的工程总承包项目，同样通过数字化手段实现项目管理数字化和标准化，在取得优良的业绩的同时降本增效，得到了业主单位的高度认可。

云南省院加大人力、物力的投入，积极组织对新技术学习、应用和研究，实现了设计质量、设计效率的提升。从二维设计转向三维设计，BIM、CIM、GIS 等工具和技术在项目上得到长足的应用，获得了全国优秀工程勘察设计行业奖一等奖的南洋华侨机工回国抗日纪念馆首次采用了 BIM 的正向设计（图 2）。昆明滇池国际会展中心是举办 COP15 的主会场，该项目在三维设计与技术咨询的基础上进行四维管理，构建了全过程管理平台，为建设项目的数字化管理提供了新的工具和管理办法（图 3）。通过多年的投入，云南省院在中国勘察设计协会创新杯的 BIM 大赛和中建协的建设工程 BIM 大赛中荣获多个奖项。云南省院正在积极配合探索由 BIM 到 CIM 的技术实施路径，为"数字云南"建设贡献力量。

图 2　南洋华侨机工回国抗日纪念馆

案例4：以"双中心驱动、三数字赋能"助推企业数字化转型发展——云南省设计院集团有限公司

图3　昆明滇池国际会展中心三维设计与技术咨询的基础上四维管理

（3）数字化项目方面

云南省院积极与云南省委省政府、省级相关厅局、部门、省属国有企事业单位及相关科研机构联系对接，2017年起参与了云南省"数字云南"建设相关发展规划编制、政策研究，专家顾问咨询等工作，争取通过政策及规划引领，顶层设计推动，以智库的定位服务各级地方政府，开拓各行业数字化项目储备，按照各级人民政府需求，适时适度开展数字化相关业务。经过多年市场积累，在传统业务向数字化业务转型下，探索出以下项目实施路径：

1）从边境立体化防控项目到智慧城市

云南省与缅甸、越南、老挝接壤，边境线长达4000余千米，新冠肺炎疫情期间，面临巨大的疫情防控压力，云南省院作为省属企业，在发挥原传统基础设施勘察设计等咨询业务的同时，在边境立体化防控数字化基础设施建设上作为全过程咨询方，集合国内优势资源，为该项目提供规划策划、测绘勘察、咨询设计、项目管理、监理检测、造价管控等全过程咨询服务，通过前端后台建设，实现边境立体化、智能化管理，为守住我国西南安全屏障和国家的疫情防控贡献了"云南智慧"。

通过该项目的经验积累，在工程咨询的产业链上完成了技术、人才及合作伙伴的积累，在随之而来的全省智慧城市建设浪潮中，积极推广项目全过程咨询服务，提供从业务梳理、项目谋划、可研编制、设计优化、造价控制、项目管理等全环节咨询，通过科学管理，在协助好各级政府项目管理的同时，精准节约政府投资，保障项目实际应用成效，服务好地方社会治理、产业服务、民生扶持等领域（图4）。

图 4 数字乡村一屏通览

2）从乡村振兴到数字乡村建设

乡村振兴是国家战略，农业农村农民问题是关系国计民生的根本性问题，解决好"三农"问题是全党工作的重中之重。云南省院传统业务在乡村振兴方面主要通过规划设计、乡村人居环境提升等方面开展相应服务。随着移动互联网的覆盖，云南省院紧抓机遇，与云南省党建信息化企业高位对接，在多地州开展以党建为引领的数字乡村建设工作，通过基层数字化治理手段，赋能乡村文化振兴、产业振兴、生态振兴、人才振兴、组织振兴，助推城乡发展，构建面向农业农村的综合信息服务体系，建立涉农信息普惠服务机制，推动乡村管理服务数字化，提高运行效率和宜居度。为缩小城乡之间的"数字鸿沟"，通过数字乡村的信息基础设施建设，乡村居民可以便捷获取外部世界的信息变革和发展经验，为"乡村的现代化"创造基础。从而普及信息化服务，提升公共信息服务水平，推进网络扶贫开展等工作，切切实实地让广大乡村共享到互联网发展红利，以党建建设激发基层党员干部的工作活力，数字化赋能基层党员的先锋模范作用（图5）。

3）从产业转型到数字园区

在全球经济形势复杂，国家全力加快转变经济发展方式、调整经济结构，大力发展战略性新兴产业的背景下，做好产业聚集工作成为各地政府工作的重中之重，而园区建设是承载这一工作的主要方式。云南省院是与祖国共同成长起来的国有企业，历史上从水泥厂建设设计到制糖厂建设设计，再到高标准烟草工厂设计，云南省院一直致力于服务云南省产业发展和园区建设。但在当前发展背景下，原园区勘察设计咨询

案例4：以"双中心驱动、三数字赋能"助推企业数字化转型发展——云南省设计院集团有限公司

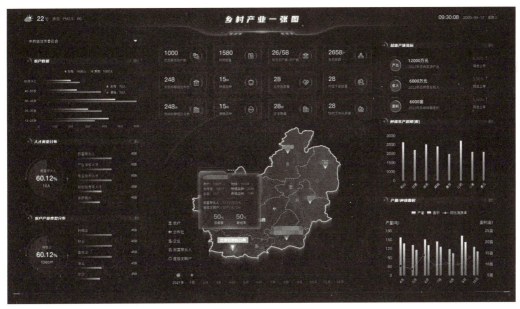

图5　乡村产业一张图

业务也更加需要延展咨询的产业链体系，园区的数字化及数字园区建设也需提供技术支撑。云南省院在与云南省多地州政府签订战略合作协议后，用数字化的手段为园区赋能，从引资、产业咨询、园区规划、专债包装、厂房设计、光伏发电、园区运维等多板块结合云南省院传统基建咨询及数字化咨询能力，为地方政府和企业业主提供全过程咨询服务，使数字化产业、智慧园区作为数字经济的新型载体，成为城市发展新的支撑点和原动力。通过智慧园区的建设，形成可复制模式在全省推广，推进传统产业园区数字化转型，在所承接的昆明、楚雄、大理、红河、德宏等多州（市）园区建设咨询的项目中，优化完善了园区基础设施支撑、提升了园区综合治理水平、增强了企业园区的服务能力、助力了园区产业转型发展。

3. 云南省院数字化转型保障措施

（1）人才体系

1）与高校合作，构建产学研一体化的人才支撑。云南省院积极与省内外高校合作，探索高校数字化研究前沿技术，尝试高校专业到应用场景的转换研究，寻找技术转化研究试验区，共同联合培养交叉学科复合创新型人才，拓宽云南省院人才队伍研究领域，增强人才产学研一体化服务能力。

2）与信息化头部企业及专精特新企业合作，共建实战应用领域人才。与信息化头部企业及专精特新企业共建人才交流合作渠道，一方面有益于推动新技术被更多地方政府所认识，通过供给侧结构性改革，创新咨询服务产品供给，寻求市场价值转化；另一方面加大人才交叉交流学习力度，集聚更科学、更先进、更高效的新技术及新管理模式，促进企业人才结构转型优化，塑造实战研发及应用兼备的高精尖技术人才。

3）内部原有人才重组优化，培育传统场景数字化转型人才。利用云南省院原有规划、咨询、建筑、结构、给水排水、暖通、电气、道路、环境、造价等专业技术人才，探索向传统基建领域数字化延伸拓展，用数字化思维装备传统专业技术人才，构建产业链全过程管控人才体系，拓宽企业服务范围。

（2）技术体系

1）延展云南省院技术合作生态体系，不断提高技术输入融合，拓宽技术输出质量及范围。利用数字化赋能，通过生态技术集聚，加强以多领域应用创新为支撑的技术创新体系建设，储备前瞻性应用技术研究成果，让应用技术研究与各级地方政府迫切需求匹配，促进技术融合、创新、推广。通过数字化手段，为各级地方政府决策及建设服务的同时，建立输入输出反馈机制，优化供给匹配，从而拓展云南省院生态范围及技术支撑范围。

2）构建适合云南及南亚东南亚的应用技术及产业技术体系。通过云南省院在云南省各行各业多年的产业根植经验，以及对产业链、人才链深度参与的优势，积极构建云南有用、南亚东南亚可复制推广的咨询服务体系，服务云南乃至南亚东南亚，助推企业从单一价值链向多元价值链产品覆盖。用数字化赋能，参与云南本土实业建设，服务云南基层治理及南亚东南亚应用推广，以需求为导向，建立具有云南特色的建筑工程技术及数字化技术服务体系。

（3）管理体系

1）企业管理数字化，强化工作、服务执行效率。通过数字化转型，优化企业内部管理机制体制，各岗位人员工作（项目）上线、效率上线、目标上线、成效上线等，落实横向到各部门，纵向到各专业的考评及激励机制，融合引入信息化头部企业优秀管理机制，让内部的数据化科学管理，量体裁衣，刻画人才图谱，提高人才团队组合效率，增加业务承载能力，从而提高管理效能，优化成本控制，增加经营收益。

2）数字化赋能内部分配机制，激励人才开拓新领域。利用实时市场数据监测，提前研判市场内政府投资方向及产业投资方向，对于原云南省院未储备相关专业人才

案例4：以"双中心驱动、三数字赋能"助推企业数字化转型发展——云南省设计院集团有限公司

提前布局，对为掌握相关专业技术提前谋划，根据市场容量推动人才提前转型，技术提前积累，增强在当今多变的市场环境下的企业抗风险能力。

3）数字化活动植入，强化企业文化塑造。设计院原有企业文化多为工程技术圈文化，不同专业文化间融合较为困难，通过数字化活动构建产业链文化体系，让人才在数字化构建起来的产业链体系中找到专业定位及上下游联系，构建人才对企业的情感寄托及塑造企业的归属感，让企业文化形成企业管理的灵魂所在。

4. 总结

围绕云南省委省政府对云南省院的发展定位，省国资委对省属国有企业数字化转型的相关要求，云南省院以"双中心驱动、三数字赋能"为工作基点，落实技术与行业的深度结合，打造数字经济领域赛道新优势，促进企业数字化、网络化、智能化发展，增强企业竞争力、创新力、控制力、影响力、抗风险能力，从而提升服务产业基础能力和产业链服务水平。优化产业结构与布局，加速传统动能数字化转型，培育壮大新兴业态，构建以数据为生产要素的新型生产关系，完成国有企业数字化转型，提升国际竞争力。

近期争取服务于云南数字领域生态圈建设，做好云南各领域数字化建设的技术服务商，助力数字云南建设；中远期做好云南各级人民政府的发展智库，协助地方政府探索完成数字产业化、产业数字化、数字化治理、数据价值化的四化建设，拓展服务至周边省份以及南亚东南亚市场，助力"一带一路"建设发展。

案例 5：工程建设公司数字化转型重塑新格局
——中国石化工程建设有限公司

朱春田
中国石化集团公司首批信息化管理专家
中国勘察设计协会信息化工作委员会副主任委员兼秘书长

中国石化工程建设有限公司（Sinopec Engineering Incorporation，简称 SEI）源于 1953 年成立的国家石油设计局，是我国首家石油炼制与石油化工工程设计单位。SEI 自 2008 年构建石油化工数字化工程新模式架构以来，相继在国内重点石化项目的数字化工程进行示范，制定了数字化工程标准，构建开放联接的数字工程平台，使项目规划、研发、设计以及管理等十余个子平台、百余个软件得以集成化应用，营造了融合的业态环境，成为整体化管理的重要支撑。

1. 面临数字化转型的痛点、难点、堵点

SEI 作为非数字原生企业，在数字化转型的过程中与大多数传统企业面临共同的问题：

（1）烟囱林立的 IT 系统遍布各个业务部门同时支撑着成百上千的工程项目，数据被"私有化"变成个人和部门的"资产"，很多经验知识存储在专家的大脑中或纸质档案中，大量散落的历史数据给转型背上了历史包袱。此外，由于各专业软件应用的深度和广度不同，集成化协同程度有限，制约了工程设计效率和质量的进一步提高。

（2）项目管理各项业务的标准化和信息化程度不一致，业务管理颗粒度不同，部分业务间的数据流转仍存在线下手工流转，降低了管理效率。

（3）工程建设期数字化交付与生产运维期的需求脱节，数字化交付的信息无法全部直接、快速地应用于生产业务环节，数字化交付价值未能充分发挥，同时运维阶段需求的数据交付不完整、不一致，交付的广度和深度有待拓展。

2. "十四五"数字化转型设想及推进策略

在"十四五"期间，SEI 旨在通过工业互联网、云计算、大数据、人工智能和数字孪生等新技术，基于"数据+平台+应用"新模式，构建数据、模型和知识驱动的石化工程新业态，全面提升公司技术研发、工程转化和工厂运营服务等业务的数字化和智能化水平，并快速孵化出新生业务，推进公司数字化转型发展。具体设想为：

（1）构建石化工程建设服务云，通过工程数据、过程管理和知识经验的集成、协同，为石化工程建设提供工程研发、工程咨询、工程设计和项目管理的一体化高效服务，为供应商和施工单位等提供多方协作管理服务。

（2）构建石化工厂运营服务云，为石化企业提供设计运行一体化工艺优化、远程诊断咨询、预警预测和故障分析等服务。

在"十四五"期间，公司全面推进数字化转型，具体策略包括：

（1）数字化转型战略规划。规划组织变革，成立专门部门，和公司相关部门共同负责数字工程规划和实施，并负责相关制度和业务流程等的重构。遵照集团公司数字化转型规划和路径，结合公司实际业务现状和发展规划，进行数字化转型顶层设计和实施路径规划。完善网络安全监控体系，提升信息安全管理能力，防范网络安全风险。

（2）大力推行设计业务数字化。全面深化集成化协同设计和项目管理集成化，全面梳理优化各类软件的接口关系，形成标准化的工作流和数据流，重构发布矩阵，构建工程数据中心，实现全专业工程数据集成共享；建立专家知识库、模型库和数据库，充分发挥工程数据资产价值。持续完善和优化编码体系，满足各业务之间的数据交互和系统集成，推进以合同履约为核心业务，进度成本为主线，涵盖项目立项、设计、采购、施工、开车和项目管控的全过程管理。全面推进电子文件归档与电子档案管理。

（3）全面实施交付业务数字化。全面推行全过程、渐进式数字化交付，持续强化数字化交付相关方的过程管理和协作，保障数字化交付信息的合规性和及时性，以及进度、质量等现场过程的高效管控，实现高质量的数字化交付。

（4）全面建成桌面炼化工厂。持续融合工艺机理模型和三维工厂模型，全面构建数字孪生炼化工厂，为炼化工厂提供专家诊断和决策支持等专业化技术服务，助力炼化工厂向智能化更高阶段发展。

3. 数字化、智能化建设取得的成效

自21世纪初期，SEI率先推进工厂全生命周期的数字化转型，并取得重大突破，已形成涵盖工厂规划、工程研发、工程设计、工程建造、工程交付、项目管理和运营服务过程的一系列数字化技术和一体化数字工程平台。

（1）构建工程设计集成化平台，从设计源头打造智能化基因。搭建了以技术标准、计算方法、工程数据和设计文件为核心的设计集成化平台，创新设计数据和设计文件的管理方式，实现设计、采购、施工、试车各环节的信息集成和协同工作，大幅提高了工程建设效率和质量。此外，将智能工厂建设需求融入工程设计，深入开展各专业设计与信息化设计的集成协同工作，助力全生命周期智能工厂建设。

（2）完善项目管理体系，构建项目管理集成化平台。建立了项目编码体系、人工时定额库、工程量库、价格库等基础数据库，形成"三库一码"基础体系；建立以合同履约为核心业务，进度和成本为主线的项目集成化平台，实现文档管理、进度控制、成本管理、材料控制和采购管理等业务系统的横向与纵向集成；构建了多层级成本控制体系，实现工程项目成本的全过程管理。

（3）探索出物理工厂和数字化工厂同步建设、交付的新思路。依托元坝天然气净化厂项目开始基于集成化设计的数字化工厂建设，不仅开辟了我国大型石化工程同步交付数字工厂的先河，而且使业主数字化工厂建设整体效率提高25%、工作量节省60%、建设成本节省25%。基于该项目的成功经验，牵头主编了《石油化工工程数字化交付标准》GB 51296—2018，为石化企业数字工厂和智能工厂建设提供了基础，并规范、指导了后续十余项大型全厂一体化工程项目的数字化交付顺利实施，填补了该领域国内空白。

（4）构建了桌面炼化工厂平台，探索工厂运营远程服务新模式。依托海量工程数据、丰富的设计经验和强大的专家智库，结合工艺机理、人工智能算法、线性规划算法，构建了炼化核心装置的工艺预测、优化、预警模型，全厂工艺、能量、效益优化等模型，并集成构建桌面炼化工厂平台，为炼化企业的生产现状分析、方案变化预测、操作实时优化、异常预警诊断等提供专家决策支持。尤其是面临成品油需求下调的市场变化，应用该平台对企业生产方案的优化调整提供了高效、精准的远程决策支持服务。

4. 工程数字化全过程交付能力及赋能价值

石油化工工程数字化全过程交付能力包括全专业协同设计能力，工程设计与供应商数字化交付、施工数字化交付的协同能力。通过工程数字化全过程交付，提高工程建设质量，降低施工成本，加快施工进度，降低数字化工厂建设成本，缩短智能工厂建设周期，降低生产安全风险等方面都发挥了重要作用，为工厂精益管理提供重要支撑。

（1）全专业协同设计能力。数字化交付的数据一般以二维三维图形与文档的模式形成相关数据，汇总到统一的数字化交付平台中。全专业协同设计是数字化交付质量控制的关键路径，在建、构筑物设计中推行全专业 BIM 正向三维协同设计，设计过程各专业信息实时共享，图纸料表由三维模型自动生成，有效保证二三维一致性，提升设计质量；深化三维设计开发应用，设计端推行钢结构三维模型版次交付，逐步实现钢结构设计、施工、制造、交付全流程基于三维模型进行数据传递，有利于下游施工单位、制造厂直接利用设计三维模型进行深化设计和应用，提升项目整体执行效率，提升公司集成化设计水平。

（2）协同供应商数字化交付能力。SEI 通过外部工程设计协同，与供应商深化设计和制造监管建立链接，保障众多供应商按照项目数字化交付的目标持续交付。通过多年的实践和思考，自主开发了供应商数字化集成管理系统。该系统保证供应商深化设计技术资料、质量证明文件的合规性和及时性，以及交付过程管理高效清晰。在运维期的台账管理、特种设备管理、主数据管理、设备检维修、设备仿真等场景下发挥重要价值。

（3）协同施工数字化交付能力。SEI 通过工程设计与施工深化设计协同，使现场管道施工按照项目数字化交付的目标持续交付。通过多年的实践和思考，自主开发了管道施工管理系统，该系统以项目管道施工全过程管理为主线：向前，结合管道三维模型深化集成管道施工设计；过程中，对所有焊口的作业信息准确记录，采集施工过程数据，管理项目施工信息，有效监控施工焊接进度和质量，提高施工现场各作业单位之间协同工作效率；向后，面向数字化交付，实现管道专业施工数据和文档的自动移交。

（4）赋能工程建设管理。基于数字化交付三维模型和 IDF 模型文件，实现三维模型多方协同审查、界区界面模型管理、管道施工管理、施工进度可视化等应用，为工程建设期管理赋能。

（5）赋能生产准备。设计及供货商数据交付为压力管道、压力容器、特种设备向行业监管部门报检报验提供高效的数据支撑，有助于提升设备管理、检维修管理以及公司与监管部门的沟通效率。通过数字化交付成果，自动生成实物移交清单，辅助工程项目管理部门进行实物资产移交，节省大量转资工作的人工时。

（6）赋能智能工厂。利用数字化交付数据、模型为生产应用系统提供重要支撑，减少安全隐患，助力本质安全，辅助操作人员快速事故处置，降低事故损失。数字化交付模型与现场实时数据联动，实现内外操联动，提升巡检、维修效率，提升工厂操作安全性。交付的设备三维模型集成设计、制造、安装、运行、维修等数据，实现集中、直观的全寿命周期数据管理和高效的检维修培训，提高设备管理效率和操作人员设备认知水平。

5. 数字化人才激励及文化重塑

SEI将数字化转型深刻融入企业文化，从企业层面自上至下加强员工对于数字化的认知，使其具备数字素养和变革意识。通过历届新员工的集中数字化培训，为公司数字化转型播下人才的种子，利用宣传和学习平台等，鼓励员工拓展数字化、智能化背景知识、挖掘新一代信息技术在石化领域的应用场景，通过业务与数字化跨界融合，培育新一代"数字化员工"，促进其适应数字经济新环境。

在数字化人才激励方面，通过科技大赛、揭榜挂帅、科研立题、创新活动等渠道为数字化、智能化领域开辟新通道，为数字化人才提供创新空间。建立职称破格提升机制和薪酬激励机制，建立与其创造价值相适应的薪酬激励体系，激发大家干事创新的活力。

案例 6：打通短期痛点，创造长效价值
——启迪设计集团股份有限公司

戴雅萍

启迪设计集团股份有限公司董事长

启迪设计集团股份有限公司（以下简称启迪设计）是一家以覆盖人居环境全过程的投融资、咨询、设计、建造、运维等多元化全产业链集成服务为核心，以"全过程咨询+工程建设管理+双碳新能源+城市更新+数字科技"五大板块为支撑的城乡建设科技集团。启迪设计具备包括建筑行业甲级在内的多项甲级资质和施工资质，是国家高新技术企业、中国十大民营工程设计企业、国家首批装配式建筑示范产业基地、国家全过程工程咨询试点企业。

1. 数字化建设的痛点和堵点

（1）观念转变：启迪设计数字化建设起步较早，不论是十年前开始推行协同设计，还是七年前搭建业财一体化的 ERP 系统，在实施过程中使用者习惯的改变和观念的转变都是一大难点。尤其在当前设计周期短、工作强度高的情形下，设计人员对既有工作流和工作模式产生了强烈的惯性依赖，对新事物、新流程本能的排斥和抵触成为推动企业数字化转型的障碍之一。

（2）数据分析：设计企业的数字化转型的重要目标之一，是对设计过程中产生的海量信息进行有效的采集、清洗，提取出有价值的数据进行结构化分析，进而得出对企业经营生产有指导意义的结论。然而设计企业却很难在市场上招聘到既能够深度理

解业务,又具备数据分析能力的专业人员,即便有也很难为其提供职业发展的良性土壤。而从内部培育又跟不上公司数字化转型的需求。这也成为企业数字化转型的另一个痛点。

(3)创新投入:设计企业的数字化转型是一个长期持续的过程,数字化转型不仅需要对传统业务赋能,更需要开发创新业务。对创新业务的研发投入理应长期持续。然而设计业务逐年下降的利润率很难支持大量的创新研发投入,并且投入是否一定产生收益存在极大不确定性。这也造成了公司数字化转型的痛点。

2. "十四五"时期数字化转型的重点工作设想及具体推进策略

按照启迪设计的"十四五"战略规划,未来三年公司将着力打造设计咨询、工程建设与管理、双碳新能源、城市更新以及数字化五大业务板块的新格局。具体到数字化转型方面,将围绕以下几方面开展工作:

(1)成立数字科技事业部,一方面稳固提升传统的BIM咨询能力,赋能主营设计业务,一方面探索基于城市场景的数字孪生业务,探索新的业务类型和商业模式。

(2)在城市更新的语境下,充分挖掘数字技术应用场景,扩大数字科技应用范围。通过与高校院所的合作,运用数字技术开展城市体检,以城市体检引导城市更新。

(3)充分发挥集团各参股公司的资源优势,加强技术整合与业务协同,重点关注AI设计的技术发展动向,推动公司数字化转型发展。

3. 已有数字化、智慧化实践带来的收益

设计企业数字化转型产生收益需要经历长期的过程,并非立竿见影。例如:启迪设计在部署协同设计平台后,通过几年的磨合,最终实现成熟数字产品的交付。在此基础上通过电子签章最终实现了无底图出图,该技术改进为公司每年减少近百万元的硫酸纸打印成本,这是显性的经济效益。同时协同设计、BIM技术等提升设计效率和设计质量,为公司赢得良好声誉,这是隐性的经济和社会效益。

智能化方面,公司目前正在建设自己的总部大楼,依托启迪设计大厦的后期运营,打造具有自主知识产权的智慧楼宇运维平台。新总部大楼落成后,该平台将成为展示启迪设计智慧楼宇建设的重要载体,将产生显著的社会效益和经济效益。

4. BIM 全过程交付能力及已有的数字化能力赋能价值

启迪设计集团从 2010 年开始进行 BIM 应用，2013 年成立独立的 BIM 设计研究中心，通过十年的发展完善，已具备 BIM 正向设计、BIM 全过程咨询、BIM/CIM 平台开发部署的全过程交付能力。已有的数字化能力对传统设计业务的赋能价值表现在：

（1）优化设计方案，尤其在空间比较复杂或参数化异形体项目中，通过数字化技术的分析模拟，能更好地帮助设计团队找到最优的设计解决方案。

（2）减少施工图中的错漏，施工图错漏会对项目的成本、质量及进度计划带来很大的负面影响，通过在数字化技术赋能，各专业在高度协同的设计过程中能有效地减少设计错漏，提高施工图质量。

（3）提高客户参与度，数字化尤其是 BIM 技术有很好的可视化能力，能使业主在非专业背景下很好地参与到设计过程中，增进业主对项目的理解，提高各方沟通交流及决策的效率。

（4）支撑设计阶段外的业务拓展，在以设计牵头的 EPC、全过程咨询项目中，数字化技术能很好地联通各阶段的数据传递，能对项目全过程整体管控提供很好的技术支撑。

5. 对行业主管部门助力数字化建设的建议

（1）打通产业链上下游的数据孤岛，政府主管部门牵头制定建筑业数字产品的交付标准及接口标准，探索将数字技术在设计阶段的成果沿用到建造和运维阶段的实施路径。

（2）设计院完成全数字化的三维产品后，在报批报建的过程中，仍面临制度机制的障碍。建议职能部门需制定与数字技术相匹配的审查审批流程和技术要求。

（3）在有明确标准要求的前提下，对数字化成果的审查、监管、后评估是促进数字化建设有效落地的重要措施，此部分工作需要行业主管部门从体制机制、专业人员等方面综合考量。

第六篇　总结与展望

当前，新一轮科技革命和产业变革正在重塑全球经济结构。而新一轮科技革命有两个基本特征，在技术形态层面体现为数字技术和人工智能，在产业形态层面体现为数字经济。就工程勘察设计行业而言，怎么把握新一轮科技革命的历史机遇，借助数字技术加快实现行业的转型升级，是很重要的课题。

总结全书观点，数字经济与工程勘察设计行业深度融合将催生新的变革——数字化转型，转型成功的关键在于转型路径的逐步进阶和数字技术的重点支撑。通过这两大方向实现工程勘察设计行业网络化、智能化、信息化发展，工业化、集成化水平进一步提升，最终建立起更加开放、共生、互赢的行业新生态。

在转型路径方面，工程勘察设计行业数字化转型的驱动力主要来自于政策环境的巨大变化、客户需求的不断升级、竞争对手的持续压力，技术能力的不断创新优化，管理思维的系统升级和员工成长的自我驱动等。并且，可以通过点（岗位作业层）、线（项目管理层）、面（企业运营层数字化）、体（集团生态层数字化）四位一体的转型体系建设实现全业务、全系统、全员的数字化演进。如果站在工程勘察设计企业生存和发展的角度而言，在行业数字化转型升级中要想赢得先机，必须勾勒出清晰的战略路线，可以围绕总体设计形成架构蓝图、宣贯动员提升数字素养、试点示范打造样板工程、价值传播形成品牌效应、规模复制完善机制体制五个环节逐步递进深化，推动业务的增长和创新，重塑行业新价值。

在数字技术方面，BIM 技术和"云、大、物、移、智"等新型信息技术的高速发展使得数字技术成为工程勘察设计行业数字化转型的重要支撑与核心驱动，自主可控的 BIM 技术将进一步推动建筑工程全生命周期数字化应用。行业数字化转型可以通过数字化基础平台、数字化设计和智能设计、多参与方数字化云协同、数字化标准与共享资源库、数智中台、EPC 项目全生命周期管理等多维度展开。在规划和设计阶段通过 BIM 实现协同设计，在施工阶段借助 BIM 仿真排除现场问题，在运维阶段借助 BIM 进行智能化管理决策。

世界已迈进数字经济时代，实现工程勘察设计行业的高质量发展，数字化转型升级是必由之路。数字技术已经带来生产力、生产关系的迭代升级，也必将成为推动行业数字化转型的核心引擎。在此背景下，处于工程勘察设计行业中的所有个体、单位、企业亟须一手抓技术的创新迭代，一手制定顶层战略，将远景目标进行分解，自上而下稳步推进。数字化转型需要全行业凝心聚力，携手共创，打通信息孤岛，形成上中下游全产业链的高质量发展，重塑产业新格局，步入数字化新时代。

附 录

附录 A
勘察设计行业数字化全国政策文件汇总

勘察设计行业数字化全国政策文件汇总

序号	适用范围	发布日期	发文机构	文件名称	重点内容
1	全国	2021年3月13日	全国人大常委会	《中华人民共和国国民经济和社会发展第十四个五年规划和2035年远景目标纲要》	中华人民共和国国民经济和社会发展第十四个五年（2021—2025年）规划和2035年远景目标纲要，根据《中共中央关于制定国民经济和社会发展第十四个五年规划和二〇三五年远景目标的建议》编制，主要阐明国家战略意图，明确政府工作重点，引导规范市场主体行为，是我国开启全面建设社会主义现代化国家新征程的宏伟蓝图，是全国各族人民共同的行动纲领
2	全国	2022年1月12日	国务院	《"十四五"数字经济发展规划》	数字经济是继农业经济、工业经济之后的主要经济形态，是以数据资源为关键要素，以现代信息网络为主要载体，以信息通信技术融合应用、全要素数字化转型为重要推动力，促进公平与效率更加统一的新经济形态。数字经济发展速度之快、辐射范围之广、影响程度之深前所未有，正推动生产方式、生活方式和治理方式深刻变革，成为重组全球要素资源、重塑全球经济结构、改变全球竞争格局的关键力量。"十四五"时期，我国数字经济转向深化应用、规范发展、普惠共享的新阶段。为应对新形势新挑战，把握数字化发展新机遇，拓展经济发展新空间，推动我国数字经济健康发展，依据《中华人民共和国国民经济和社会发展第十四个五年规划和2035年远景目标纲要》，制定本规划
3	全国	2022年5月9日	住房和城乡建设部	《"十四五"工程勘察设计行业发展规划》	为指导和促进"十四五"时期工程勘察设计行业高质量发展，根据《中华人民共和国国民经济和社会发展第十四个五年规划和2035年远景目标纲要》，我部组织编制了《"十四五"工程勘察设计行业发展规划》
4	全国	2022年1月19日	住房和城乡建设部	《"十四五"建筑业发展规划》	为指导和促进"十四五"时期建筑业高质量发展，根据《中华人民共和国国民经济和社会发展第十四个五年规划和2035年远景目标纲要》，我部组织编制了《"十四五"建筑业发展规划》
5	全国	2022年3月1日	住房和城乡建设部	《"十四五"建筑节能与绿色建筑发展规划》	为进一步提高"十四五"时期建筑节能水平，推动绿色建筑高质量发展，依据《中华人民共和国国民经济和社会发展第十四个五年规划和2035年远景目标纲要》《中共中央 国务院关于完整准确全面贯彻新发展理念做好碳达峰碳中和工作的意见》《中共中央办公厅 国务院办公厅关于推动城乡建设绿色发展的意见》等文件，制定本规划

续表

序号	适用范围	发布日期	发文机构	文件名称	重点内容
6	全国	2021年6月1日	住房和城乡建设部	《城市信息模型（CIM）基础平台技术导则》	为贯彻落实党中央、国务院关于建设网络强国、数字中国、智慧社会的战略部署，指导各地开展城市信息模型（CIM）基础平台建设，推进智慧城市建设，我部总结试点工作经验做法，制定了《城市信息模型（CIM）基础平台技术导则》
7	全国	2020年8月21日	国务院国资委办公厅	《关于加快推进国有企业数字化转型工作的通知》	为贯彻落实习近平总书记关于推动数字经济和实体经济融合发展的重要指示精神，落实党中央、国务院关于推动新一代信息技术与制造业深度融合，打造数字经济新优势等决策部署，促进国有企业数字化、网络化、智能化发展，增强竞争力、创新力、控制力、影响力、抗风险能力，提升产业基础能力和产业链现代化水平，就加快推进国有企业数字化转型工作的有关事项通知
8	全国	2020年7月3日	（13部门）住房和城乡建设部、国家发展改革委、科技部、工业和信息化部、人力资源社会保障部、生态环境部、交通运输部、水利部、税务总局、市场监管总局、银保监会、铁路局、民航局	《住房和城乡建设部等部门关于推动智能建造与建筑工业化协同发展的指导意见》	建筑业是国民经济的支柱产业，为我国经济持续健康发展提供了有力支撑。但建筑业生产方式仍然比较粗放，与高质量发展要求相比还有很大差距。为推进建筑工业化、数字化、智能化升级，加快建造方式转变，推动建筑业高质量发展，制定本指导意见
9	全国	2020年4月8日	住房和城乡建设部	《住房和城乡建设部工程质量安全监管司2020年工作要点》	2020年，工程质量安全监管工作以习近平新时代中国特色社会主义思想为指导，全面贯彻党的十九大和十九届二中、三中、四中全会精神，深入贯彻落实习近平总书记对住房和城乡建设工作的重要指示批示精神，坚决贯彻落实党中央、国务院重大决策部署，按照全国住房和城乡建设工作会议部署，以建筑工程品质提升为主线，以建筑施工安全为底线，以技术进步为支撑，统筹做好疫情防控和工程质量安全监管工作，持续完善工程质量安全保障体系，推进工程质量安全治理体系和治理能力现代化
10	全国	2020年8月11日	住房和城乡建设部	《关于加快推进新型城市基础设施建设的指导意见》	为贯彻落实党中央、国务院关于实施扩大内需战略、加强新型基础设施和新型城镇化建设的决策部署，加快推进基于信息化、数字化、智能化的新型城市基础设施建设，以"新城建"对接新型基础设施建设，引领城市转型升级，推进城市现代化，提出建议
11	全国	2022年7月7日	住房和城乡建设部	《"十四五"全国城市基础设施建设规划》	根据《中华人民共和国国民经济和社会发展第十四个五年规划和2035年远景目标纲要》有关要求，按照党中央、国务院决策部署，住房和城乡建设部、国家发展改革委会同相关部门编制了《"十四五"全国城市基础设施建设规划》

附录 A　勘察设计行业数字化全国政策文件汇总

续表

序号	适用范围	发布日期	发文机构	文件名称	重点内容
12	全国	2022年7月6日	（16部门）市场监管总局、网信办、发展改革委、科技部、工业和信息化部、公安部、民政部、住房城乡建设部、交通运输部、农业农村部、商务部、卫生健康委、应急管理部、人民银行、国资委、全国工商联	《贯彻实施〈国家标准化发展纲要〉行动计划》	为贯彻实施《国家标准化发展纲要》，明确2023年年底前重点工作，有序推进任务落实，更好发挥标准化在推进国家治理体系和治理能力现代化中的基础性、引领性作用，制定本行动计划
13	全国	2022年6月21日	国家发展改革委	《"十四五"新型城镇化实施方案》	为深入贯彻《中华人民共和国国民经济和社会发展第十四个五年规划和2035年远景目标纲要》和《国家新型城镇化规划（2021—2035年）》，坚持走以人为本、四化同步、优化布局、生态文明、文化传承的中国特色新型城镇化道路，明确"十四五"时期深入推进以人为核心的新型城镇化战略的目标任务和政策举措，制定本实施方案
14	全国	2022年5月10日	（9部门）民政部、中央政法委、中央网信办、发展改革委、工业和信息化部、公安部、财政部、住房城乡建设部、农业农村部	《关于深入推进智慧社区建设的意见》	智慧社区是充分应用大数据、云计算、人工智能等信息技术手段，整合社区各类服务资源，打造基于信息化、智能化管理与服务的社区治理新形态。为充分运用现代信息技术，不断提升城乡社区治理服务智慧化、智能化水平，根据《中共中央 国务院关于加强基层治理体系和治理能力现代化建设的意见》《国务院办公厅关于印发〈"十四五"城乡社区服务体系建设规划〉的通知》等文件要求，就推进智慧社区建设提出意见
15	全国	2021年12月28日	中央网络安全和信息化委员会	《"十四五"国家信息化规划》	本规划依据《中华人民共和国国民经济和社会发展第十四个五年规划和2035年远景目标纲要》《国家信息化发展战略纲要》等制定，是"十四五"国家规划体系的重要组成部分，是指导"十四五"期间各地区、各部门信息化工作的行动指南。把基础能力、战略前沿、民生保障等摆在了优先位置，确定了全民数字素养与技能提升、企业数字能力提升、前沿数字技术突破、数字贸易开放合作、基层智慧治理能力提升、绿色智慧生态文明建设、数字乡村发展、数字普惠金融服务、公共卫生应急数字化建设、智慧养老服务拓展10项优先行动
16	全国	2021年12月28日	国务院	《"十四五"节能减排综合工作方案》	为认真贯彻落实党中央、国务院重大决策部署，大力推动节能减排，深入打好污染防治攻坚战，加快建立健全绿色低碳循环发展经济体系，推进经济社会发展全面绿色转型，助力实现碳达峰、碳中和目标，制定本方案

续表

序号	适用范围	发布日期	发文机构	文件名称	重点内容
17	全国	2021年11月15日	工业和信息化部	《"十四五"工业绿色发展规划》	以习近平新时代中国特色社会主义思想为指导，全面贯彻党的十九大和十九届二中、三中、四中、五中、六中全会精神，深入贯彻习近平生态文明思想，立足新发展阶段，完整、准确、全面贯彻新发展理念，构建新发展格局，落实制造强国、网络强国战略，以推动高质量发展为主题，以供给侧结构性改革为主线，以碳达峰碳中和目标为引领，以减污降碳协同增效为总抓手，统筹发展与绿色低碳转型，深入实施绿色制造，加快产业结构优化升级，大力推进工业节能降碳，全面提高资源利用效率，积极推行清洁生产改造，提升绿色低碳技术、绿色产品、服务供给能力，构建工业绿色低碳转型与工业赋能绿色发展相互促进、深度融合的现代化产业格局，支撑碳达峰碳中和目标任务如期实现
18	全国	2021年10月24日	国务院	《2030年前碳达峰行动方案》	为深入贯彻落实党中央、国务院关于碳达峰、碳中和的重大战略决策，扎实推进碳达峰行动，制定本方案
19	全国	2021年10月21日	中共中央办公厅、国务院办公厅	《关于推动城乡建设绿色发展的意见》	城乡建设是推动绿色发展、建设美丽中国的重要载体。党的十八大以来，我国人居环境持续改善，住房水平显著提高，同时仍存在整体性缺乏、系统性不足、宜居性不高、包容性不够等问题，大量建设、大量消耗、大量排放的建设方式尚未根本扭转。为推动城乡建设绿色发展，提出意见
20	全国	2021年10月10日	中共中央、国务院	《国家标准化发展纲要》	标准是经济活动和社会发展的技术支撑，是国家基础性制度的重要方面。标准化在推进国家治理体系和治理能力现代化中发挥着基础性、引领性作用。新时代推动高质量发展、全面建设社会主义现代化国家，迫切需要进一步加强标准化工作。为统筹推进标准化发展，制定本纲要
21	全国	2021年6月30日	住房和城乡建设部	《历史建筑数字化技术标准》	现批准《历史建筑数字化技术标准》为行业标准，编号为JGJ/T 489—2021，自2021年10月1日起实施
22	全国	2021年4月16日	住房和城乡建设部	《关于加快发展数字家庭提高居住品质的指导意见》	数字家庭是以住宅为载体，利用IoT、云计算、大数据、移动通信、人工智能等新一代信息技术，实现系统平台、家居产品的互联互通，满足用户信息获取和使用的数字化家庭生活服务系统。近年来，信息技术发展迅速，数字家庭的功能和服务内容不断扩充，但还存在发展不平衡、住宅和社区配套设施智能化水平不高、产品系统互联互通不够等问题。为落实党中央、国务院扩大内需和发展数字经济战略决策部署，加快发展数字家庭，提高居住品质，改善人居环境，提出意见

附录 A　勘察设计行业数字化全国政策文件汇总

续表

序号	适用范围	发布日期	发文机构	文件名称	重点内容
23	全国	2021年1月8日	住房和城乡建设部	《绿色建筑标识管理办法》	为规范绿色建筑标识管理，促进绿色建筑高质量发展，根据《中共中央 国务院关于进一步加强城市规划建设管理工作的若干意见》和《国民经济和社会发展第十三个五年（2016—2020年）规划纲要》《中共中央关于制定国民经济和社会发展第十四个五年规划和二〇三五年远景目标的建议》要求，制定本办法
24	全国	2020年9月21日	国务院办公厅	《国务院办公厅关于以新业态新模式引领新型消费加快发展的意见》	近年来，我国以网络购物、移动支付、线上线下融合等新业态新模式为特征的新型消费迅速发展，特别是今年新冠肺炎疫情发生以来，传统接触式线下消费受到影响，新型消费发挥了重要作用，有效保障了居民日常生活需要，推动了国内消费恢复，促进了经济企稳回升。但也要看到，新型消费领域发展还存在基础设施不足、服务能力偏弱、监管规范滞后等突出短板和问题。在常态化疫情防控条件下，为着力补齐新型消费短板、以新业态新模式为引领加快新型消费发展，经国务院同意，提出意见
25	全国	2020年8月28日	（9部门）住房和城乡建设部、教育部、科技部、工业和信息化部、自然资源部、生态环境部、中国人民银行、国家市场监督管理总局、中国银行保险监督管理委员会	《住房和城乡建设部等部门关于加快新型建筑工业化发展的若干意见》	为全面贯彻新发展理念，推动城乡建设绿色发展和高质量发展，以新型建筑工业化带动建筑业全面转型升级，打造具有国际竞争力的"中国建造"品牌，提出意见
26	全国	2020年7月15日	（7部门）住房和城乡建设部、国家发展改革委、教育部、工业和信息化部、人民银行、国管局、银保监会	《绿色建筑创建行动方案》	为贯彻落实习近平生态文明思想和党的十九大精神，依据《国家发展改革委关于印发〈绿色生活创建行动总体方案〉的通知》（发改环资〔2019〕1696号）要求，决定开展绿色建筑创建行动。到2022年，城镇新建建筑中绿色建筑面积占比达到70%，未来将绿色建筑基本要求纳入工程建设强制规范，提高建筑建设底线控制水平。推动绿色建筑标准实施，加强设计、施工和运行管理
27	全国	2020年4月3日	国家发展改革委	《2020年新型城镇化建设和城乡融合发展重点任务》	实施新型智慧城市行动，完善城市数字化管理平台和感知系统，打通社区末端、织密数据网格，整合卫生健康、公共安全、应急管理、交通运输等领域信息系统和数据资源，深化政务服务"一网通办"、城市运行"一网统管"，支撑城市健康高效运行和突发事件快速智能响应

续表

序号	适用范围	发布日期	发文机构	文件名称	重点内容
28	全国	2019年10月29日	国家发展改革委	《绿色生活创建行动总体方案》	为贯彻落实习近平生态文明思想和党的十九大精神，在全社会开展绿色生活创建行动，制定本方案。通过开展节约型机关、绿色家庭、绿色学校、绿色社区、绿色出行、绿色商场、绿色建筑等创建行动，广泛宣传推广简约适度、绿色低碳、文明健康的生活理念和生活方式，建立完善绿色生活的相关政策和管理制度，推动绿色消费，促进绿色发展
29	全国	2019年10月30日	国家发展改革委	《产业结构调整指导目录（2019年本）》	将"节能建筑、绿色建筑、装配式建筑技术、产品的研发与推广""建筑信息模型（BIM）相关技术开发与应用"等先进建筑设计、研发、生产技术列为重点鼓励类技术开发项目
30	全国	2019年7月2日	国家互联网信息办公室、国家发展和改革委员会、工业和信息化部、财政部	《云计算服务安全评估办法》	为提高党政机关、关键信息基础设施运营者采购使用云计算服务的安全可控水平，国家互联网信息办公室、国家发展和改革委员会、工业和信息化部、财政部制定了《云计算服务安全评估办法》，现予以发布
31	全国	2019年7月4日	住房和城乡建设部	《装配式混凝土建筑技术体系发展指南（居住建筑）》	为贯彻落实《国务院办公厅关于大力发展装配式建筑的指导意见》（国办发〔2016〕71号），深入指导装配式混凝土居住建筑技术体系发展，进一步推动装配式建筑产业化，我们组织编制了《装配式混凝土建筑技术体系发展指南（居住建筑）》，现予以发布
32	全国	2019年3月26日	国务院办公厅	《国务院办公厅关于全面开展工程建设项目审批制度改革的实施意见》	工程建设项目审批制度改革是党中央、国务院在新形势下作出的重大决策，是推进政府职能转变和深化"放管服"改革、优化营商环境的重要内容。2018年5月工程建设项目审批制度改革试点开展以来，试点地区按照国务院部署，对工程建设项目审批制度实施了全流程、全覆盖改革，基本形成统一的审批流程、统一的信息数据平台、统一的审批管理体系和统一的监管方式。经国务院同意，就全面开展工程建设项目审批制度改革提出意见
33	全国	2019年3月15日	国家发展和改革委员会、住房和城乡建设部	《关于推进全过程工程咨询服务发展的指导意见》	为深化投融资体制改革，提升固定资产投资决策科学化水平，进一步完善工程建设组织模式，提高投资效益、工程建设质量和运营效率，根据中央城市工作会议精神及《中共中央 国务院关于深化投融资体制改革的意见》（中发〔2016〕18号）、《国务院办公厅关于促进建筑业持续健康发展的意见》（国办发〔2017〕19号）等要求，就在房屋建筑和市政基础设施领域推进全过程工程咨询服务发展提出意见

附录 A 勘察设计行业数字化全国政策文件汇总

续表

序号	适用范围	发布日期	发文机构	文件名称	重点内容
34	全国	2019年3月13日	住房和城乡建设部	《绿色建筑评价标准》	现批准《绿色建筑评价标准》为国家标准，编号为GB/T 50378—2019，自2019年8月1日起实施。原《绿色建筑评价标准》GB/T 50378—2014同时废止。总结近年来我国绿色建筑方面的实践经验和研究成果，借鉴国际先进经验制定的绿色建筑综合评价标准。将标准适用范围由住宅建筑和公共建筑中的办公建筑、商场建筑和旅馆建筑，扩展至各类民用建筑。丰富评价体系，调整评价方法，实现多目标、多层次评价标准
35	全国	2019年2月18日	中共中央、国务院	《粤港澳大湾区发展规划纲要》	指出2022年国际一流湾区和世界级城市群框架基本形成，2035年形成以创新为主要支撑的经济体系和发展模式。强调推进新型智慧城市试点示范和珠三角地区国家大数据综合试验区建设
36	全国	2019年1月24日	自然资源部办公厅	《智慧城市时空大数据平台建设技术大纲（2019版）》	习近平总书记在党的十九大报告中提出，推动互联网、大数据、人工智能和实体经济深度融合，建设数字中国、智慧社会。城市是社会发展最活跃的地区，因此智慧城市建设是建设智慧社会的重要组成部分，而时空大数据平台是智慧城市建设与运行的基础支撑。为进一步做好智慧城市时空大数据平台建设，我部修订完成了《智慧城市时空大数据平台建设技术大纲（2019版）》
37	全国	2018年11月23日	住房和城乡建设部	《贯彻落实推进城市安全发展意见实施方案》	为贯彻落实《中共中央办公厅 国务院办公厅印发〈关于推进城市安全发展的意见〉》的通知，做好住房城乡建设系统推进城市安全发展工作，制定本方案。四（10）推动装配式建筑、绿色建筑、建筑节能、建筑信息模型（BIM）技术、大数据在建设工程中的应用，推动新型智慧城市建设
38	全国	2017年12月14日	工业和信息化部	《促进新一代人工智能产业发展三年行动计划（2018—2020年）》	为贯彻落实《中国制造2025》和《新一代人工智能发展规划》，加快人工智能产业发展，推动人工智能和实体经济深度融合，制定《促进新一代人工智能产业发展三年行动计划（2018—2020）》
39	全国	2017年7月8日	国务院	《新一代人工智能发展规划》	人工智能的迅速发展将深刻改变人类社会生活、改变世界。为抢抓人工智能发展的重大战略机遇，构筑我国人工智能发展的先发优势，加快建设创新型国家和世界科技强国，按照党中央、国务院部署要求，制定本规划

续表

序号	适用范围	发布日期	发文机构	文件名称	重点内容
40	全国	2017年6月16日	工业和信息化部办公厅	《关于全面推进移动物联网（NB-IoT）建设发展的通知》	建设广覆盖、大连接、低功耗移动物联网（NB-IoT）基础设施、发展基于NB-IoT技术的应用，有助于推进网络强国和制造强国建设，促进"大众创业、万众创新"和"互联网+"发展。为进一步夯实物联网应用基础设施，推进NB-IoT网络部署和拓展行业应用，加快NB-IoT的创新和发展，就有关事项通知
41	全国	2017年5月4日	住房和城乡建设部	《建筑业发展"十三五"规划》	为指导和促进"十三五"时期建筑业持续健康发展，根据《中华人民共和国国民经济和社会发展第十三个五年规划纲要》《国务院办公厅关于促进建筑业持续健康发展的意见》（国办发〔2017〕19号）和《住房城乡建设事业"十三五"规划纲要》，我部组织编制了《建筑业发展"十三五"规划》
42	全国	2017年5月2日	住房和城乡建设部	《工程勘察设计行业发展"十三五"规划》	为贯彻落实《中共中央 国务院关于进一步加强城市规划建设管理工作的若干意见》《国务院办公厅关于促进建筑业持续健康发展的意见》，进一步明确"十三五"时期工程勘察设计行业发展的指导思想、目标和主要任务，推进完善市场机制，促进行业科技进步，保障勘察设计质量，引导企业转型发展，加强行业协会作用，促进行业持续健康发展，依据国民经济和社会发展"十三五"规划、住房城乡建设事业"十三五"规划，特编制本规划
43	全国	2017年2月24日	国务院办公厅	《关于促进建筑业持续健康发展的意见》	为贯彻落实《中共中央 国务院关于进一步加强城市规划建设管理工作的若干意见》，进一步深化建筑业"放管服"改革，加快产业升级，促进建筑业持续健康发展，为新型城镇化提供支撑，经国务院同意，提出意见
44	全国	2016年12月27日	国务院	《"十三五"国家信息化规划》	该规划提出，到2018年，分级分类建设100个新型示范性智慧城市；到2020年，新型智慧城市建设取得卓著成效。通过新一代信息化技术，提升管理者对城市各类信息的感知能力、分析能力和处理能力，并进一步提供有针对性的新服务和新模式
45	全国	2016年7月27日	中共中央办公厅、国务院办公厅	《国家信息化发展战略纲要》	本战略纲要是根据新形势对《2006—2020年国家信息化发展战略》的调整和发展，是规范和指导未来10年国家信息化发展的纲领性文件，是国家战略体系的重要组成部分，是信息化领域规划、政策制定的重要依据
46	全国	2016年9月19日	住房和城乡建设部	《2016—2020年建筑业信息化发展纲要》	为贯彻落实《中共中央 国务院关于进一步加强城市规划建设管理工作的若干意见》及《国家信息化发展战略纲要》，进一步提升建筑业信息化水平，我部组织编制了《2016—2020年建筑业信息化发展纲要》

附录 A　勘察设计行业数字化全国政策文件汇总

续表

序号	适用范围	发布日期	发文机构	文件名称	重点内容
47	全国	2015 年 12 月 22 日	国务院	《中央城市工作会议》	要提升规划水平，增强城市规划的科学性和权威性；要提升建设水平，加强城市地下和地上基础设施建设，建设海绵城市，加快棚户区和危房改造，有序推进老旧住宅小区综合整治，力争到 2020 年基本完成现有城镇棚户区、城中村和危房改造，推进城市绿色发展，提高建筑标准和工程质量，高度重视建筑节能
48	全国	2015 年 6 月 16 日	住房和城乡建设部	《关于推进建筑信息模型应用的指导意见》	为贯彻《关于印发 2011—2015 年建筑业信息化发展纲要的通知》（建质〔2011〕67 号）和《住房城乡建设部关于推进建筑业发展和改革的若干意见》（建市〔2014〕92 号）的有关工作部署，就推进建筑信息模型（Building Information Modeling，简称 BIM）的应用提出意见
49	全国	2015 年 4 月 25 日	中共中央、国务院	《关于加快推进生态文明建设的意见》	坚持以人为本、依法推进，坚持节约资源和保护环境的基本国策，把生态文明建设放在突出的战略位置，融入经济建设、政治建设、文化建设、社会建设各方面和全过程，协同推进新型工业化、信息化、城镇化、农业现代化和绿色化，以健全生态文明制度体系为重点，优化国土空间开发格局，全面促进资源节约利用，加大自然生态系统和环境保护力度，大力推进绿色发展、循环发展、低碳发展，弘扬生态文化，倡导绿色生活，加快建设美丽中国，使蓝天常在、青山常在、绿水常在，实现中华民族永续发展

附录 B
勘察设计行业数字化地方政策文件汇总（部分）

勘察设计行业数字化地方政策文件汇总（部分）

序号	适用范围	发布日期	发文机构	文件名称	重点内容
1	北京	2022年3月14日	北京市人民政府	《北京市"十四五"时期城市管理发展规划》	本规划主要依据《北京城市总体规划（2016年—2035年）》《首都功能核心区控制性详细规划（街区层面）（2018年—2035年）》《北京城市副中心控制性详细规划（街区层面）（2016年—2035年）》《北京市国民经济和社会发展第十四个五年规划和二〇三五年远景目标纲要》《中共北京市委北京市人民政府关于加强城市精细化管理工作的意见》等有关文件制定，是"十四五"时期首都城市管理工作的行动纲领
2	北京	2021年3月5日	北京市大数据工作推进小组	《北京市"十四五"时期智慧城市发展行动纲要》	为加快推动"十四五"时期北京智慧城市发展，依据《北京城市总体规划（2016年—2035年）》等要求，助推"两区"建设，结合北京市实际情况，特制定本纲要
3	北京	2022年8月18日	北京市住房和城乡建设委员会	《北京市"十四五"时期建筑业发展规划》	为抓住数字信息技术变革机遇，不断适应行业发展新需求，加快建筑业产业现代化步伐，应对各类风险挑战，推动首都建筑业高质量发展，圆满完成北京城市建设任务，为建设国际一流和谐宜居之都作出应有贡献，特制定《北京市"十四五"时期建筑业发展规划》
4	天津	2021年8月19日	天津市人民政府	《天津市加快数字化发展三年行动方案（2021—2023年）》	为深入贯彻落实习近平总书记关于建设网络强国、数字中国的重要论述，顺应数字时代发展潮流，推进本市全方位数字化发展，提升核心竞争力，构筑未来竞争新优势，制定本行动方案
5	天津	2021年4月29日	天津市住房和城乡建设委员会	《天津市绿色建筑发展"十四五"规划》	加快推进绿色建筑、装配式建筑、建筑节能等领域体制机制创新升级，推进技术创新和制度创新，强化产业基地生产能力，高标准、高质量推进天津市绿色建筑和装配式建筑工作，推动建筑业转型升级和可持续发展，全面减少建筑领域碳排放，努力建设生态低碳型美丽天津
6	上海市	2022年3月18日	上海市人民政府办公厅	《上海城市数字化转型标准化建设实施方案》	为深入贯彻中共中央、国务院印发的《国家标准化发展纲要》，落实加快数字化发展、建设数字中国的战略部署，按照本市《关于全面推进上海城市数字化转型的意见》和《上海市全面推进城市数字化转型"十四五"规划》，推进上海城市数字化转型标准化建设，制订本实施方案

附录 B 勘察设计行业数字化地方政策文件汇总（部分）

续表

序号	适用范围	发布日期	发文机构	文件名称	重点内容
7	上海市	2021年10月24日	上海市人民政府办公厅	《上海市全面推进城市数字化转型"十四五"规划》	全面推进城市数字化转型，是践行"人民城市人民建，人民城市为人民"重要理念，巩固提升城市核心竞争力和软实力的关键之举。根据《上海市国民经济和社会发展第十四个五年规划和二〇三五年远景目标纲要》《关于全面推进上海城市数字化转型的意见》，制定本规划
8	上海市	2021年11月3日	上海市住房和城乡建设管理委员会	《上海市绿色建筑"十四五"规划》	以"创新、协调、绿色、开放、共享"新发展理念为引领，落实"以人民为中心"的新时期绿色建筑核心发展思想，以提升人民群众对高品质生活的获得感为出发点，以推动绿色建筑的高质量发展为主线，遵循城市发展规律，聚焦区域自身特点，促进绿色建筑提质增效，营造健康、智慧的城市环境，持续优化宜居宜业的城市格局，提升城市软实力，助力"创新之城、人文之城、生态之城"的建设
9	重庆市	2021年12月31日	重庆市住房和城乡建设委员会	《重庆市绿色建筑"十四五"规划（2021—2025年）》	为深入贯彻重庆市绿色建筑创建行动，落实碳达峰碳中和目标，进一步推动城乡建设绿色发展，市住房城乡建委组织编制。《规划》作为指导我市"十四五"期间绿色建筑工作的纲领性文件，结合我市绿色建筑发展现状，提出了工作的指导思想、基本原则、发展目标、重点任务和保障措施
10	重庆	2020年3月6日	重庆市住房和城乡建设委员会	《2020年建设科技与对外合作工作要点》	2020年是"十三五"规划收官之年，也是全面建成小康社会的决胜之年。全市建设科技与对外合作工作要坚持以人民为中心的发展思想，贯彻落实新发展理念，推动建造方式创新，大力发展装配式建筑，加快推进智能建造，强化技术创新和对外交流合作，促进建筑业高质量发展
11	重庆	2020年3月9日	重庆市住房和城乡建设委员会	《统筹推进城市基础设施物联网建设指导意见》	推进物联网在城市基础设施领域的应用和发展，有利于促进城市基础设施建设向精细化、信息化、智能化方向转变，对于提升建设行业管理和公共服务水平，推动产业结构调整和发展方式转变具有十分重要意义。为统筹推进我市城市基础设施物联网建设，进一步提升信息化、智能化水平，提出指导意见
12	河北省	2022年9月30日	河北省住房和城乡建设厅、河北省发展和改革委员会	《"十四五"河北省城市基础设施建设实施方案》	为深入贯彻党中央、国务院和省委、省政府工作部署，扎实推进"十四五"城市基础设施建设，按照住房城乡建设部、国家发展改革委《"十四五"全国城市基础设施建设规划》（建城〔2022〕57号）要求，结合我省实际，制定本实施方案
13	河北省	2022年3月1日	河北省住房和城乡建设厅	《2022年全省建筑节能与科技工作要点》	以习近平新时代中国特色社会主义思想为指导，完整准确全面贯彻新发展理念，认真落实省委、省政府和住房城乡建设部工作部署，坚持目标导向，树立系统观念，以绿色低碳高质量发展为引领，大力发展高品质建筑，着力提升建筑能效，强化建设科技和标准支撑，推动建筑节能与科技工作上水平、求实效，助推河北省住房城乡建设事业高质量发展

续表

序号	适用范围	发布日期	发文机构	文件名称	重点内容
14	山西省	2022年8月5日	山西省住房和城乡建设厅	《山西省建筑业"十四五"发展规划》	根据住房和城乡建设部《"十四五"建筑业发展规划》《山西省国民经济和社会发展第十四个五年规划和2035年远景目标纲要》等相关要求,结合我省建筑业实际,制定本规划
15	山西省	2022年6月30日	山西省住房和城乡建设厅	《山西省建筑节能、绿色建筑与科技标准"十四五"规划》	为全面统筹指导"十四五"期间我省建筑节能、绿色建筑与科技标准工作,根据住房和城乡建设部《"十四五"建筑节能和绿色建筑发展规划》《"十四五"住房和城乡建设科技发展规划》《山西省国民经济和社会发展第十四个五年规划和2035年远景目标纲要》《山西省绿色建筑专项行动方案》《山西省绿色建筑创建行动方案》等文件精神,结合工作实际,制定本规划
16	辽宁省	2021年10月14日	辽宁省政府办公厅	《辽宁省建设城市更新先导区"十四五"期间项目建设方案》	按照《辽宁省国民经济和社会发展第十四个五年规划和二〇三五年远景目标纲要》,根据《住房和城乡建设部、辽宁省人民政府共建城市更新先导区合作框架协议》,突出建设绿色城市、建设低碳城市、建设智慧城市、塑造人文城市、打造活力城市等方面内容,结合辽宁实际,制定出台本方案
17	辽宁省	2017年8月26日	辽宁省人民政府办公厅	《大力发展装配式建筑的实施意见》	为全面贯彻《国务院办公厅关于大力发展装配式建筑的指导意见》(国办发〔2016〕71号)精神,落实国家关于推进供给侧结构性改革和新型城镇化发展的工作部署,加快推进全省装配式建筑发展,促进建筑业与信息化工业化深度融合、培育新产业新动能、推动化解过剩产能,经省政府同意,制定本实施意见
18	吉林省	2017年6月21日	吉林省住房和城乡建设厅	《关于加快推进全省建筑信息模型应用的指导意见》	为贯彻落实国务院办公厅《关于促进建筑业持续健康发展的意见》(国办发〔2017〕19号)及住房和城乡建设部《关于推进建筑业发展和改革的若干意见》(建市〔2014〕92号)、《关于推进信息模型应用的指导意见》(建质函〔2015〕159号)文件精神及部署要求,结合我省实际,现就加快推进全省建筑信息模型(以下简称BIM)技术应用提出意见
19	吉林省	2021年12月31日	吉林省住房和城乡建设厅	《吉林省建筑业发展"十四五"规划》	依据《吉林省国民经济和社会发展第十四个五年规划和2035年远景目标纲要》《吉林省住房和城乡建设事业"十四五"规划纲要以及住房和城乡建设部关于建筑业改革发展的总体部署和要求,结合我省实际情况,编制本规划。规划总结了"十三五"期间全省建筑业取得的发展成就和主要问题,分析了"十四五"时期全省建筑业发展总体形势和发展机遇,提出了"十四五"时期建筑业发展总体思路、基本原则和发展目标,阐明了"十四五"时期建筑业主要任务和保障措施,是指导建筑业高质量发展战略性的规划
20	黑龙江省	2021年9月7日	黑龙江省住房和城乡建设厅	《黑龙江省"十四五"城镇住房发展规划》《黑龙江省"十四五"建筑业发展规划》	为实现"十四五"时期全省建筑业和城镇住房建设高质量发展,助力龙江全面振兴,根据《黑龙江省国民经济和社会发展第十四个五年规划和二〇三五年远景目标纲要》,我厅编制了《黑龙江省"十四五"建筑业发展规划》和《黑龙江省"十四五"城镇住房发展规划》

附录 B　勘察设计行业数字化地方政策文件汇总（部分）

续表

序号	适用范围	发布日期	发文机构	文件名称	重点内容
21	黑龙江省	2019年6月4日	黑龙江省人民政府	《"数字龙江"发展规划（2019—2025年）》	为落实《国家信息化发展战略纲要》《数字经济发展战略纲要》等国家相关战略部署和省委、省政府《关于"数字龙江"建设的指导意见》，制定本规划，规划期限为2019—2025年
22	江苏省	2021年7月20日	江苏省住房和城乡建设厅	《江苏省"十四五"绿色建筑高质量发展规划》	为指导全省"十四五"期间绿色建筑高质量发展，根据《江苏省国民经济和社会发展第十四个五年规划和二〇三五年远景目标纲要》，我厅组织编制了《江苏省"十四五"绿色建筑高质量发展规划》
23	江苏省	2017年2月4日	江苏省住房和城乡建设厅	《江苏省勘察设计行业"十三五"发展规划》	江苏省勘察设计行业"十三五"发展规划，是根据国家和江苏省"十三五"规划的总体部署以及住房和城乡建设部的要求，并立足江苏省工程勘察设计行业发展的实际而编制，主要阐明"十三五"时期江苏省勘察设计行业发展的指导思想、发展目标、主要任务和政策措施等，以进一步规范市场秩序，保障勘察设计质量，推进行业科技进步，引导企业转型升级，构建与优化适应我省国民经济和社会发展需要的工程勘察设计行业发展新格局
24	浙江省	2021年4月20日	浙江省发展和改革委员会、浙江省住房和城乡建设厅	《浙江省住房和城乡建设"十四五"规划》	依据《中共浙江省委关于制定国民经济和社会发展第十四个五年规划和二〇三五年远景目标的建议》和《浙江省国民经济和社会发展第十四个五年规划和二〇三五年远景目标纲要》制定，主要阐明我省住房和城乡建设领域"十四五"时期的重大目标、任务和举措，是我省住房和城乡建设系统全面贯彻落实新发展理念的行动纲领，也是指导住房和城乡建设"十四五"各子规划编制实施的主要依据
25	浙江省	2016年6月2日	浙江省住房和城乡建设厅	《浙江省绿色建筑条例》	为了推进绿色建筑发展，促进资源节约利用，改善人居环境，根据《中华人民共和国建筑法》《中华人民共和国节约能源法》《民用建筑节能条例》等有关法律、行政法规，结合本省实际，制定本条例
26	安徽省	2017年12月27日	安徽省住房和城乡建设厅	《安徽省建筑信息模型（BIM）技术应用指南》	为贯彻《国务院办公厅关于促进建筑业持续健康发展的意见》（国办发〔2017〕19号）、《安徽省住房和城乡建设厅贯彻落实五大发展行动计划的实施意见》（建计函〔2017〕417号），落实《2017年全省住房城乡建设工作要点》《2017年省住房城乡建设厅重点改革任务》要求，指导和规范我省工程建设项目设计、施工、运营全生命周期建筑信息模型（BIM）技术应用，推进建筑业信息化和建筑产业现代化，促进建筑业转型升级和持续健康发展，我厅组织编制了《安徽省建筑信息模型（BIM）技术应用指南》

续表

序号	适用范围	发布日期	发文机构	文件名称	重点内容
27	安徽省	2020年9月14日	（7部门）安徽省住房和城乡建设厅、安徽省发展和改革委员会、安徽省教育厅、安徽省经济和信息化厅、中国人民银行合肥中心支行、安徽省机关事务管理局、安徽银保监局	《绿色建筑创建行动实施方案》	为全面贯彻党的十九大和十九届二中、三中、四中全会精神，深入贯彻习近平生态文明思想，推动绿色建筑高质量发展，根据《住房和城乡建设部等7部门关于印发绿色建筑创建行动方案的通知》（建标〔2020〕65号）要求，制定本实施方案
28	福建省	2021年9月21日	福建省人民政府办公厅	《福建省"十四五"城乡基础设施建设专项规划》	本规划依据《福建省国民经济和社会发展第十四个五年规划和二〇三五年远景目标纲要》编制，并与《"十四五"全国城市基础设施建设规划》、福建省国土空间规划及综合交通运输、水利、能源等省级"十四五"专项规划相衔接，明确了"十四五"期间我省城乡基础设施发展的主要目标和重点任务，是今后五年我省城乡基础设施建设发展的总体蓝图和行动纲领，是制定城乡基础设施建设相关政策、行业规划和安排重点项目建设与投资的基本依据。本规划基年为2020年，规划期为2021~2025年，远景目标规划期为2035年
29	福建省	2022年6月10日	福建省住房和城乡建设厅	《福建省绿色建筑设计标准》	由福建省建筑科学研究院有限责任公司、福建省建筑设计研究院有限公司和福州市建筑设计院有限责任公司共同编制的《福建省绿色建筑设计标准》，经组织审查，批准为福建省工程建设地方标准，编号DBJ/T 13-197-2022，自2022年9月1日起实施。原《福建省绿色建筑设计标准》DBJ 13-197-2017同时废止
30	江西省	2020年11月11日	江西省政府办公厅	《关于促进建筑业转型升级高质量发展的意见》	为充分发挥建筑业在国民经济中的支柱作用，提升建筑业对全省经济发展的贡献率，促进建筑业产业结构调整和转型升级，推动建筑业高质量发展，经省政府同意，提出意见
31	江西省	2022年9月19日	江西省住房和城乡建设厅	《启用江西住建云平台建筑工程施工现场监管系统危大工程子系统》	根据《危险性较大的分部分项工程安全管理规定》（住房和城乡建设部令第37号）和《关于印发〈江西省危险性较大的分部分项工程安全管理实施细则〉的通知》（赣建安〔2019〕11号），为加强房屋建筑和市政基础设施工程中危险性较大的分部分项工程安全管理，充分发挥信息化监管效能，有效防范和遏制建筑施工重特大安全生产事故，我厅决定启用江西住建云平台建筑工程施工现场监管系统危大工程子系统

附录B　勘察设计行业数字化地方政策文件汇总（部分）

续表

序号	适用范围	发布日期	发文机构	文件名称	重点内容
32	山东省	2022年5月10日	山东省住房和城乡建设厅	《山东省勘察设计行业高质量发展三年行动方案》	为贯彻党中央、国务院决策部署和省委、省政府有关要求，落实"适用、经济、绿色、美观"新时期建筑方针，促进全省勘察设计行业高质量发展，结合我省实际，制定本行动方案
33	山东省	2022年5月8日	山东省住房和城乡建设厅、山东省发展和改革委员会、山东省工业和信息化厅、山东省人力资源和社会保障厅、山东省自然资源厅、中国人民银行济南分行	《关于推动新型建筑工业化全产业链发展的意见》	为全面贯彻新发展理念，推动新型建筑工业化全产业链发展，促进建筑业转型升级和高质量发展，经省政府同意，结合我省实际，提出意见
34	山东省	2022年3月22日	山东省住房和城乡建设厅、山东省市场监督管理局	《山东省住房城乡建设领域标准化发展"十四五"规划》	为贯彻落实《国家标准化发展纲要》和国家标准化管理委员会、住房城乡建设部等10部委《"十四五"推动高质量发展的国家标准体系建设规划》，提升我省住房城乡建设领域标准化工作水平，省住房城乡建设厅、省市场监督管理局组织编制了《山东省住房城乡建设领域标准化发展"十四五"规划》
35	河南省	2020年3月30日	河南省住房和城乡建设厅	《河南省住房和城乡建设厅工程建设勘察设计审查成果文件数字化实施方案》	为深入贯彻《国务院办公厅关于全面开展工程建设项目审批制度改革的实施意见》（国办发〔2019〕11号），河南省人民政府办公厅《关于印发河南省工程建设项目审批制度改革实施方案的通知》（豫政办〔2019〕38号），加速推进工程建设项目审批制度改革。全面推行工程建设项目审批"网上办理"和施工图设计文件"网上审查"，加快勘察、设计、施工图审查单位的数字化转型，结合我省实际，制定本实施方案
36	河南省	2022年1月7日	河南省住房和城乡建设厅	《河南省绿色建筑条例》	条例突出了城乡建设领域碳达峰、碳中和，对绿色建筑建设等级目标提出具体要求，规定绿色建筑发展专项规划内容，规范绿色建筑活动，明确政府部门监管职责，提出促进绿色建筑高质量发展的激励措施，对推进我省绿色建筑规范发展和城乡建设领域碳达峰目标实现具有十分重要的意义
37	河南省	2019年6月1日	河南省人民政府办公厅	《河南省工程建设项目审批制度改革实施方案》	为贯彻落实《国务院办公厅关于全面开展工程建设项目审批制度改革的实施意见》（国办发〔2019〕11号），进一步深化"放管服"改革、优化营商环境，深入推进政府职能转变，结合我省实际，制定本方案

续表

序号	适用范围	发布日期	发文机构	文件名称	重点内容
38	湖北省	2021年7月23日	湖北省住房和城乡建设厅	《关于开展城市信息模型（CIM）平台建设试点工作的通知》	根据住房和城乡建设部、工信部和中央网信办《关于开展城市信息模型（CIM）基础平台建设的指导意见》、住房和城乡建设部等七部门《关于加快推进新型城市基础设施建设的意见》和《湖北省数字住建行动计划（2021—2025年）》的要求，结合我省工作实际，按照试点先行、以用促建、急用先建的原则，经研究，确定在武汉市汉阳区、东湖高新区和武汉经开区开展我省城市信息模型（以下简称CIM）平台建设试点工作。将有关事项通知
39	湖北省	2021年9月4日	湖北省人民政府	《湖北省新型基础设施建设"十四五"规划》	新型基础设施是以新发展理念为引领，以技术创新为驱动，以信息网络为基础，面向高质量发展需要，提供数字转型、智能升级、融合创新等服务的基础设施体系，主要包括信息基础设施、融合基础设施、创新基础设施三方面内容。为抢抓新一轮科技革命和产业变革机遇，筑牢数字经济发展基石，培育经济发展新动能，高质量推进全省新型基础设施建设，按照党中央、国务院关于加快新型基础设施建设的决策部署，依据《湖北省国民经济和社会发展第十四个五年规划和2035年远景目标纲要》，制定本规划
40	湖南省	2021年5月21日	湖南省住房和城乡建设厅	《湖南省绿色建造试点实施方案》	为推进我省绿色建造工作，促进住房和城乡建设工作高质量发展，根据《住房和城乡建设部办公厅关于开展绿色建造试点工作的函》（建办质函〔2020〕677号）要求，结合我省实际，制定实施方案
41	湖南省	2021年5月12日	湖南省住房和城乡建设厅	《湖南省住房和城乡建设标准化"十四五"发展规划》	为促进湖南省住房城乡建设工程技术标准化工作全面发展，根据国务院和住房和城乡建设部的相关法规政策和要求，结合我省实际，制定本发展规划
42	广东省	2022年7月21日	广东省住房和城乡建设厅	《关于加快新型建筑工业化发展的实施意见》	为贯彻落实《国务院办公厅关于大力发展装配式建筑的指导意见》（国办发〔2016〕71号）、《住房和城乡建设部等部门关于加快新型建筑工业化发展的若干意见》（建标规〔2020〕8号）、《住房和城乡建设部等部门关于推动智能建造与建筑工业化协同发展的指导意见》（建市〔2020〕60号）和《广东省人民政府办公厅关于大力发展装配式建筑的实施意见》（粤府办〔2017〕28号）等文件要求，加快推动我省新型建筑工业化发展，提出实施意见
43	广东省	2022年5月1日	广东省住房和城乡建设厅	《广东省绿色建筑发展专项规划编制技术导则（试行）》	为贯彻实施《广东省绿色建筑条例》，指导绿色建筑发展专项规划（以下简称"专项规划"）编制，促进广东省绿色建筑高质量发展，制订本导则
44	广东省	2021年4月23日	广东省人民政府	《广东省人民政府关于加快数字化发展的意见》	为深入贯彻落实习近平总书记关于建设网络强国、数字中国、智慧社会的战略部署，全面推进经济社会各领域数字化转型发展，加快建设数字广东，着力提升数字化生产力，构建广东发展新优势，提出意见

附录 B　勘察设计行业数字化地方政策文件汇总（部分）

续表

序号	适用范围	发布日期	发文机构	文件名称	重点内容
45	海南省	2022年3月22日	海南省住房和城乡建设厅	《海南省建筑业"十四五"发展规划》	根据《海南省国民经济和社会发展第十四个五年规划和二〇三五年远景目标纲要》（琼府〔2021〕10号）《海南省住房和城乡建设事业"十四五"规划》（琼建法〔2021〕307号）以及住房城乡建设部建筑业改革发展总体要求，并结合海南省建筑业发展实际，编制本规划
46	海南省	2021年7月16日	海南省住房和城乡建设厅	《海南省绿色建筑（装配式建筑）"十四五"规划（2021—2025）》	坚持党的全面领导，坚持以人民为中心，坚持新发展理念，转变发展方式，推进建筑业转型升级，降低建筑能源资源消耗，提升建筑业发展质量，促进建筑产业现代化，创新监管思路，强化事中事后监管，推动建筑业持续健康发展。提升人民群众居住品质，满足人民日益增长的美好生活需要，编制本规划
47	四川省	2022年6月16日	四川省住房和城乡建设厅	《"十四五"建筑节能与绿色建筑发展规划》	为进一步提高"十四五"时期建筑节能水平，推动绿色建筑高质量发展，依据《中华人民共和国国民经济和社会发展第十四个五年规划和2035年远景目标纲要》《中共中央 国务院关于完整准确全面贯彻新发展理念做好碳达峰碳中和工作的意见》《中共中央办公厅 国务院办公厅关于推动城乡建设绿色发展的意见》等文件，制定本规划
48	四川省	2022年1月21日	四川省住房和城乡建设厅、四川省发展和改革委员会、四川省经济和信息化厅、四川省科学技术厅、四川省人力资源和社会保障厅、中国人民银行成都分行	《加快转变建筑业发展方式推动建筑强省建设工作方案》	为贯彻落实省委、省政府建筑强省决策部署，加快转变建筑业发展方式，促进建筑工业化、数字化、智能化升级，推动建筑业高质量发展，制定本工作方案
49	贵州省	2022年1月25日	贵州省住房和城乡建设厅	《贵州省工程勘察设计行业发展"十四五"规划》	为明确我省工程勘察设计行业"十四五"时期发展的指导思想、目标和主要任务，特编制本规划。本规划依据住房和城乡建设部《工程勘察设计行业发展"十四五"规划》编制，以切实提高勘察设计行业发展质量和效益为重点，进一步深化"放管服"改革，优化市场环境，持续推进智能建造与建筑工业化协同发展，实现转型升级，构建和优化适应我省国民经济和社会发展需要的工程勘察设计行业发展新格局
50	贵州省	2022年1月21日	贵州省住房和城乡建设厅	《贵州省"十四五"建设科技与绿色建筑发展规划》	为不断加快我省建设科技创新能力建设速度，推动绿色建筑高质量发展，明确我省"十四五"建设科技和绿色建筑发展的指导思想、基本原则、发展目标及保障措施，根据厅党组安排部署和《关于编制全省住房城乡建设行业"十四五"重点专项规划的通知》（黔建计通〔2020〕185号）要求，制定本规划

续表

序号	适用范围	发布日期	发文机构	文件名称	重点内容
51	云南省	2022年4月15日	云南省住房和城乡建设厅等18部门	《云南省促进建筑业高质量发展的若干措施》	为有效应对近年来全省建筑业发展速度持续放缓，发展质量和效益不明显的态势，按照省人民政府关于推动产业高质量发展的部署和要求，进一步完善工作机制，创新工作方法，补齐短板弱项，加快建筑业转型升级、提质增效，促进全省建筑业高质量发展，制定工作措施
52	云南省	2021年12月30日	云南省住房和城乡建设厅	《云南省住房和城乡建设事业"十四五"规划纲要》	根据《中共云南省委关于制定国民经济和社会发展第十四个五年规划和二〇三五年远景目标的建议》《云南省国民经济和社会发展第十四个五年规划和二〇三五年远景目标纲要》和住房城乡建设部"十四五"相关规划编制，主要阐明全省"十四五"期间住房城乡建设事业的发展目标、主要任务和保障措施，是未来五年乃至更长时期推动全省住房城乡建设事业现代化发展的总体部署，是指导住房城乡建设领域"十四五"各类专项规划的主要依据，是指导全省住房城乡建设行业贯彻新发展理念，推动住房城乡建设取得新进展，开启全面建设社会主义现代化新征程的纲领性文件
53	陕西省	2022年7月1日	陕西省住房和城乡建设厅	《2022年工程勘察设计企业和施工图审查机构动态监督检查工作方案》	为进一步加强全省建设工程勘察、设计活动的监督管理，规范工程勘察设计市场和执业行为，强化源头管控，根据《建设工程勘察设计管理条例》《建设工程质量管理条例》《建设工程勘察质量管理办法》《房屋建筑和市政基础设施工程施工图设计文件审查管理办法》和《陕西省建设工程勘察设计监督管理办法》等，制订本方案
54	陕西省	2020年9月23日	（8部门）陕西省住房和城乡建设厅、陕西省发展和改革委员会、陕西省教育厅、陕西省工业和信息化厅、陕西省财政厅、陕西省自然资源厅、陕西省市场监督管理局、陕西省机关事务服务中心	《陕西省绿色建筑创建行动实施方案》	为贯彻落实习近平生态文明思想和党的十九大精神，根据《国家发展改革委关于印发〈绿色生活创建行动总体方案〉的通知》（发改环资〔2019〕1696号）《住房和城乡建设部、国家发展改革委、教育部、工业和信息化部、人民银行、国管局、银保监会关于印发〈绿色建筑创建行动方案〉的通知》（建标〔2020〕65号）和省委省政府的安排部署，以城镇建筑作为创建对象，开展绿色建筑创建行动，制定本方案

附录 B 勘察设计行业数字化地方政策文件汇总（部分）

续表

序号	适用范围	发布日期	发文机构	文件名称	重点内容
55	甘肃省	2022年9月28日	甘肃省住房和城乡建设厅	《关于启用甘肃省工程建设图纸全过程数字化监管公共服务平台的通知》	为贯彻落实省政府办公厅《关于全面深化工程建设项目审批制度改革持续优化营商环境若干措施》（甘政办发〔2022〕92号）文件精神，进一步优化营商环境，提高勘察设计质量，提升行业服务和管理能力，我厅组织开发了"甘肃省工程建设图纸全过程数字化监管公共服务平台"（以下简称"图纸平台"），为各地房建市政工程项目（涉密项目除外）建设、勘察、设计、施工、监理等单位和施工图审查机构统一提供图纸在线编辑、审查、变更、确认、归档等业务协同服务，实现建设单位施工图"一次申报"，全程在线应用
56	甘肃省	2022年8月30日	甘肃省住房和城乡建设厅	《甘肃省"十四五"建筑节能与绿色建筑发展规划》	本规划《甘肃省"十四五"建筑节能与绿色建筑发展规划》根据住房和城乡建设部《"十四五"建筑节能与绿色建筑发展规划》、甘肃省第十四次党代会精神、《甘肃省国民经济和社会发展第十四个五年规划和二〇三五年远景目标纲要》等编制，主要阐明"十四五"时期全省建筑节能与绿色建筑发展目标、重点任务和保障措施，指导"十四五"时期全省建筑节能与绿色建筑高质量发展，推动城乡建设绿色发展
57	青海省	2022年2月17日	青海省住房和城乡建设厅	《2022年青海省勘察设计工作要点》	2022年全省勘察设计行业工作以习近平新时代中国特色社会主义思想为指导，全面贯彻党的十九大和十九届历次全会精神，推进"一优两高"，全力实施"十四五"规划，落实全国和全省住房城乡建设工作会议部署安排，以勘察设计市场和质量动态监管为基础，以质量安全为核心，以技术、管理、创新为动力，以抗震防灾和房屋设施普查工作为重点，稳中求进，开拓创新，推动勘察设计行业转型升级，推进行业高质量发展
58	青海省	2021年12月24日	青海省住房和城乡建设厅等17部门	《关于推动智能建造与新型建筑工业化协同发展的实施意见》	为深入贯彻习近平总书记来青考察重要讲话精神，落实住房城乡建设部等部门《关于推动智能建造与建筑工业化协同发展的指导意见》（建市〔2020〕60号）和《关于加快新型建筑工业化发展的若干意见》（建标规〔2020〕8号）精神，充分发挥建筑业在国民经济中的支柱作用，推进建筑工业化、数字化、智能化，加快建造方式转变，推动建筑业高质量发展，提出实施意见
59	新疆生产建设兵团	2020年11月4日	兵团住房城乡建设局	《兵团住房城乡建设事业"十四五"规划》	全面贯彻党的十九大、十九届二中、三中、四中全会和第三次中央新疆工作座谈会精神，以及党中央、国务院关于统筹推进新冠肺炎疫情防控和经济社会发展工作部署，深入贯彻落实中发〔2017〕3号、中办发〔2017〕74号文件精神和兵团党委七届七次、八次全会精神，结合兵团住房城乡建设工作实际编制，主要阐明"十四五"时期全面推进兵团住房城乡建设事业高质量发展的指导思想、主要目标、重点任务和保障措施，是指导兵团住房城乡建设事业改革与发展的基础性规划

续表

序号	适用范围	发布日期	发文机构	文件名称	重点内容
60	新疆生产建设兵团	2020年12月24日	（10部门）兵团住房和城乡建设局、兵团发展和改革委员会、兵团财政局、兵团教育局、兵团工业和信息化局、兵团科学技术局、兵团机关事务管理局、兵团市场监督管理局、中国人民银行乌鲁木齐中心支行、中国银行保险监督管理委员会新疆监管局	《兵团绿色建筑创建行动实施方案》	为贯彻落实《住房和城乡建设部 国家发展改革委 教育部 工业和信息化部 人民银行 国管局 银保监会关于印发绿色建筑创建行动方案的通知》（建标〔2020〕65号）要求，推动兵团绿色建筑、建筑节能、新型建筑工业化和绿色建材发展，结合兵团实际，制定本方案
61	内蒙古自治区	2022年8月5日	内蒙古自治区人民政府办公厅	《内蒙古自治区促进建筑业高质量发展的若干措施》	为了贯彻落实党中央、国务院关于稳住经济大盘的决策部署及自治区党委和政府工作要求，进一步优化建筑业发展环境，应变克难、助企纾困，切实解决全区建筑业发展过程中遇到的困难，推动建筑业提质增效、转型升级，实现绿色高质量发展，结合自治区实际，制定本措施
62	内蒙古自治区	2021年10月22日	内蒙古自治区人民政府办公厅	《内蒙古自治区"十四五"工业和信息化发展规划》	"十四五"时期是开启全面建设社会主义现代化国家新征程的第一个五年，是自治区工业和信息化谱写高质量发展新篇章的关键五年。为贯彻落实《内蒙古自治区国民经济和社会发展第十四个五年规划和2035年远景目标纲要》，牢牢立足"两个屏障""两个基地"和"一个桥头堡"战略定位，促进工业转型升级，推动工业化与信息化深度融合，结合自治区实际，编制本规划
63	广西壮族自治区	2022年8月19日	广西壮族自治区住房和城乡建设厅	《广西建筑节能与绿色建筑"十四五"发展规划》	为全面推动"十四五"时期我区绿色建筑高质量发展，稳步提高建筑节能水平，我厅组织编制了《广西建筑节能与绿色建筑"十四五"发展规划》
64	广西壮族自治区	2022年7月18日	广西壮族自治区住房和城乡建设厅	《广西建筑业高质量发展"十四五"规划》	为指导和促进"十四五"时期全区建筑业高质量发展，根据《广西壮族自治区国民经济和社会发展第十四个五年规划和2035年远景目标纲要》，我厅组织编制了《广西建筑业高质量发展"十四五"规划》
65	宁夏回族自治区	2022年4月6日	宁夏回族自治区住房和城乡建设厅	《宁夏绿色建筑设计文件编制深度规定》	为加强对宁夏绿色建筑工程设计文件编制工作的管理，保证绿色建筑工程设计文件的质量和完整性，制定本规定。本规定细化了总图规划、景观环境、建筑、结构、给水排水、暖通空调、建筑电气与智能化等各专业的绿色建筑设计内容，明确绿色建筑方案设计、初步设计和施工图设计各阶段设计文件的深度要求

附录 B　勘察设计行业数字化地方政策文件汇总（部分）

续表

序号	适用范围	发布日期	发文机构	文件名称	重点内容
66	宁夏回族自治区	2022年7月1日	宁夏回族自治区住房和城乡建设厅	自治区住房城乡建设厅关于修订《宁夏回族自治区房屋建筑和市政基础设施工程施工图设计文件审查管理实施细则》的通知	为进一步规范房屋建筑和市政基础设施工程施工图设计文件审查管理，提高工程勘察设计质量，自治区住房和城乡建设厅研究决定，对《宁夏回族自治区房屋建筑和市政基础设施工程施工图设计文件审查管理实施细则》（宁建规发〔2021〕1号）作修订
67	新疆维吾尔自治区	2021年9月9日	新疆维吾尔自治区住房和城乡建设厅	《关于促进建筑工程勘察设计行业高质量健康发展的意见》	勘察设计行业是国民经济的基础产业之一，具有前瞻性、先导性和引领性，是现代服务业的重要组成部分，是提高建设项目投资效益、社会效益和保障工程质量安全的重要保障，更是传承优秀传统文化和推进城市特色建设的重要力量。为进一步推进全区建筑工程勘察设计行业高质量健康发展，结合我区实际，提出本意见
68	新疆维吾尔自治区	2022年3月23日	新疆维吾尔自治区住房和城乡建设厅	《关于推进自治区建筑信息模型（BIM）应用工作的实施意见》	以习近平新时代中国特色社会主义思想为指导，全面贯彻党的十九大和十九届历次全会精神，践行"创新、协调、绿色、开放、共享"的发展理念，深入实施创新驱动发展战略，以企业为主体、市场为导向，发挥政策和技术标准引领作用，普及和深化BIM技术应用，推动建筑信息模型（BIM）和城市信息模型（CIM）互通相融，提高工程项目全生命周期各参与方的工作质量和效率，逐步实现工程建设的高效益、高质量、低消耗、低排放，提升建筑工程品质和投资效益
69	西藏自治区	2021年5月	西藏自治区住房和城乡建设厅	《西藏自治区建筑业发展"十四五"规划》	本规划以新时代党的治藏方略、党中央和国务院新时代关于西藏工作的重大方针政策和自治区党委、政府重要决策部署为依据，兼顾全国建筑市场，统筹区内建筑业发展各项工作，围绕体系建设，强化统筹指导，加强沟通协调，争取要素保障，强化规划衔接，形成发展合力，对照既定目标，展开部署研究，系统谋划西藏建筑业"十四五"发展思路，确定发展任务，推动各项工作落实，促进全面发展
70	西藏自治区	2021年3月16日	西藏自治区住房和城乡建设厅	西藏自治区推进建筑信息模型（BIM）应用工作的指导意见	为贯彻落实《国务院办公厅关于促进建筑业持续健康发展的意见》《住房城乡建设部关于印发推进建筑信息模型应用指导意见的通知》《住房城乡建设部关于印发2016—2020年建筑业信息化发展纲要的通知》的要求，推动建筑信息模型、云计算、大数据、物联网、移动通信、智能化等信息技术在工程全生命期中的集成应用，保障工程建设优质、安全、环保、节能，促进建筑业转型升级，结合我区实际，就我区推进建筑信息模型（以下简称"BIM"）应用工作提出指导意见

续表

序号	适用范围	发布日期	发文机构	文件名称	重点内容
71	南京市	2020年4月29日	南京市人民政府	《南京市数字经济发展三年行动计划（2020—2022年）》	数字经济是以数字化的知识和信息为关键生产要素，以数字技术创新为核心驱动力，以现代信息网络为重要载体，不断提高传统产业数字化、智能化水平，加速重构经济发展与治理模式的新型经济形态。为抢抓数字经济发展机遇，结合我市实际，制定本行动计划
72	深圳市	2021年1月15日	深圳市人民政府	深圳市人民政府关于加快智慧城市和数字政府建设的若干意见	为深入贯彻党中央、国务院关于建设"网络强国、数字中国、智慧社会"的决策部署，全面落实省委、省政府和市委加快推进数字政府综合改革试点的工作要求，就我市加快智慧城市和数字政府建设提出意见
73	厦门市	2020年9月14日	厦门市"多规合一"工作领导小组办公室	《厦门市推进BIM应用和CIM平台建设2020—2021年工作方案》	为深入贯彻落实《国务院办公厅关于开展工程建设项目审批制度改革试点的通知》（国办发〔2018〕33号）文件精神、《住房城乡建设部关于开展运用BIM系统进行工程建设项目报建并与"多规合一"管理平台衔接试点工作的函》（建规函〔2018〕32号）要求和住房和城乡建设部在2020年工作会议中重点提出加快构建部、省、市三级CIM平台建设框架体系要求，为夯实试点成效，进一步推动空间治理体系建设，市多规办编制了《厦门市推进BIM应用和CIM平台建设2020—2021年工作方案》
74	广州市	2022年8月17日	广州市住房和城乡建设局	《广州市绿色建筑发展专项规划（2021—2035年）》	本规划依据《广东省绿色建筑条例》《广东省绿色建筑发展专项规划编制技术导则》等要求，在全面分析总结广州市绿色建筑发展现状和面临形势的基础上，明确了指导思想、基本原则和发展目标，构建了总体发展格局与分区实施指引，提出了绿色建筑高质量发展、既有建筑能效提升、推广新型绿色建造方式、促进建筑领域碳达峰碳中和4个方面共19条重点任务，以及6大保障措施

参考文献

[1] 崔梦轩.勘察设计企业数字化转型的战略分析[J].中国勘察设计,2019,(5):82-84.

[2] 王红卫."互联网+"工程建造平台模式研究[J].工程管理学报,2017,(5):90-95.

[3] 郭刚.加强标准化体系建设 提升运营效率,应对市场竞争[J].中国勘察设计,2017,(10):74-77.

[4] 郑宏波.铁路工程勘察设计项目管理研究[D].北京交通大学,2018.

[5] 刘益江,江明.勘察设计行业信息化发展历程与展望[J].中国勘察设计,2019,(2):60-65.

[6] 李光锐.广义资源约束下的网络化协同设计多项目管理方法与应用研究[D].重庆大学,2011.

[7] 孙延明,宋丹霞,张延平.工业互联网:企业变革引擎[M].北京:机械工业出版社,2021.

[8] 刘卫国.现代化、信息化、数字化、智能化及其相互关系[J].中国铁路,2011(1):83-86.

[9] 徐强,刘芬.智能勘测技术背景下铁路勘察设计企业档案工作面临的挑战及其对策[J].城建档案,2021,(4):12-13.

[10] 金晓玲,谭建.浅析建筑工程BIM协同设计[J].四川建筑,2015,(6):96-98.

[11] 冯致远.建筑工程结构设计现状及发展趋势探讨[J].建材与装饰,2018,(21):61-62.

[12] 沈诗琪等.BIM技术在滨湖润园装配式住宅中的应用(上)[J].土木建筑工程信息技术,2017,(3):47-51.

[13] 张俐.EPC工程总承包信息化管理[J].城市建设理论研究(电子版),2013,(24).

［14］王伍仁. EPC 项目组织模式分析 [J]. 施工企业管理，2019，（12）：72–74.

［15］刘永兵. 建筑工程总承包项目管理的现状及改进措施 [J]. 建材与装饰，2019，（32）：158–159.

［16］梁锦坤等. BIM 在 EPC 项目的应用与示范——以广西国际壮医医院项目为例 [J]. 广西城镇建设，2017，（12）：28–38.

［17］彭桂平等. 工程总承包项目设计管理探讨 [J]. 项目管理技术，2018，（4）：56–62.

［18］颜彦. EPC 总承包模式下的项目设计管理 [J]. 有色冶金设计与研究，2010，（1）：45–47.

［19］刘亚丽. EPC 项目管理模式在应用中应注意的问题及发展 [J]. 城市建设理论研究（电子版），2013，（23）.

后 记

2022年，国务院发布《"十四五"数字经济发展规划》，明确了我国数字经济健康发展的任务和目标。住房和城乡建设部发布《"十四五"建筑业发展规划》，提出要大幅提升建筑工业化、数字化、智能化水平。党的二十大也明确提出了坚持把发展经济的着力点放在实体经济上，推进新型工业化，加快建设制造强国、质量强国、航天强国、交通强国、网络强国、数字中国的战略规划。毫无疑问，数字化业已成为时代发展的最强音。

面对国际局势动荡、国内经济转型、城市管理精细化、新冠肺炎疫情防控常态化等多重影响，工程项目甲方对设计服务和交付成果提出了新的需求，勘察设计行业的既有业务模式迎来了新的挑战，一种新的范式正在逐步形成，数字化转型势在必行。

数字化转型是一个漫长、曲折并且螺旋上升的过程，随着BIM、装配式等建筑技术发展和新一代信息技术的普及，我们看到了数字化的未来。面对机遇与挑战，勘察设计企业如何迈好数字化转型的第一步是当前业内共同探索的问题，北京构力科技有限公司联合上海天强管理咨询有限公司编制此书，期望给大家提供一些思路和参考，一起来应对新时代的不确定性，寻找到新的发展机遇。

感谢中国建筑科学研究院有限公司、国检建筑工程技术研究中心对本书的指导，感谢中建研科技股份有限公司、中国勘察设计协会及各省勘察设计协会对本书的支持，感谢中国建筑科学研究院有限公司总经理许杰峰先生、中国勘察设计协会副理事长王子牛先生、同济大学建筑产业创新发展研究院院长王广斌先生、北京构力科技有限公司董事长马恩成先生、上海天强管理咨询有限公司总经理祝波善先生对本书撰写过程的大力支持。感谢上海天强管理咨询有限公司与构力科技联合编制此书。在此对参与本书编写的各位行业专家、编委会成员、副主编单位和参编单位一并表示衷心感谢！

未来，北京构力科技有限公司希望与行业用户、生态伙伴相依前行，共谋发展。由于时间仓促，疏漏之处在所难免，恳请广大读者指正。

北京构力科技有限公司

图书在版编目（CIP）数据

工程勘察设计行业数字化转型重塑新格局/北京构力科技有限公司，上海天强管理咨询有限公司编著．—北京：中国建筑工业出版社，2022.12

ISBN 978-7-112-28170-1

Ⅰ.①工… Ⅱ.①北…②上… Ⅲ.①建筑工程—地质勘探—工业发展—数字化—研究—中国 Ⅳ.①F426.9

中国版本图书馆CIP数据核字（2022）第217566号

本书系统论述了数字化转型的关键因素，力争为勘察设计企业转型提供方向和路径参考，即通过掌握数字化能力，提升内部管理效率，降低管理成本；通过数字工具的应用，代替重复性劳动，解放生产力，聚焦高价值服务，转向智力密集型企业；通过数字业务的探索，实现设计快速增值，走出低价竞争的陷阱。以数字技术推动管理创新、技术创新、业务创新、服务创新，实现企业的转型升级和可持续高质量发展。

本书内容全面，具有较强的实用性和指导性，可供工程勘察设计行业从业人员参考使用。

责任编辑：徐仲莉　王砾瑶
责任校对：刘梦然

工程勘察设计行业数字化转型重塑新格局
北京构力科技有限公司　　编著
上海天强管理咨询有限公司
*
中国建筑工业出版社出版、发行（北京海淀三里河路9号）
各地新华书店、建筑书店经销
北京雅盈中佳图文设计公司制版
北京市密东印刷有限公司印刷
*
开本：787毫米×1092毫米　1/16　印张：23¼　字数：424千字
2022年12月第一版　2022年12月第一次印刷
定价：**99.00**元
ISBN 978-7-112-28170-1
（40629）

版权所有　翻印必究
如有印装质量问题，可寄本社图书出版中心退换
（邮政编码　100037）